恩道尔国际政治丛书
WORLD POLITICS SERIES
BY F.WILLIAM ENGDAHL

SEEDS OF DESTRUCTION

粮食危机

利用转基因粮食谋取世界霸权

（增订版）

[美] 威廉·恩道尔 ◎著
赵刚 胡钰 等◎译 欧阳武 陈建明 刘忠◎校译

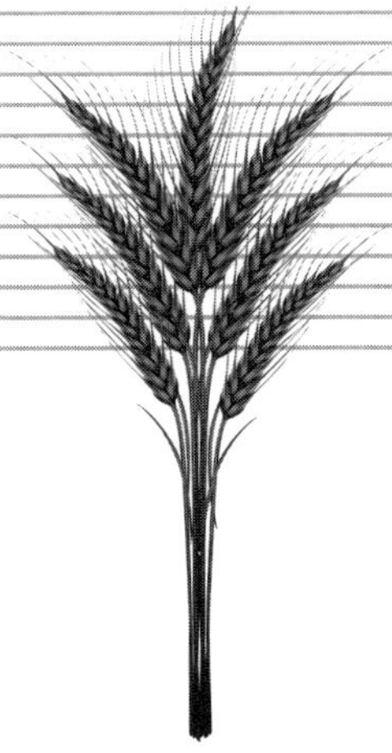

中国出版集团
中国民主法制出版社
全国百佳图书出版单位

图书在版编目（CIP）数据

粮食危机：利用转基因粮食谋取世界霸权 /（美）恩道尔（Engdahl，F. W.）著；赵刚等译．—增订本．—北京：中国民主法制出版社，2015.11
（恩道尔国际地缘政治丛书）
ISBN 978-7-5162-1042-0

Ⅰ．①粮… Ⅱ．①恩… ②赵… Ⅲ．①转基因技术－粮食工业－国际经济关系－研究 Ⅳ．① F416.82

中国版本图书馆 CIP 数据核字（2015）第 254910 号

图书出品人：刘海涛
出 版 统 筹：石 松
责 任 编 辑：姜 华
文 字 编 辑：单孟祥

书　　名 / 粮食危机：利用转基因粮食谋取世界霸权（增订版）
作　　者 /［美］威廉 · 恩道尔 / 著
赵 刚　胡 钰　旷 野　刘 淳　戴 健 / 译
欧阳武　陈建明　刘 忠 / 校译

出版 · 发行 / 中国民主法制出版社
地址 / 北京市丰台区右安门外玉林里 7 号（100069）
电话 /（010）63055259（总编室）　63058068　63057714（营销中心）
传真 /（010）63055259
http: //www.npcpub.com
E-mail: mzfz@npcpub.com
经销 / 新华书店
开本 / 16 开　710 毫米 ×1000 毫米
印张 / 22.5　**字数** / 312 千字
版本 / 2016 年 1 月第 1 版　2025 年 2 月第 4 次印刷
印刷 / 三河市宏图印务有限公司

书号 / ISBN 978-7-5162-1042-0
定价 / 79.00 元

《恩道尔国际政治》丛书

编 委 会

深挖洞，广积粮，不称霸。

——毛泽东

不管天下发生什么事，只要人民吃饱肚子，一切就好办了。

——邓小平

如果经济上去了，粮食减少了，这绝不是中国可以走的发展路子。

——江泽民

农业是安天下、稳民心的战略产业。

——胡锦涛

中国人的饭碗任何时候都要牢牢端在自己手上。我们的饭碗应该主要装中国粮。

——习近平

总　序

现代世界地缘政治简史

这是我为中文版《恩道尔国际政治》丛书所撰写的总序，她代表了我近半个世纪对这个世界运作真相的研究。中国读者发现我的作品对于他们理解这个在今天看来已经丧心病狂的世界还有用处，对此我深感荣幸。多年前，我先后在美国和德国从事研究工作，我意识到几乎所有西方作者撰写的正统历史书籍都只不过是对现实世界的虚假描述，这样才有利于胜出的霸主及其盟友。

今天，欧洲、美国和世界上许多国家的舆论都被一小撮权势集团严格控制的媒体所主导，它们推行的计划与媒体宣传的完全是两码事。无论 2011 年在利比亚，还是 2014 年在乌克兰，这两个国家所发生的一切并不是所谓的促进“民主”。那么，那些隐藏在特朗普、拜登、特鲁多、马克龙后面权力无边的木偶牵线人，他们的秘密计划究竟是什么？

看一看近年来发生的事件，我们不难发现，世界正处于新的世界大战边缘。这场一触即发的战争并不是由俄罗斯或者中国所发动，尽管西方媒体希望我们这样认为。恰恰相反，它是由一小撮怀抱霸权野心的“当权派”所策划，其最终目的是在人类历史上首创一个全球大一统的帝国，这个帝国由像联合国这样的机构里一帮毫无个性的官僚所控制，他们按照我们普通人看不见的权力圈子的命令行事。这个大一统帝国被称为“世界新秩序”。

一、世界新秩序与地缘政治

为了充分理解这一计划的发展过程，我们有必要回顾20世纪70年代全球石油和粮食危机期间基辛格说的一段话。20世纪70年代中期，基辛格任美国国务卿、尼克松总统国家安全顾问，是华盛顿实际的当权派。他说过一段鲜为人知的大白话：“如果你控制了石油，你就控制了所有国家；如果你控制了粮食，你就控制了所有的人；如果你控制了货币，你就控制了整个世界。”那时候，基辛格是美帝国最有权势的公众人物，这个没有正式命名的帝国在1945年第二次世界大战结束后取代了英帝国。

作为贯穿我所有作品的主题，我就是以基辛格这段话的视角来记录现代历史所发生的事件。基辛格是权势极大的洛克菲勒家族的仆从，同时也是英国地缘政治及其均势理论的门生。

美国国防战略

2022年5月，美国五角大楼向美国国会提交了一份题为《2022年国防战略》的机密文件，其公开的摘要有以下这段表述：

> 本（国防）部将紧急行动起来持续加强威慑，将中华人民共和国视为我们最重要的战略竞争对手和对本部步步紧逼的挑战。俄罗斯构成严重的威胁，表现在其对乌克兰野蛮无端的侵略。面对俄罗斯的侵略，我们将与北约盟友和伙伴一道加强有力的威慑。本部将

保持有能力应对其他持续威胁，包括来自朝鲜、伊朗和其他暴力极端组织的威胁。[1]

很显然，2022 年 5 月俄罗斯在乌克兰发起军事行动两个月之后，五角大楼和北约为它们引诱俄罗斯进入了致命的陷阱而深信不疑。但到现在，形势却十分明朗，北约远未取得胜利，俄罗斯所动员的军事能力让华盛顿和布鲁塞尔那些蹩脚的战略家们猝不及防。

自从 20 世纪 80 年代后期华盛顿发动第一波“颜色革命”以来，也即导致华沙条约解体和苏联垮台等一系列行动之后，俄罗斯就不再被视为任何外部强国的威胁，尤其对美国构不成威胁，这大概就是美国智库的结论。中国在邓小平领导下实现了经济复兴奇迹，这些奇迹的取得来自与美国、欧洲和日本紧密的经济贸易往来，被西方经济学家称为“外包”或“产业全球化”。不言而喻，中国无意对西方列强形成军事威胁。同样，伊朗也从未对美国构成过威胁。

那么，为什么这些国家就成了世界上最大军事强国美国的眼中钉呢？要回答这个问题，就需要认真地研究一个多世纪以前起源于英国的“地缘政治学”，一门研究一国地理条件与其政治潜力之间关系的学问。

英美地缘政治

自 19 世纪中国鸦片战争以来，同样一伙英美主要的金融家族蓄意发动了包括 1914 年和 1939 年在内的所有重大战争。对于他们来说，战争是重新组织对其有利的全球地缘政治均势的有效手段。

1815 年，拿破仑率领的法国军队在滑铁卢战败。到了 19 世纪 40 年代，英国毫无争议地成为世界强国。英帝国控制了印度及其巨大的财富，主宰了非洲及其丰富的黄金和矿产资源，从而成为无可匹敌的全球霸主，而美国那时尚未从血腥的“内战”中摆脱出来。在德意志，各公国之间明争暗斗，一片混乱，尚未形成集中的经济空间。到了 19 世纪 40 年代，世界形势开始发生变化。

英国的精英们着手研究世界，探索如何维持“日不落”帝国霸权之策。在这个过程中，诞生了划时代的经典之作《历史的地理枢纽》。这篇文章是由英帝国的捍卫者、地理学家哈尔福德·麦金德爵士 1904 年为皇家地理学会撰写的。麦金德发展了其世界实际上是按照自然地理划分的“心脏地带”理论，认为地球陆地表面可划分为：

> **世界岛**，由相互连接的非洲、亚洲和欧洲构成（非亚欧大陆），是面积最大、人口最多、最富有的陆地组合。
>
> **离岸岛**，包括不列颠群岛、中国海南岛、日本列岛、马达加斯加、马来群岛、斯里兰卡和中国台湾岛。
>
> **边远岛**，包括北美洲和南美洲相互连接的大陆（美洲）以及大洋洲。

这是英帝国理论的首次系统阐释——一幅决定对谁发动战争以维持其全球霸权的清晰的路线图。到了 1904 年，只有两个可能争夺全球霸权的对手——统一的工业化德国和“内战”后的美国。正是麦金德的地缘政治决定了发动联美抗德的战争，这是英国维持其全球控制的最佳选项。

早在 1904 年也就是 10 年之前，麦金德实际上就向英国的精英们阐明了之后发动第一次世界大战的必要性：

> 均势朝有利于枢纽国*的倾斜导致向欧亚边缘陆地的扩张，这将为利用广袤的欧洲大陆资源建造舰队提供有利条件，由此全球帝国呼之欲出。如果德国与俄国结盟，这种情形就很可能发生。

1914 年爆发的第一次世界大战，其意图就是要摧毁俄德欧亚陆权国崛起的任何机会。在英国联合美国打败德国之后召开的凡尔赛和会期间，麦金德阐释了他的地缘政治观点：

---

* 俄罗斯帝国。——笔者注

> 谁统治了东欧*，谁就掌控了心脏地带；
> 谁统治了心脏地带，谁就掌控了世界岛；
> 谁统治了世界岛，谁就掌控了全世界。
>
> ——哈尔福德·麦金德爵士，于1919年[2]

对于麦金德来说，英国作为占主导地位的岛屿强国，必须不惜一切代价防止东欧与心脏地带的陆权国联合。麦金德定义的心脏地带实质上是指整个欧亚大陆板块，包括俄罗斯、中国和中东。

战后美国霸权的主要设计师们在麦金德临终前向他请教有关盎格鲁－美利坚霸权联盟主导世界的想法，请他为位于纽约的外交关系协会的刊物《外交》写一篇关于战后地缘政治秩序构想的文章。

外交关系协会是美国地缘政治精英的智库，由华尔街的国际银行和洛克菲勒石油卡特尔资助。麦金德的文章《圆形世界与赢得和平》于1943年7月，即差不多在盟军入侵诺曼底一年之前发表。

在这篇文章中，麦金德勾画了美国主导的战后秩序的愿景。他重申，1904年最初定义的“心脏地带”就是战后盎格鲁－美利坚首要地位的最强大对手。他将“心脏地带”定义为实际上由当时苏联所涵盖的区域，这就为后来的冷战埋下了地缘政治的种子。

> 不可避免的结论就是，如果苏联以这场战争中德国的征服者身份出现，她一定是地球上最强大的陆权国，而且她将成为处于战略上最强大防御地位的强国。心脏地带就是地球上最大的天然屏障。[3]

对于苏联来说，尽管斯大林为了打败希特勒统治的德国在战争期间与邱吉尔和罗斯福结盟，但是很显然，他和他的顾问们认真研究了麦金德的心脏地带理论，将战后中苏联盟置于优先位置，以遏制盎格鲁－美利坚1945年战后全球帝国的计划。

---

* 德国、法国、波兰。——笔者注

围绕在纽约外交关系协会周围的精英集团，从1939年战争前夕到1945年战争结束，花费了数年时间潜心于一项绝密项目“战争与和平研究”。这个项目由洛克菲勒基金会资助，其目的是将麦金德的强国、枢纽强国和全球控制的地缘政治思想应用于新兴的美帝国，一个未被正式命名的彻头彻尾的帝国，只不过刻意地不叫“美帝国”，而美其名曰“美国世纪”。他们宣称，这个“美国世纪”是建立在所谓“美国民主生活方式”基础之上的。第二次世界大战最重要的结果之一就是削弱了英帝国，使得华盛顿和华尔街坐收渔利。自此，英国沦为美国的“小伙伴”。

纽约外交关系协会的策划者们为建立联合国（包括设立国际货币基金组织和世界银行）而设计了一整套方案。华盛顿对这两个金融组织通过阻止股份表决权进行控制。1945年，华盛顿还设法窃取了沙特的石油权利而为洛克菲勒石油巨头所用。华盛顿还设计了“马歇尔计划”，这个骗局导致欧洲成为美国的附庸，满目战争疮痍的欧洲不得不用“马歇尔计划”提供的美元购买美国的工业品进行战后重建。

1947年，杜鲁门总统设立了中情局，自此中情局操纵的“冷战”拉开了序幕。华盛顿于1949年4月建立了北约。北约第一任秘书长、英国的伊斯梅勋爵恬不知耻地讲明了北约的目标：“赶走苏联人，按住德国人，留下美国人。”所有这一切都贯穿了盎格鲁－美利坚地缘政治霸权和控制的理念。从20世纪50年代开始，中情局的资金就秘密地用于操纵西欧、非洲、南美、日本、韩国以及其他国家的选举，以确保亲美政权上台。凡此种种都是麦金德地缘政治理论在美国的具体实践和发展，由地理学家、约翰·霍布金斯大学校长艾赛亚·鲍曼领导下的外交关系协会专门小组具体策划实施。

麦金德与俄乌冲突

早在20世纪80年代后期，美国就开始秘密武装乌克兰对抗俄罗斯，那时苏联已濒临解体。中情局伙同亿万富翁乔治·索罗斯带着资金和特工溜进乌克兰建立据点，企图将乌克兰从与俄罗斯联邦的经济和政治合作中分裂出来。

设定这一目标也是基于麦金德的地缘政治学。乌克兰是连接西欧经济体和俄罗斯广袤心脏地带的纽带，大多数苏联时期通往德国和其他欧盟国家的天然气管线都经过乌克兰。2014 年 3 月，中情局策划的独立广场政变强迫基辅脱离俄罗斯，迫使乌克兰合法选举的总统维克托·亚努科维奇流亡俄罗斯。从那时起，北约先是秘密地、后来发展到公开地武装乌克兰对付顿巴斯和克里米亚的俄罗斯族公民，甚至挑衅俄罗斯本土。2014 年，美国国务院承认，20 世纪 80 年代后期以来，美国共投入 50 亿美元在乌克兰策动反俄“民主”政变。[4]

1997 年，美国总统前国家安全顾问兹比格涅夫·布热津斯基（他与基辛格一样同为戴维·洛克菲勒的门徒）写了一部关于后苏联世界的地缘政治专著，书名为《大棋局：美国至高及其地缘战略要务》。他在书中写道：“作为欧亚大棋局中一个新的重要空间，乌克兰是一个地缘政治枢纽，因为它作为一个独立国家存在本身就有助于改变俄罗斯。没有乌克兰，俄罗斯就不再是一个欧亚帝国。”[5]

这本书写于 1997 年，远早于俄乌冲突，美国针对俄罗斯的秘密议程由此昭然若揭。布热津斯基的儿子马克·布热津斯基和他父亲一样，是一个十足的仇俄分子。2024 年，他担任了美国驻乌克兰盟友波兰的大使。

随着乌克兰腐败的总统泽连斯基在北约的暗中支持下上台，2022 年华盛顿开始秘密支持乌克兰针对俄罗斯进行大规模军事集结。几个月后，也就是俄乌冲突开始后的 2022 年 9 月，一系列大规模的水下大爆炸严重破坏了价值 300 亿美元的俄—德北溪天然气管道。这构成了现代史上最大的工业恐怖主义行为之一，俄罗斯与德国的能源联系瞬间灰飞烟灭，对德国和其他欧洲国家的能源供应造成长期严重的影响。据事后披露，美英情报机构是幕后黑手。[6]

布热津斯基在 1997 年冷战结束时写的那本《大棋局：美国至高及

其地缘战略要务》中洋洋得意地宣称："美国现在是全球唯一的超级大国，欧亚大陆是世界的中心角斗场。因此，欧亚大陆发生的权力分配对于美国的全球至高战略和美国的历史遗产具有决定性的重要意义。"关于中国，他是这样说的，"中国的非中央集权制经济改革带来的活力，包括对外部世界的社会开放，从长期来看，与相对封闭、官僚僵化的威权统治互不相容。"[7] 布热津斯基对中国并不友好，他致力于在全球终结民族国家，建立一个由权势极大的跨国银行和跨国企业管理的、由专家组成的全球独裁统治——"社团主义技术专家统治"*。他并不待见像中国和俄罗斯这样强大的国家。布热津斯基深谙麦金德地缘政治之精髓，他在迟暮之年建言：在用经济战攻击中国之前，首先倾全力摧毁衰弱的俄罗斯。他于 2017 年去世，恰恰是在这一年，特朗普开始对中国实施严厉的贸易关税。

二、企业统治全球——"达沃斯重置"计划

到 2020 年，盎格鲁－美利坚霸权制定的秘密的全球地缘政治终极议程开始浮出水面。它们打着世界经济论坛及其全球企业和政治精英年会的幌子开展活动。世界经济论坛是一家极具影响力、倡导全球化的智库，其总部位于瑞士达沃斯。达沃斯集团由克劳斯・施瓦布领导，他是基辛格的门徒，20 世纪 60 年代在哈佛，基辛格将其招入权势显赫的洛克菲勒圈子。

数十年来，施瓦布领导的达沃斯论坛致力于促进世界经济全球化议程。在 2020 年全球新冠疫情期间，达沃斯论坛发布了"大重置"计划，以世界卫生组织大疫情为借口，主张世界必须进行彻底的转型。施瓦布宣称："我们只有一个地球，我们清楚气候变化可能成为下一个全球性灾

---

* 即 Corporativist Technocracy，根据 20 世纪 20—30 年代意大利"各阶级合作"的组织——组合或总体，也可译为"组合（或总体）技术统治"。——译者注

难，将给人类造成更加严重的后果。”

世界经济论坛理事会成员囊括了世界上一些最有权势的企业和政治领袖，如华尔街的贝莱德投资基金的领导人，欧洲中央银行、国际货币基金组织、世界银行、世界贸易组织、联合国的领导人，印度亿万富翁穆克什·安巴尼（据称是亚洲首富），“绿色”亿万富翁艾尔·戈尔，新加坡总统以及西门子、雀巢、英国石油公司的头头脑脑们，名单还有一长串。这就是已经策划好的全球新霸权的董事会，英国国王查尔斯三世担任达沃斯的特别顾问。

达沃斯的“世界未来领袖”网络

自从第一批达沃斯干部于 1993 年被遴选出来以来，这些“世界未来领袖”接受了极为秘密的培训，但在他们的达沃斯毕业生简历中几乎只字未提。就像蜘蛛耐心地编织着巨大的网一样，施瓦布和他的世界经济论坛富豪支持者们编织起了现代历史上最有影响力的决策者网络。

在 2017 年的一段视频中，施瓦布洋洋得意地宣称：与达沃斯世界未来领袖的干部们一道，“我们进入了各国政府内阁”。

从 1993 年起，施瓦布及其达沃斯精英们就着手在国际上四处网罗、亲自选拔代理人或干部（所谓“世界未来领袖”），把这些人送到瑞士培训，将其暗中提拔为未来政府首脑或关键决策者，以实施“大重置”计划。达沃斯世界经济论坛巨大的企业富豪网络为这些未来领袖们提供资金，保证他们被提拔到本国的关键岗位。

这些达沃斯的代理人（这样说毫不为过）包括美国、加拿大、德国、法国、荷兰、比利时、希腊等国的政府领导人，像特鲁多、马克龙、默克尔、贝尔伯克、米佐塔基斯等都接受过达沃斯的培训。拜登政府白宫办公厅主任杰弗里·齐恩茨实际上代替年迈的拜登行使着总统职权，他也是达沃斯代理人。无怪乎拜登总统所有的行政命令都不折不扣地遵循达沃斯“大重置”的“绿色议程”。

达沃斯也控制了最有实力的银行家和企业领袖，包括摩根大通银行的头头、中情局控制的脸书创始人马克·扎克伯格、谷歌联合创始人拉里·佩奇、伊夫林·罗伯特·罗斯柴尔德爵士的遗孀琳恩·福雷斯特·罗斯柴尔德、《经济学人》杂志的老板等。来自势力强大的罗斯柴尔德金融王朝的达沃斯代理人还有纳撒尼尔·罗斯柴尔德（雅各布·纳撒尼尔·罗斯柴尔德男爵的儿子）和戴维·迈耶·罗斯柴尔德。达沃斯的成员还有辉瑞和莫德纳制药巨头，后者研制了针对新型冠状病毒的致命的信使核糖核酸基因编辑疫苗。达沃斯代理人还有比尔·盖茨，其基金会控制了总部设在日内瓦的世界卫生组织。经达沃斯培训的“世界未来领袖”已多达数百人。他们从不透露与隐藏在“大重置”计划背后的达沃斯权力精英的联系，这是一个权力巨大无边的秘密网络，这就是他们策划的世界政府的中枢，美其名曰“世界新秩序”。

达沃斯与联合国“2030 年议程”

达沃斯的“大重置”计划利用联合国所谓的《2030 年可持续发展议程》，呼吁实施由企业运作的全球规则。他们宣称：“经济剧烈下行已经开始，我们将面对 20 世纪 30 年代以来的最大萧条。”

作为他们的解决方案，达沃斯的领袖们认为：“……全世界必须共同行动起来，从教育到社会契约乃至工作条件，迅速改造我们社会、经济的各个方面。每个国家，不管是美国还是中国，都必须参与；每个产业，无论是石油、天然气产业还是高技术产业，都必须进行转型。”[8]

认真分析达沃斯集团已公开的文字材料就不难发现，盎格鲁－美利坚霸权策划的下一阶段目标就是，不允许任何主权国家存在，只许超越国家的企业规则来规定谁生产什么产品，废除所有国家经济计划。“大重置”计划和联合国“2030 年议程”规定大幅度地停止石油、天然气和煤炭的使用，这基于一个伪命题：化石燃料导致全球变暖。因此，现代农业必将终结，人们不得不食用实验室生产的人工合成伪劣肉类或昆虫，机器人和人工智能将在劳动力中取代人力。

据估算，单是停止使用石油、煤炭、天然气能源这一项将导致全球近一半人口饿死。丹麦科学家比约恩·隆堡估计："全球40亿人依赖化石肥料获取粮食。"隆堡指出，如果我们真正地要停止使用化石燃料，"放弃全世界、各个经济体和人口赖以生存的自然资源，那么60亿人很可能在1年内死亡。"

如果没有石油、天然气和煤炭，大多数人都会遭受停电之苦，电网将陷入危险，甚至遭受灭顶之灾，这种情况会大范围持续发生。从第一天起，煤气用户将首当其冲，感受到停止采煤、油井关闭、天然气田停产带来的变化。

达沃斯精英们的终极目标是，在他们的中央银行（包括美联储、英格兰银行和欧洲央行）通过控制利率将世界经济拖入萧条后，计划实施最后一招：通过引入"中央银行数字货币"来控制世界货币。中央银行数字货币将控制世界各地的人只能花多少钱以及花在什么地方。

搞定这一切之后，他们计划在今后十年将世界上主要的独立大国（包括中国、俄罗斯、伊朗、非洲和中东大部分国家）拖入战争和动乱之中。布热津斯基、基辛格、戴维·洛克菲勒这些精英们总是喋喋不休地鼓噪，世界需要终结国家，建立一个全球统一的政府。到2008年，他们的计划似乎不可阻挡。现在，他们全球唯一霸权仅存的障碍就剩下中国、俄罗斯和伊朗了。令人吃惊的是，甚至美国也在必须彻底摧毁之列。在一系列战争的废墟之上，他们计划在十年之内实施其"大重置"计划。

三、去美元化、金砖国家与全球战争

随着瑞士达沃斯圈子秘密操纵的全球法西斯控制计划浮出水面，尤其是北约支持的乌克兰政变以及企图摧毁俄罗斯的经济和军事战争愈演愈烈，南方国家以及盎格鲁-美利坚达沃斯议程之外的其他国家产生了越来越多的防御性反应。俄罗斯开始转向东方，与中国和包括印度在内的其他国家一道，建立独立于美国非法制裁的经济关系。中国无视西方的强烈反对，着力推进“一带一路”建设，致力于通过基础设施项目的全球网络建设扩大欧亚联盟。

越来越多的金砖国家开始意识到，只要它们绑定在美元上，施加在俄罗斯头上的非法制裁（包括没收其中央银行的资产、踢出国际资金清算系统）就会迟早落到它们头上。部分主要金砖国家开始探索绕开美国控制的国际资金清算系统、减少美元贸易的道路。一条完全不同于盎格鲁－美利坚全球霸权、立足欧亚的崭新道路已初露端倪，它将终结控制世界 200 年之久的全球霸权。

接下来的数月数年，我们将目睹一场新型的全球战争，一场决定中国和俄罗斯生死存亡的战争。这无疑将是一场无所不用其极的新型战争，包括网络战、卫星和无人机电子武器战、生化战以及大量的各种新式武器的战争。这是一场前所未有、生死攸关的考验。

相关国家，尤其是中国、俄罗斯和伊朗，唯有保持高度警醒、具有远见卓识，才能取得胜利。

威廉·恩道尔

2024 年 12 月

于德国法兰克福

中文增订版序

中国责无旁贷

对于十四亿多中国人的未来以及全人类的命运，中国无疑肩负着重要的责任。这不仅是因为中国在过去几十年间取得了举世瞩目的发展成就，仅用三十多年时间就成为世界第二大经济体，更在于中国在全球诸多重要议题上的决策都具有深远影响。例如，在转基因技术等新兴领域，中国的决策和态度对于其在全球范围内的应用和发展方向有着关键作用。转基因大豆、转基因玉米、转基因棉花、转基因抗生素（包括胰岛素）以及即将问世的转基因小麦，它们的背后都是农业垄断企业。这些企业屈指可数，以美国为主，为推广商业化农业不遗余力，领头的是孟山都、杜邦和陶氏。

它们宣称，转基因“粮食革命”一旦成功，困扰世界的饥荒将不复存在，为了让世人相信，威胁、贿赂、诽谤、谎言等手段悉数登场。尽管二十多年来有美国政府撑腰，但在欧盟只有孟山都的转基因玉米得以推广，它们的计划严重受阻。世界贸易组织和美国想让南美和中美洲国家种植转基因作物，但除了阿根廷和巴西的部分地区，它们四处碰壁。比尔及梅琳达－盖茨基金会和洛克菲勒基金会试图让非洲人依赖转基因粮食，可一无所获。在亚洲，美国以及孟山都之流的公司同样收获甚微。

当前，转基因作物能否大面积耕种，决定权在中国手中。对于是否要像美国一样推广转基因作物，中国目前的辩论如火如荼，政府、媒体、精英都参与其中，本书就是为这场辩论而著。如果中国明令禁止转基因种子，不从美国进口转基因大豆和用作饲料的转基因玉米，美国农民因担心失去中国这个庞大的市场，很可能会掀起“反转”的新浪潮。这样一来，全世界农民“反转”的决心将更加坚定。改变种子的基因，还要申请专利来推广，这是迄今人类对自身食物链最危险的实验，是冒天下之大不韪。为了让这一疯狂的举动昭然天下，我们先来看看一个让人难以置信的实验。

实验举世震惊

2012 年 9 月，著名杂志《食品和化学毒理学》发表了一篇文章，作者是法国卡昂大学教授吉尔－埃里克·塞拉利尼及其团队。他们耗资 300 万欧元，对 200 多只大鼠连续两年喂食转基因玉米，实验从头到尾完全是秘密进行，目的是避免转基因行业的压力，之后又用了 4 个月由业内专家评审，结果一经发表，就掀起了一场世界性的风波。

或许最令人吃惊的是，虽然推广转基因作物已近二十年，但研究转基因食物长期影响的，塞拉利尼是第一位，此前没有任何人对大鼠做过长达两年的类似研究，包括政府和大学。更不必说雀巢、联合利华、卡夫食品等大型企业了，它们在转基因作物的食品应用研究方面更是一片空白。之前的研究都在 3 个月左右，难以充分研究转基因食物的影响，塞氏的研究与此形成了鲜明的对比。

塞氏的研究结果才公布了几个小时，诋毁活动就在全球媒体有计划地展开了。这些攻击并没有什么证据，仅是一味指责研究“缺乏科学性”。2012 年 10 月，研究结果发表后不久，欧盟负责卫生与消费事务的马耳他籍委员约翰·达利被迫辞职，原因是他卷入一桩烟草企业的贿赂案。除了烟草，达利还是转基因的铁杆支持者，他有没有从转基因行业的游说中收取贿赂不得而知。不过，众所周知的是，行业贿赂在布鲁塞尔屡见不鲜。

跳出来对塞氏横加指责的还有欧盟食品安全局，这是一家官方食品安全顾问机构，但它根本没有做过类似的独立研究。事实上，有调查机构早已证实，该局所谓的"独立"专家与其监管的转基因行业有千丝万缕的联系，但欧盟民众大多毫不知情。欧盟相关官员对公众健康和食品安全领域的监管，充斥着贪污腐败和以权谋私。

为了建立转基因帝国，以孟山都为代表的垄断企业心狠手辣，对于熟悉内幕的人而言，塞氏里程碑般的研究遭受诋毁毫不奇怪。自转基因作物 1992 年在美国问世以来，玉米、大豆、油菜籽、棉花等农作物的种子都受到了基因操控，为了商业推广还申请了专利。细看这段历史，官员们欲壑难填，科学家私欲膨胀，虚假宣传层出不穷，美国国务院甚至还对欧盟各国频频施压，一切的一切都是为了让世界相信他们的谎言——相比常规农作物，具有耐受除草剂功能的转基因品种"对环境更友好"，转基因就是"解决世界饥荒的答案"。

转基因黑幕重重

2007 年，德文版《粮食危机》在加拿大面世，迄今已七年有余，书中的每个重要结论都得到了证实，且有过之而无不及。孟山都转基因 Bt 棉花 * 在印度大规模歉收，棉农自杀频现。为了让孟山都的种子在法国落地生根，美国国务院频频给法国施压，直到维基解密在网上公布了美国驻法使馆的电报后，美国政府力挺孟山都的事实才真相大白。美国农民

* 据称经基因改造后的这种棉花具有耐受除草剂功能。——译者注

的种植结果同样铁证如山，他们地里的转基因玉米和大豆催生了“超级杂草”，“农达”都奈何不得，需要比“农达”之类毒性更强的除草剂。此外，高产曾被称作转基因作物的优点之一，但种植两到三年后，其产量反而大幅下降，远不如同类的非转基因品种。

2007年，孟山都收购了一家小型生物技术公司，获得了“终结者”种子的专利。这种技术能让种子在收获一季后“自杀”，也就是丧失育种功能。这样一来，全世界农民就成了转基因种子不折不扣的奴隶。

说到种子，挪威政府近期的一项举动让人警醒。在北极圈内斯瓦尔巴群岛的山区，该国修建了一个具备防核武器功能的巨大洞库，用来储藏全球的种子。项目主要由洛克菲勒基金会和盖茨基金会资助，2008年2月正式启动。迄今，那里已储存了两千多万粒种子，涉及全球重要粮食品种的三分之一。值得深思的是，洛克菲勒基金会是转基因项目的始作俑者，几十年来在该领域投资数亿美元，为的是像控制世界石油一样控制全球农业。

作为享受免税待遇的私人机构，洛克菲勒基金会和盖茨基金会还建立了非洲绿色革命联盟，代言人是联合国前秘书长安南。联盟声称由非洲人领导，寻求找到非洲自身的解决方案，实际上其掌门人和资金都来自这两大基金会，目标是推广孟山都的转基因种子。要知道，孟山都是全球头号转基因企业，盖茨基金会是其大股东。盖茨和洛克菲勒都公开支持人口优化，其实质就是要减少全球人口，尤其是深色皮肤的人种。

转基因是人类历史上对生命所做的最危险的实验，要想让其恐怖的真相不为世人所知，必须对全球主要媒体采取最严格的限制。随着孟山都、先正达以及孟山都的德国合作伙伴巴斯夫和拜耳的手段逐渐浮出水面，人们才知道推广转基因作物的目的远不止公司及股东对利润的追逐。

笔者写下此文时，俄罗斯正面临1991年苏联解体后的最大考验。在华盛顿的煽动下，乌克兰爆发了血腥的内战；与此同时，美国财政部量体裁衣，精心策划了针对俄罗斯的金融制裁，一心要瘫痪这个能阻止华盛顿建立世界新秩序的国家，因为这样的国家越来越少。当然，决定新秩序的不是美国民众，他们自身也是美国寡头统治的牺牲品；决定新秩序的是少数“精英”，实际上就是那些精神错乱的权贵寡头，像洛克菲勒和比尔·盖茨，他们毕生追求的就是像撒旦一样的能力，让数以亿计的“无用的平民草芥”消失殆尽。

面对美国和欧盟不断升级的制裁，俄罗斯政府颁布了一个长长的清单，禁止从欧盟进口食品和农产品，这些食物是以工业化模式生产的，对俄罗斯民众的健康造成了极大的问题。制裁引发了危机，但也带来了绝佳的机会，让俄罗斯可以坚定地把这些毒害健康的食品拒之门外。

如果俄罗斯能借机彻底清除充斥国内的那些西方垃圾食品——不光是麦当劳、肯德基，还有美国的转基因大豆、转基因玉米，发展传统农业就大有前途。只要没有化学污染、没有转基因，俄罗斯成为全球粮食出口国就顺理成章，中国也可以从俄罗斯进口非转基因农产品，从而减少对美国农产品的过度依赖。有人认为，华盛顿的愤怒针对的是普京和俄罗斯，中国不会有同样的遭遇，但只要华盛顿的政策由华尔街和军工复合体左右，这种想法就只能是一厢情愿。这两者的后台是少数大家族，包括洛克菲勒、比尔·盖茨、沃伦·巴菲特、乔治·索罗斯等，他们才是美国真正的寡头和霸主。

把世间最宝贵的生命置于少数私人公司的掌控之中，这就是转基因前世今生之所求。笔者撰写这一前言时，关于转基因种子前途的博弈正处在十字路口。是严格限制还是放手不管？我们恳请读者留意下面的故事——读起来有点像天方夜谭，但绝非虚构，阅读时请务必保持警醒的头脑。如果重视家人、朋友乃至子孙后代的健康，各位就有责任去戳穿故事中的谎言；如果觉得健康无所谓，将来在吞下转基因在全球扩散带来的苦果时，请不要后悔！

威廉·恩道尔

2015年4月

于德国法兰克福

中文第一版序

一场新鸦片战争

您手中的这本书向您展示了一项既荒唐可笑又令人厌恶的宏大计划，尽管您不愿意相信，但很不幸，它的确是真的。本书真实地记录了一小撮英美“精英分子”意欲控制整个世界粮食链条的种种图谋。他们的目的不仅仅是追逐利润，还是以一种新的生物战争形式，实行种族灭绝和“人种改良”，以实现其大规模消灭几十亿人口尤其是亚洲人口的长期目标。

在我为本书中文版撰写前言的时候，世界正处于一场新的大规模粮食危机之中。自 20 世纪 70 年代初粮食大危机爆发以来，由于世界粮食库存达到历史最低点，华尔街的投资银行、对冲基金以及其他金融机构大肆投机，致使国际上小麦、大米、玉米和其他基本粮食作物的价格翻了一番多。我可以毫不夸张地将其称为“一场新鸦片战争”，这场战争比起 19 世纪英国东印度公司对中国发动的那场鸦片战争更加恶毒、更具破坏性。

其实，我们早就可以预料到这场粮食危机必然会发生。由于嘉吉、阿丹米和邦基等美国跨国农业巨头的不断施压，美国和欧盟这两个世界上最大的粮食输出地政府决定，彻底取消沿袭多年的粮食储备制度。在战争或粮食歉收的时候，粮食储备作为蓄水池是防止出现灾难的重要保障措施。

欧美各国政府之所以取消粮食储备，完全是因为国际粮食卡特尔不断鼓动的结果，即“以市场为导向的农业”可以让私营的全球化公司“更有效”地储存和供应粮食，通过“提高效率”来替纳税人节省每一分钱。这样一来，被粮食卡特尔不怀好意地称为“粮山”的各国粮食储备便逐渐消失了。

粮食储备一经取消，人类便走向了依靠私营公司的粮食“零”库存模式，如丰田汽车生产公司的“即时库存”一般，这为未来埋下了危机的种子。正是这群主张废除政府粮食储备的粮食卡特尔鼓吹说，汽车发动机排放的二氧化碳经过某些复杂过程造成了北极冰层融化、城市洪水泛滥。其实这并没有科学依据，但华盛顿和欧盟的政客们却对此言听计从，并着手对将农作物大规模转换成汽车燃料进行补贴，发起了臭名昭著的“生物燃料革命”。

在整个欧洲，无论是德国、奥地利还是法国，到处可见成片成片的玉米和其他作物亭亭玉立，长势喜人。但是，这些粮食不是用来吃的，而是作为生物燃料用来烧的。农民们的内心深处虽然明白这种做法不对，但是在多年歉收之后，好不容易盼到市场需求旺盛，他们也就不再言语了。消费者受农业综合企业御用的纽约麦迪逊大街宣传机器的蛊惑，也就轻信了这帮人从玉米中提取汽车燃料以替代汽油，有利于改善环境、减少污染的谎言。

总之，他们说服了美国农民改种玉米和其他作物，目的不是用作口粮，而是当作燃料烧掉。2006 年，美国通过了一项新的法案，将一大笔纳税人的钱用于补贴种植燃料玉米。从此，这股改种风潮席卷了美国。

当前世界粮食市场正处于和平年代从未有过的紧张形势之中，数以百万公顷计的粮田却改作他用，用来生产汽车燃料，而这种燃料的排放物的危害比汽油还要大得多。这正是当前世界范围粮食危机的祸根。

这绝对不是一场粮食危机，而是一场政治危机。面对国家安全最基本层面的粮食安全所遭受的危机，各国人民选举出来的政府却坐视不管；应当担负起责任的媒体却屈从于实力强大、财力雄厚的资助者的威压，误导世界舆论，让人们相信这场危机不可避免；深知内情的科学家们往往因为要从生物燃料行业拿到研究经费，也不得不保持沉默。有史以来，粮食价格第一次与石油价格挂上了钩。

尽管有充分的证据表明，粮价飞涨的一个主要原因是整个欧洲将大片农田用来种植生物燃料用作物，但是欧盟的委员们仍然拒绝重新考虑其生物燃料配额。世界银行的一份研究报告显示，近期粮食价格的上涨至少有 75% 的原因直接与生物燃料有关，但这份报告因美国的干预而没有发表。目前，从非洲到亚洲，由于粮价飞涨，抗议和骚乱此起彼伏。在这种情况下，联合国粮农组织（联合国授权监管粮食储备的机构）近期在罗马召开了一次有关国际粮食危机的会议。会上，联合国粮农组织负责人将这场危机归咎于“过度肥胖的美国人”，这些美国人比正常需求多消费了价值 100 亿美元的食物。2008 年 6 月，在联合国粮食峰会上，一个又一个机构“尽职尽责、煞费苦心”，想出各种招数来无视这些显而易见的因果关系，他们这些丧心病狂的言行似乎无穷无尽，简直令人发指。伦敦《经济学人》在其封面文章中甚至带着兴高采烈的口吻宣称：“廉价粮食时代终结了。”

庆幸的是，并不是所有国家对美国粮食卡特尔的颐指气使都唯唯诺诺。中国和其他亚洲国家一直对维护国家粮食安全持非常慎重的态度。这是完全正确的，希望能一如既往地坚持下去。

至此，一出真真切切、令人毛骨悚然的戏剧即将拉开下一场帷幕。在这场粮价飙升的危机中，游说集团发起了一场声势浩大的“大谎言”宣传攻势。它们宣称，转基因生物是解决世界粮食危机的唯一途径，这纯粹是无稽之谈。这个游说集团是由孟山都、先正达、杜邦先锋良种、陶氏益农、巴斯夫以及一小撮专利种子公司亲自领导授意的，专利种子又称转基因生物种子，或者好听一点叫作“生物技术”种子。

正是这伙农业综合企业宣称，法国、德国还有其他一些国家，由于转基因作物还未经真正独立的、长期可控的研究和测试，至今仍对种植转基因作物心存疑虑，但它们现在可以毫无顾忌地种植转基因玉米和其他作物，因为这些作物是用作燃料，而不是食用。这简直是弥天大谎！由于农田里的转基因生物燃料玉米会随风将其种子传播到任何一块玉米田中，灾祸之源的潘多拉魔盒由此打开了。

“基因革命”

通过对各国政府和梵蒂冈当局施加巨大压力，农业综合企业清除了对动植物申请专利的障碍。它们的论点是，转基因生物能够持续提高全球粮食产量，减少除草剂和农药使用量。这纯粹是捏造的事实。

在过去四十年里，粮食文化经历了全球化和工业化的“洗礼”，但很少有人认识到，这是一项长期宏伟计划的一部分，其根本战略就是将粮食生产转变为全球商业巨头们的卡特尔式农业。这个计划的设计师们甚至发明了“商业化农业”（agribusiness）这个术语来描述他们消灭传统家庭式农户——世界粮食健康体系的核心，用大规模工业化粮食生产取而代之的狼子野心。

商业化农业“皇冠上的明珠”是一种被人们称为“终结者”的专利种子，这是以阿诺德·施瓦辛格主演的渲染暴力流血的好莱坞电影命名的，这种种子具有特殊的专利特性。他们说服全世界的农民在购买MON810玉米、转基因大豆、转基因水稻等孟山都转基因种子的同时，也购买转基因除草剂“农达”——草甘膦，这种除草剂会污染地下水，并具有致癌性等毒副作用。一旦落入孟山都等农业综合企业巨头的圈套，农民们将终身成为孟山都之流的新封建制度的附庸，为了获得新种子而听任其随意摆布，因为“终结者”种子在一个收获季节之后会自我毁灭。

四家转基因巨头中有三家是美国跨国化学公司——孟山都、陶氏和杜邦。它们数十年来一直参与研发五角大楼绝密的生化武器。在越南播撒橘剂、二噁英与多氯化联二苯，以及事后故意隐瞒真相、推卸责任，凡此种种令人触目惊心，所有这一切都是这些公司所为。现在，它们又来要求我们将人类赖以生存的种子遗产交由它们管理。

20 世纪 70 年代，基辛格曾展望美国地缘政治的长期目标："如果你控制了石油，你就控制了所有国家；如果你控制了粮食，你就控制了所有的人。"到 2008 年，通过这三四家美国公司的不懈努力，它们正接近这一目标。这就是我将转基因生物的传播称为 21 世纪的"新鸦片战争"的原因。

转基因生物计划，正如本书所力图揭示的，并不是某些人花言巧语所宣扬的解决世界饥饿、推动科技进步，而是一小撮美国私营公司企图控制世界人口、控制人类粮食链条，进而最终控制我们日常生活的大阴谋，而这些美国私营公司在促进社会福利、人类进步方面所留下的记录并不是无可挑剔的。转基因生物计划直接牵涉美国政府，它是这一计划的发起者和积极参与者。它与孟山都共同持有"终结者"技术的专利。转基因生物计划的目的就是控制全世界，而不是为了让人类获得更好更多的粮食。中国和很多国家一直致力于抵制转基因生物的全球扩散，已经成为抵制由转基因生物"四害"控制全球粮食链条的中流砥柱。我深深地期望，本书的出版能够在中国乃至中国以外的地方就我们面临的粮食危机掀起一场高水平的讨论，以防患于未然。即使不是为了我们自己，为了我们的子孙后代，我们也必须这样做。

威廉·恩道尔

2008 年 8 月

于德国威斯巴登

目　录

导 言

我们拥有世界大约50%的财富，但人口只占世界的6.3%。亚洲各国与我们之间的差距尤其显著。在这种情况下，我们难免不成为嫉妒和怨恨的对象。下一个时期我们的真正任务是设计一种在不危及我们国家安全的情况下允许我们保持这种差距的关系模式。为了做到这一点，我们不得不抛弃所有的多愁善感和白日做梦，在任何地方都把注意力集中到我们国家最直接的每一个目标上面。在世界各地干那些毫不利己、乐善好施的事情，对我们来说太奢侈了，我们不能有这样自欺的错误想法。

乔治·凯南

美国国务院高级计划官员，于1948年

这本书讲述了一个在第二次世界大战后由少数社会政治精英发起并实施的计划，其发生的地点不是在伦敦，而是在华盛顿。这是一个关于这些身居高位的精英们如何启动该计划来“保持这种差距”（用凯南的话来说）的鲜为人知的故事。这是一个关于第二次世界大战后极少数人如何主宰大量资源并玩弄权术的故事。

首先这是一段有关权力在极少数人的控制下不断演进的历史，在这个过程中科学成为这一小部分人的奴仆。正如凯南在1948年的内部备忘录中提出的建议一样，他们肆无忌惮地推行他们的政策，完全不干“毫不利己、乐善好施的事情”，因为这对他们来说“太奢侈了”。

然而，与英帝国领导层中的那些前辈们不同的是，新兴的这些美国精英们在骄傲地向世界宣布第二次世界大战后“美国世纪”来临的同时，也很善于利用利他主义和乐善好施等华丽的辞藻来装点他们的行为，以此来达到自己的目的。他们所标榜的“美国世纪”是一个温柔和善、“更仁慈、更高雅”的帝国。然而，他们往往打着殖民地解放、自由、民主和经济发展的旗号来建立自己的权力网络。自从公元前三世纪亚历山大大帝建立了全球性帝国以来，世界第一次被置于唯一的超级大国的军事力量的控制之下，只要它一时心血来潮，就可以决定世界各国的命运。

本书是《石油战争：石油政治决定世界新秩序》的续篇。本书追溯的是第二条权力的主线，这条主线贯穿了对人类赖以生存的基础——粮食——的控制。在20世纪70年代为战后美国精英的利益服务的典型代表是国务卿亨利·基辛格，他代表了“现实政治”的雏形。基辛格一生践行“均势”地缘政治，参与了数不胜数的阴谋策划。据说，他在20世纪70年代中期宣布了其称霸世界的蓝图：“如果你控制了石油，你就控制了所有国家；如果你控制了粮食，你就控制了所有的人；如果你控制了货币，你就控制了整个世界。”

控制全球粮食安全的战略目标可以追溯到几十年前，即20世纪30年代末第二次世界大战即将爆发的时候。这个战略目标的制定是由少数精心挑选的私人基金会资助的，这些基金会都以维护美国大家族的财富和权力为宗旨，这一点往往鲜为人知。

这几个家族最初在纽约和美国东海岸建立自己的财富和权力中心，他们的势力范围包括波士顿、纽约、费城和华盛顿特区。因此，美国大众媒体有时略带嘲笑，但往往更多的是带着赞美的口吻把他们称为东海岸权势集团。

美国权力的重心在第二次世界大战后的几十年里发生了变化。东海岸权势集团由新的权力中心所取代，这些权力中心包括西雅图至太平洋沿岸的南加州地区，以及休斯敦、拉斯维加斯、亚特兰大和迈阿密等地，这些地区正是美国将权力伸向亚洲和拉丁美洲的触角。

第二次世界大战前后的几十年中，有一个家族逐步成为傲慢自大的新兴“美国世纪”的典型代表。然而，这个家族所拥有的巨大财富是建立在诸多战争带来的流血牺牲之上的，是建立在对“黑金”——石油——的控制之上的。

这个家族的不同寻常之处就在于在其财富积累的早期阶段，他们为保护自己的财富而培养出来的元老和顾问们决定在众多不同的领域扩展其影响。他们不仅寻求在石油——这种推动世界经济向前的新兴能源方面的控制力，还在教育、医学、心理学、美国对外政策，尤其是在生物学方面扩大自己的影响力。生物学是关于生命本身的科学，在本书中占了十分重要的位置，本书讲述了生物学及其在植物和农业方面的应用。

这些人干的勾当在大多数情况下往往不为广大公众所觉察，尤其是在美国。绝大多数美国人并不知道，他们的生活是如何受到由这个家族的巨额财富时而隐蔽、时而公开地资助的项目的影响的。

在为撰写本书所做的研究过程中，名义上的主题是对转基因生物（GMO）的研究，后来我很快发现转基因生物的历史和这个具有相当大权势的家族——洛克菲勒家族——的政治历史密不可分。洛克菲勒家族的四兄弟——戴维、纳尔逊、劳伦斯和约翰三世——在第二次世界大战胜利后的三十年中，在“美国世纪”的黎明中影响了 1948 年乔治·凯南所提到的那种权力演进路线。

事实上，转基因生物的故事就是权力如何在这些精英的手中演进的故事，他们目标坚定，决心不惜一切代价让整个世界任由他们手中权杖的摆布。

三十年前，这种权力主要围绕在洛克菲勒家族周围。今天，四兄弟中的三个永远地离开了我们，其中有的人的离去相当蹊跷。然而，他们的遗志被继承了下来，他们称霸世界的计划后来被五角大楼称之为“全方位主导”(FSD)，这个计划往往在“民主”的美丽外衣下广泛传播，也时不时地得到“粗暴的”军事力量的必要支持。在21世纪初，这个计划已经发展到这个地步：总部名义上位于华盛顿的权势集团，这个小小的权势集团已下定决心以前所未有的方式控制人类现在和未来的命运。

只有了解了第二次世界大战后美国势力在全球扩张的历史，才能理解针对植物和其他生物的基因工程与专利获取的故事。乔治·凯南、亨利·卢斯、埃夫里尔·哈里曼，尤其是洛克菲勒四兄弟创造了跨国“商业化农业”(agribusiness*)的新理念。为了给石油化肥和石油产品开辟市场，以及提高对能源产品的依赖性，他们在发展中国家的农业部门大力资助“绿色革命”。这些行为与现在要讲述的转基因农作物的故事密不可分。

到21世纪初，在全球市场角逐的仅剩下四大跨国化学公司，它们相互竞争，试图控制包括玉米、大豆、水稻、小麦，甚至蔬菜、水果和棉花在内的专利，这些专利向全世界人民提供每日营养所需的基本食物，还包括通过转基因技术获得的、据说能够抗H5N1型禽流感的一系列抗病性家禽新品种的专利，甚至转基因猪和牛的专利。四大私营公司中的三家，几十年来一直参与五角大楼的化学战研究，而第四家名义上是瑞士的公司，实际上被英国所控制。由此看来，转基因生物和石油一样，也是英美的一项全球计划。

2003年5月，就在美国对巴格达进行野蛮轰炸的硝烟尚未完全散尽之际，美国总统将转基因生物战略问题作为美国在伊拉克战争后的一项优先外交政策。然而，欧盟作为世界第二大农产品生产地区，成为转基因生物计划成功实施的强大障碍。只要德国、法国、奥地利、希腊等欧盟国家出于健康和科学的原因，坚决拒绝转基因生物计划的实施，世界上其他国家

---

* Agribusiness既可指行业，也可指行业中的企业。本书在其代指行业时将其译为“商业化农业”；在其代指具体企业时将其译为“农业综合企业”。——译者注

也就会对转基因生物计划表示怀疑和犹豫。2006 年初，世界贸易组织强迫欧盟接受转基因生物计划。至此，转基因生物计划在全球的成功实施似乎近在眼前。

美英联军占领伊拉克后，华盛顿立即着手将伊拉克农业纳入转基因工程的范畴，最初是通过美国国务院和农业部慷慨地向伊拉克提供拥有专利的转基因种子。

然而，对转基因农作物的首次大规模试验早在 20 世纪 90 年代初就在阿根廷进行了，这是因为阿根廷的高官早就因受到洛克菲勒家族及其同伙纽约大银行的贿赂而变得腐败透顶。

接下来的内容追溯了通过政治胁迫、政府压力、欺骗、谎言甚至谋杀的手段，传播和蔓延转基因生物的故事。如果你读起来感觉犹如看惊险犯罪小说，你大可不必惊讶，因为这本来就是一个真实的犯罪故事。这些罪行都是在高效农业、环境友好和解决世界饥饿问题的名义下实施的，这一小撮精英之所以下如此大的血本，是为了达到一个不可告人的目的。他们的所作所为不仅仅是为了钱或者说利润。毕竟，这些极有权势的家族可以决定谁来掌控美国联邦储备委员会、英格兰银行、日本央行甚至欧洲中央银行。金钱在他们手中是创造或者毁灭的工具。

他们的目标是实现对这个世界未来生活的终极控制，这是历代帝王和独裁者可望而不可及的最高目标。如果不加以遏制，这一小撮实施转基因生物计划的精英们会在十年到二十年内完全控制整个世界的粮食生产能力。我们必须把转基因生物故事的这一面公之于众。因此，诚望读者仔细阅读本书，独立作出核实和判断，理性地提出批评意见。

第一章

官商勾结：

华盛顿发动"转基因革命"

Washington launches the GMO Revolution

在世界农业生产领域，美国政府发动了推广转基因粮食作物的"基因革命"。尽管有充足的证据证明，转基因产品可能给人类健康带来损害，但从里根总统开始，至少四位美国总统在任内都不遗余力地支持转基因作物。为何如此？这其中不是认识问题，而是权势集团的利益需求。

早期的转基因研究

生物技术和植物及其他生命形式的基因改造这一主题最早是在20世纪70年代的美国研究实验室中产生的。20世纪80年代，里根政府在关键领域实施了激进的经济政策，这与总统的亲密盟友——英国首相玛格丽特·撒切尔遥相呼应。他们两个人的关系很特别，都是激进自由市场政策和减少政府干预的吹鼓手。这两项政策相结合，就是放任私营部门自由发展。

然而，里根政府决意在一个领域——几年前发展起来的、脱胎于DNA（脱氧核糖核酸）和RNA（核糖核酸）研究的基因工程领域——采取无为的放任政策来确保美国处于领先位置。

在美国，对转基因粮食和基因工程产品的监管历史中有着不寻常的方面：从里根时代开始，政府极端偏袒应用生物技术的农业综合企业。负责保护人民健康和安全的美国政府机构逐渐有了危险的偏见。

早在美国第一个商业性转基因产品上市几年之前，里根政府就悄然为孟山都和其他发展转基因产品的私营企业打开了大门。里根政府中决定发展转基因产品这一新领域生杀大权的人物是中央情报局的前局长、副总统老布什——后来他当上了美国总统，也是美国总统小布什的父亲。

到20世纪80年代初，大量的农业综合企业都疯狂发展转基因植物、家畜和基于转基因技术的兽药。然而，当时政府并没有制定任何监管体系来控制转基因产品的开发、风险和销售。当然，那些农业综合企业希望一直维持这种状况。

存在这种状况，部分原因在于里根－老布什政府受到了全盘放松管制的意识的驱动，以此减少政府对日常生活中各个方面的监管。粮食安全也不例外，即使这意味着人民大众可能像小白鼠一样被当作试验品，用来试验完全未被检测出来的新的健康安全隐患。

“实质上相同”的骗局

1986 年，当时的副总统老布什主持了一个白宫特别战略会议，与会者都是来自密苏里州圣路易斯的一家化学巨头——孟山都公司的一些高级管理人员。据曾任美国农业部官员的克莱尔·霍普·卡明斯透露，这次非公开会议的目的在于讨论对发展中的生物技术行业撤销管制的问题。孟山都与美国政府（甚至与老布什的中央情报局）的合作关系由来已久。该公司在 20 世纪 60 年代的越战中为了毁掉丛林地区的树叶 * 发明了一种致命的除草剂——橘剂。此外，该公司也有很多欺诈、掩盖事实和行贿的不良记录。

当老布什在 1988 年最终当选总统的时候，他和副总统丹·奎尔迅速采取行动落实早已制定好的计划，给孟山都和其他主要的转基因公司松绑，让他们“大显身手”。老布什决定在这时候将他在几年前“谋划于密室之中”的管制框架公之于众。

老布什政府的竞争力委员会主席、副总统丹·奎尔宣布：“对生物技术产品的监管将与其他产品相同，没有必要进行特别的管制。”[1] 1992 年 5 月 26 日，副总统丹·奎尔宣布了老布什政府对生物工程食品的新政策。

---

* 越战中，美军在丛林中屡遭伏击，急需一种使树叶脱落的化学药剂，以便使丛林中的游击队员无处藏身。——译者注

丹·奎尔告诉高级管理人和记者：“我们今天宣布的改革措施会加速和简化通过生物技术向消费者、粮食加工者和农民提供更好的农产品的程序。我们会确保生物技术产品像其他产品一样受到同样的监督，而不会受到不必要的管制限制。”[2]至此，老布什－奎尔政府将魔鬼放出了笼子。

的确，无论是在当时还是在后来的几年中，政府没有颁布一个管制生物技术和转基因产品的新法律法规，尽管忧心忡忡的议员们多方努力，认为很需要这样一部法律来规范转基因产品，以避免未知风险和可能的健康危害。

老布什推行的管理框架很简单，与生物技术行业明确表达的愿望相符，很显然美国政府把转基因动植物和粮食简单地视为传统动植物繁殖和培育的延伸。

为了进一步替孟山都等公司扫清道路，老布什政府决定让美国农业部（USDA）、环境保护署（EPA）、食品药品管理局（FDA）和国立卫生研究院（NIH）等传统机构评价转基因产品的风险，而不是成立一个专门的机构来监管这一全新的领域[3]。此外，他们还故意使这四家机构的职责模糊不清。

这种模糊不清肯定会产生权力的交叉和管理上的混乱，这样就可以让孟山都和其他转基因产品经营者钻空子，以便他们最大限度地引入转基因农作物。然而，对于局外人来说，新型转基因产品似乎是受到严格监管的。公众自然而然地以为美国食品药品管理局或者国立卫生研究院是很关心他们的健康的。

尽管许多科学家都对DNA重组研究和病毒的生物科技研究作出了严正警告，美国政府还是选择让生物技术行业和私人科学实验室在转基因动植物这一新领域中实行“自愿”监管。

一些美国政府的资深科学家反复警告老布什－奎尔政府的这种“无为而治”的行为存在着潜在风险。美国食品药品管理局的17位政府科学家之一的路易斯·J.普日比尔博士当时负责制定转基因粮食政策。普日比尔从研究中得知，当新基因被植入植物细胞中时可能会产生意料之外的毒素。因此，他向美国食品药品管理局的首席科学家写了一份引起很大争议的警告备忘录，其中他提道："转基因不会产生意想不到的影响是该行业的一厢情愿……但是一而再、再而三地不提供数据支持他们的观点。"

其他的政府科学家得出结论：有"充分的科学证据证明"，在转基因食品销售之前，政府有必要对其进行测试和检验。他们声明："转基因植物中可能发生的意想不到的、偶然的变化，证明我们需要对其进行一定范围的传统的毒性研究。"[4]但是老布什政府对他们的意见充耳不闻。为此，这些科学家与孟山都和正在兴起的生物技术类农业综合企业断绝了往来。

除了由少数几家基金会资助的极少数科学家之外，从一开始就很少有人对如此大规模地发展基因工程的深层含义引起警觉。而在资助这一领域的基金会中，最重要的莫过于纽约的洛克菲勒基金会。

到 1992 年，老布什总统准备把转基因这个魔鬼从笼子中释放出来。在一项总统行政命令中，总统裁定所有的转基因植物和食品与同品种的传统植物（如传统玉米、大豆、水稻或者棉花）"实质上相同"（substantially equivalent）。[5]

"实质上相同"这个说法是整个转基因革命的关键。它意味着转基因农作物可以看作与传统农作物没有两样。这一理论的依据仅仅是转基因玉米（以及大豆、水稻）与传统玉米（以及大豆、水稻）的外观和味道都很相似，至于它们的化学结构和营养价值，也因此与天然植物"实质上相同"。

将转基因植物与传统植物视为"实质上相同"这一决定忽略了转基因植物中内部的性质变化。正如一些严肃的科学家指出，"实质上相同"的概念本身就是伪科学。最初发明"实质上相同"这个说法就是为了给逃避生化和毒性检测找个借口。

由于老布什政府的"实质上相同"的裁定，转基因品种就不需要任何特别的管制措施了。

“实质上相同”让农业综合企业欢欣鼓舞。这不足为奇，因为是孟山都等公司创造了这个短语。老布什的科学顾问们也很清楚，这一裁定的前提具有误导性。

对植物或者有机体进行基因改造，涉及把外来的基因植入像棉花或者大豆这样的植物中，从而改变基因的一些先天特征，而这些是通过传统的繁殖方式所无法做到的。通常外来基因的植入是通过基因“加农炮”——运用外来细菌或者 DNA 片段来“轰击”植物，使其基因特征发生改变。在农业中，杂交和选择性育种已经可以使农作物适应某些特定的生产环境和地域需求。基因工程与动植物的传统繁殖手段在很多重要方面有很大的不同。首先，一种有机体中的基因可以被提取出来并与另一种有机体的基因相结合（通过重组 DNA 或者叫作 DNA 技术），而这两种有机体可以是完全不同的物种。其次，除去物种重组的适应性要求外，新基因组合可以以更快的速度产生。致命的笼子被着实打开了。科幻小说《天外来菌》所描述的恐怖的生物灾难已经不再仅仅存在于科幻小说之中。这种危险是现实存在的，但是似乎没有人在意。

基因工程通过不严密也不可预测的过程把外来基因引入植物体中。经过改造的植物与原始的植物已经不再是“实质上相同”的了。

然而具有讽刺意味的是，当孟山都等公司为“实质上相同”原则辩解的时候，它们同时也在为它们的转基因植物申请专利，理由就是它们创造的新植物品种必须受到独占性专利的保护*。在它们眼中鱼与熊掌是可以兼得的。

对于老布什政府 1992 年的裁定，此后的历届美国政府都表示支持。以这个裁定作为基础，美国政府一直把转基因食品或者叫作生物工程食品看作“天然食品的补充”，因此没有必要对其进行特殊检查。它们的观点是：如果没必要对传统的玉米进行食品卫生检验，那么为什么要多此

---

* 如果“实质上相同”，按照各国专利法，是无法申请专利的。——译者注

一举对孟山都等农业综合企业生产的“实质上相同”的转基因玉米、大豆和牛奶激素进行食品卫生检验呢？

其实，大多数情况下，政府监管部门只是简单地以转基因产品生产公司提供的数据来判断新产品是否合适。美国政府从未与基因巨头们唱过反调。

“大自然中最好的食品……”

第一种大批量进入市场的转基因食品是含有 rBGH 这种人工生长激素的牛奶，这项转基因技术是孟山都公司的专利。美国食品药品管理局在发现这种转基因牛奶会影响人的健康的关键证据之前坚决支持“实质上相同”的原则，对外宣称这种牛奶对人类来说是安全的。

rBGH 激素对在困境中挣扎的奶牛场的农民们具有很大的诱惑力。孟山都称，如果给奶牛定期注入 rBGH 激素（市场品牌为保食乐），奶牛的牛奶产量会增加 30%。对于苦苦挣扎的农民来说，30% 的增产是惊人的，也是无法抵御的。孟山都打出广告建议农民应该“对所有的奶牛进行处理”。一位州农业局局长由于 rBGH 对奶牛产奶有惊人的刺激效果，将其称之为“奶牛的良药”。[6]

孟山都的新型保食乐牌 rBGH 激素不仅刺激了奶牛的产奶能力，同时也刺激了另一种激素——胰岛素样生长因子（IGF-1）的产生。IGF-1 因子调节奶牛的新陈代谢，刺激奶牛的细胞分裂，抑制奶牛的细胞死亡。因此，问题也就产生了。

许多独立科学家开始公开警告孟山都的 rBGH 激素增加了 IGF-1 因子的水平，有可能会导致人患上癌症。其中最有发言权的科学家之一是伊利诺伊州立大学公共卫生学院的塞缪尔·爱泼斯坦博士。爱泼斯坦博士是公认的致癌物质研究领域的权威，他警告说越来越多的科学依据表明，IGF-1 因子与人类癌症的产生有很大关联，而且这种癌细胞可以在体内潜伏很多年。[7]

爱泼斯坦博士是研究致癌物质的权威。

不出所料，使奶牛增产30%的激素产生了其他的副作用。农民们开始报告他们奶牛的产奶期缩短了两年，并且很多奶牛由于注入rBGH激素而染上严重的蹄和乳房传染病，这意味着有一些牛不能行走。为此，他们不得不为牛注射更多的抗生素。

美国食品药品管理局利用孟山都提供的数据反驳日趋高涨的批评声，不出所料，它把矛头指向了独立科学家。孟山都的首席rBGH科学家罗伯特·科利尔厚颜无耻地反驳道：“事实上美国食品药品管理局在这个问题上已经作出了评论……他们已经公开重申了对人类健康安全的信心……知情者并不会杞人忧天。”[8]任何明白孟山都和美国食品药品管理局领导层关系的人都很难被这些话所说服。

1991年，佛蒙特大学的一位科学家向媒体悄悄透露：有很多证据可以证明注射过rBGH激素的奶牛存在严重的健康问题，包括乳腺炎、乳腺增生和胎儿畸形。孟山都花费了50多万美元用来资助佛蒙特大学进行rBGH的试验，而该项目的首席科学家与他警觉的同事得出的结论恰恰相反，他四处公开演讲，宣传与普通奶牛相比并没有发现注射过rBGH的奶牛存在异常的健康问题。那个出人意料的揭发者至少使孟山都和接受孟山都研究经费的大学感到很尴尬。[9]

美国国会的调查机构美国审计总署受命参与这项调查。由于佛蒙特大学和孟山都公司都不予以配合，审计总署最后被迫放弃调查，无果而终。很多年以后，佛蒙特大学公布了一组数据，显示出rBGH对健康确实有危害。然而，为时已晚。

1991年，美国食品药品管理局设置了负责政策的副局长职位，专门负责监督转基因食品政策的实施。首任副局长是迈克尔·R.泰勒。泰勒在就任该职务前是华盛顿的一位不同凡响的律师。作为华盛顿很有影响的公司——金和斯波尔丁律师事务所——专攻食品与药品法律的律师，泰勒曾在一些行政诉讼案件中作为孟山都和其他生物技术公司的代理律师打赢过官司。[10]

20世纪90年代初，孟山都的首席科学家玛格丽特·米勒也曾在美国食品药品管理局任人类食品安全司副司长。米勒博士在位期间，毫无理由地将允许农民向牛奶中注射的抗生素的标准提高了100倍。她凭一己之力就为孟山都激增的rBGH激素业务扫清了政策上的障碍。私营生物技术公司和政府监管部门共同建立了一个"温馨的俱乐部"，这个"温馨的俱乐部"充满了潜在利益的博弈。[11]

作为美国食品药品管理局的高级官员，泰勒帮助美国食品药品管理局制定方针政策，决定转基因食品是否应该贴上标签以提醒消费者。最后，他的决定是不在转基因食品上贴特别标签。

同时，也是在泰勒的指导下，美国食品药品管理局规定风险评估数据（例如牛的畸形胎儿数据，甚至人食用转基因食品可能出现的征兆数据）将作为"商业秘密信息"而不向公众公布。

如果动物食用孟山都、陶氏化学或者其他生物科技公司的产品后导致胎儿畸形的消息被泄露出来，这会导致这些公司的股票价格下跌，从而对私营企业的繁荣造成伤害。

这似乎是"股东价值至上"这一歪理邪说背后的逻辑。但是，美国食品药品管理局的生物技术协调员詹姆斯·马里扬斯基说："美国食品药品管理局不在转基因食品上加标签是因为它害怕消费者了解内情。"[12]

孟山都的律师迈克尔·R.泰勒曾经在政府主要的食品安全部门负责制定和实施转基因食品的政策。作为一种合理的回报，孟山都在泰勒从美国食品药品管理局离任后，任命这位勤勤恳恳的公务员为负责公共政策的副总裁，这正应了一句话："我们照顾老朋友。"[13]

美国食品药品管理局与孟山都合谋榨取公共利益

到 1994 年，经历了一段合适的时间之后，美国食品药品管理局批准 rBGH 牛奶在市场上公开销售。当然，按照美国食品药品管理局的规定，这种牛奶没有打上转基因的标签，因此消费者也不会因为自己或者孩子喝了含有致癌物质或者其他危害身体的物质的牛奶而产生“不必要”的担忧。消费者永远都不会知道这件事。当孟山都的保食乐牌 rBGH 激素在实验室中导致小白鼠患上白血病和肿瘤的时候，美国政府修改了《纯净食品和药品法》，准许在实验室的动物身上致癌的产品不贴任何警告标签就可以在市场上销售，让人们食用。事实就那么简单。

尽管孟山都声称其生产的 rBGH 是美国历史上经过最为充分检验的药品之一，但是他们从未针对 rBGH 对人类健康状况的长期影响做过长效检验。科学界普遍认为，长效检验的最短检验时间为两年。而 rBGH 只用了 90 天时间就检验了 30 只小白鼠。对小白鼠的短期检验研究报告递交给了美国食品药品管理局，但是从未公开过。美国食品药品管理局拒绝任何外界人士查看这份研究报告的原始数据，理由是报告的公开发表会对孟山都造成“不可挽回的伤害”。由于孟山都同样拒绝公开这份 90 天的研究报告，所以科学界从未仔细研究过这份至关重要的有关癌症和 rBGH 研究的报告。[14]

美国政府不满足于只把转基因牛奶卖给毫不知情的美国人民，还向墨西哥和加拿大施压，迫使他们认同 rBGH，帮助孟山都打开国际市场。

然而，美国食品药品管理局与孟山都的联合行动在 1999 年 1 月受到了重创。加拿大卫生部向美国发出了“不符合要求通知”，拒绝今后在加拿大销售 rBGH，或者叫作 rBST，即重组牛生长激素。

加拿大卫生部之所以作出这一举动，主要是受到了来自加拿大兽医协会和皇家内科医师学会的压力，它们掌握了 rBGH 牛奶负面影响的一些证据，比如说跛脚和繁殖问题。孟山都一直希望将 rBGH 打入加拿大市场。据加拿大广播公司电视台报道，为了达到这个目的，一位孟山都官员甚至试图用一百万到二百万美元贿赂一位在加拿大政府评估委员会工作的卫生官员，以保证不经过进一步研究就让 rBGH 在加拿大获得批准。这位官员感觉自己受到了侮辱，他质问道："你们这是在行贿吗？"这次会面因此无果而终。[15]

此外，一个由著名专家组成的欧盟委员会特别独立委员会得出结论：正如加拿大得出的结论一样，rBGH 不仅存在上述危险，而且有导致人类乳腺癌和前列腺癌的风险。

1999 年 8 月，联合国粮食安全署和国际食品法典委员会一致同意支持欧盟 1993 年对引进孟山都 rBGH 牛奶的临时管制令。因此，孟山都的 rBGH 在欧盟被禁止销售。[16]

但是，接二连三的挫折并没有吓倒固执已见的美国食品药品管理局的官僚们和他们的孟山都好友。由于美国食品药品管理局禁止在转基因食品上贴标签，美国人民还都兴高采烈地饮用着政府推荐的健康牛奶，丝毫没有意识到它的危险。"大自然中最好的食品"是乳品业用于转基因牛奶的广告语。而美国媒体则对联合国的决定和加拿大得出的负面结论保持着"令人尊敬"的沉默。美国人民得到的解释是，欧盟试图通过拒绝进口含激素的美国牛肉对美国的养牛户造成伤害。

美国食品药品管理局的科学家、兽医理查德·巴勒斯于 1979—1989 年间负责 rBGH 等兽药的检验工作，他对此十分担忧，不愿坐视不管。自 1985 年起到他被解雇时为止，巴勒斯负责美国食品药品管理局对孟山都 rBGH 的检查，并且有将近五年的时间直接参与评估。巴勒斯负责撰写动物安全研究的原始实验报告，并审查 rBGH 发明者提交的数据。

巴勒斯在 1991 年于《饮食健康》杂志发表的一篇文章中，描述了 20 世纪 80 年代中期美国食品药品管理局发生的变化。巴勒斯成天与游说美国食品药品管理局放松严格的安全实验报告要求的公司代表打交道。他报告说，亲眼见到一些公司故意减少 rBGH 实验中生病的奶牛数字，并随意填写数据以"保证"不出现健康和安全问题。[17]

巴勒斯对美国食品药品管理局的"包容之心"和美国食品药品管理

局从保障公众健康到保证公司利益的角色转变提出了质疑。他批评美国食品药品管理局在处理 rBGH 问题时向国会调查者陈述的“事实”、向国家立法部门出示的证据和对媒体作出的声明。他在美国食品药品管理局工作时，拒绝使用由公司资助的安全研究报告，认为他们提供的报告是不充分的。最后，他终于在 1989 年 11 月因为“不称职”被炒了鱿鱼。

美国食品药品管理局拒不出示 rBGH 不安全的证据。实际上，美国食品药品管理局在药品批准前就已经开始为孟山都公司的产品做宣传推广工作了。美国消费者联盟的迈克尔·汉森博士指出：美国食品药品管理局是 rBGH 的吹鼓手，它通过发表新闻通稿来宣传 rBGH，发布赞扬该药品的公开声明，并且在该机构的公开出版物《美国食品药品管理局消费者》中为 rBGH 做广告。[18]

1998 年 4 月，鲁珀特·默多克旗下有影响力的福克斯电视台的两位获得过普利策奖的记者简·阿克勒和她的丈夫史蒂夫·威尔逊仗义执言，联合制作了一段揭露 rBGH 丑闻和它对健康的负面影响的节目。在孟山都的压力下，福克斯电视台把这段节目给枪毙了，并解雇了简·阿克勒和史蒂夫·威尔逊。2000 年 8 月在佛罗里达州的法庭审讯中，他们夫妇获得了 42.5 万美元的赔偿，法庭宣布福克斯电视台“蓄意造假，歪曲原告关于 rBGH 的新闻报道”。[19]

福克斯电视台和孟山都利用它们充裕的财力向上一级法庭提起上诉，最终通过法律技术手段把法院的判决改了过来。对此，美国食品药品管理局保持着沉默，孟山都则继续不遗余力地在市场上出售 rBGH 奶。美国农业部的一位官员称，对于转基因食品所持的管制态度是“我不说，你也别问”，也就是说：“如果企业不向政府报告关于转基因产品的消息，政府也不会主动过问。”[20] 如果真如他所说的那样的话，人们的健康和粮食安全就毫无保证。然而，由于美国食品药品管理局和其他相关机构表面上在转基因食品这一新领域保护着人们的健康安全，因此很少有人意识到这一问题的严重性。

2004 年 1 月，在美国食品药品管理局的官员终于打破沉默宣布他们发现 rBGH 中含有过量的有毒物质后，孟山都不得不宣布它们将把保食乐产品的供应减少 50%。很多人都以为孟山都可能会悄悄停止生产这种有危害的激素，然而孟山都却一意孤行，丝毫不考虑 rBGH 对人类健康有害的所有证据，一年后又宣布增加保食乐产品的供应，达到其顶峰的 70%。这次他们遭受了巨大的压力，这种压力不仅来自消费者对健康的担心，还来自从事畜牧业的农民。农民们意识到牛奶产量虽然增加了 30%，但是这导致牛奶供过于求，大量过剩，从而引发牛奶价格暴跌。

但是此时此刻，孟山都早已把视线转移到世界种子市场，力图控制人类和动物食物中最重要的主食。

孟山都与政府的亲密关系

孟山都、杜邦、陶氏益农公司等转基因种子生产巨头与美国政府的亲密关系并非一朝一夕建立起来的。正如我们前面提到的，里根执政初期，在远未确定这种对自然的基因改变是否会得到令人满意的结果的时候，美国政府就把鼓励发展这种不受管制的转基因农作物放在了优先的战略位置。一方面，政府通过科学基金支持长期的实验研究；另一方面，向未经检测、风险很大，可能危及国家甚至全球基本粮食供应的新举措打开市场绿灯。

华盛顿变得声名狼藉，被称为“旋转门政府”（revolving-door government）。这是指一些大公司直接雇用政府官员担任高级管理者，从而利用政府的影响力和人脉关系获利的普遍现象。类似地，反方向的旋转也行得通，大公司的高级管理人员被安插到政府中任要职，来推行公司的秘密计划。

孟山都公司在这个“旋转门”游戏中表现得尤为高明。它在民主党候选人和共和党候选人之间脚踩两只船，同时担当他们的主要赞助者。

在围绕是否要给孟山都公司的 rBGH 牛奶贴标签的争议中，众议院农业委员会乳制品分会的 12 名成员都曾得到孟山都公司慷慨的竞选资助。在孟山都的竞选资助中他们获得了 71.1 万美元。当然这并不能证明它影响到了委员会的决策，但是很明显这笔资助在这场争论中不会伤害到孟山都。委员会封杀了为转基因产品贴标签的立法提案。

孟山都在把公司的关键人物安插进政府的相应部门方面特别有技巧。小布什的农业部部长安·维妮曼在 2001 年进入政府部门，在此之前她是卡尔京公司的董事长：卡尔京公司是孟山都下属的一家生物技术子公司。国防部前部长唐纳德·拉姆斯菲尔德曾任孟山都下属塞尔公司的首席执行官，该公司生产天冬苯丙二肽酯—— 一种基于转基因的人工增甜剂，这种物质可能致癌。拉姆斯菲尔德还曾在加利福尼亚州的生物技术公司吉利德科技公司做过董事长，该公司拥有达菲*的专利。

前任美国贸易代表、美国总统比尔·克林顿的律师米奇·坎特离开政府后，在孟山都的董事会谋到了一个职位。孟山都的董事会中还包括威廉·鲁克尔斯豪斯——尼克松和里根时期的环保署署长。医学博士迈克尔·弗里德曼是孟山都的制药事业部塞尔公司的高级副总裁，他曾经担任美国食品药品管理局的代局长。孟山都负责英国政府事务的董事马西娅·黑尔曾任克林顿总统的政府事务助理。孟山都的公共事务副总裁琳达·J. 费希尔曾任美国环保署预防杀虫剂和有毒物质办公室主任。孟山都的法律顾问杰克·沃森在卡特政府中曾任白宫办公厅主任。

这种负责粮食政策的政府部门高官与企业赞助人（如孟山都、陶氏化学、杜邦等农业综合企业和生物技术公司）之间的利益博弈旋转门模式，至少在里根执政时期就存在了。

在发动转基因粮食作物“基因革命”以及这场“革命”向全世界扩散的过程中，美国政府充当了主要推手，这一点毋庸置疑。政府与孟山都、陶氏化学、杜邦等农业化学巨头一唱一和，就好像公众利益和私人

* 一种据称能治疗禽流感的药物。——译者注

利益融为了一体。

我们怎么解释至少四位总统都成为转基因农业化学行业的坚强后盾的现象呢？我们怎么解释前总统比尔·克林顿甘冒丢掉乌纱帽之险要求英国首相平息对转基因生物的批评呢？我们怎么解释在转基因产品可能给人类健康带来损害的如山铁证面前，孟山都等大公司仍然在政府官员中如鱼得水呢？是什么原因驱使四位总统把无数的科学家，甚至负责公共卫生管理的政府官员发出的警告当作耳旁风，置本国人民甚至世界人民的健康于不可预知的危险中呢？

如果你想知道上述问题的答案，其实很简单。但是这个答案太具有爆炸性以至于没有人敢把它表达出来。1999 年下半年的一场新闻发布会向人们暗示了公众人物背后存在的强大利益集团。1999 年 10 月 4 日，孟山都宣布同意暂停有争议的“终结者”种子遗传技术的“商业化”进程，一家颇具影响力的基金会的主席戈登·康韦对此拍手叫好。[21]

这个基金会就是洛克菲勒基金会，它位于纽约，由私人所有，而且不用交税。此时洛克菲勒基金会与孟山都公司正在讨论植物基因工程的全球战略，这并非巧合。从一开始，基因革命就是洛克菲勒基金会的一个项目。康韦在此前的公开演讲中就提到洛克菲勒基金会为转基因革命的发展已投入了超过一亿美元的资金。这个项目是洛克菲勒基金会过去几十年中推行的全球战略的一部分。

在 1999 年的新闻发布会上，康韦声明：“洛克菲勒基金会支持孟山都公司不将像‘终结者’这样的不育种子进行商业化的决定。我们欢迎这种行为，将其视为确保发展中国家的贫苦农民获得植物生物技术成果的第一步。”[22]

康韦在几个月前去过一次孟山都，他警告那里的高级管理人员：他们的冒险行为威胁到了整个转基因革命，现在后退一小步，是为了将来让整个项目大踏步地前进。[23]

“终结者”种子的设计目的是阻止种子发芽，以防将收获的谷物当作种子，这激起了多方的强烈反对。这项技术会阻止农民把种子保留下来以备来年播种之用。[24]

洛克菲勒基金会参与孟山都公司的决策并不是偶然的，这是一个野心勃勃的大战略的一部分，它起源于越战时期。转基因项目要求科学家为资助他们的农业综合企业服务。苏格兰的一个研究项目的进展向世界各地的生物学家发出了强烈的信号，告诉他们如果转基因生物研究的结果与孟山都等转基因产品生产商的利益发生了冲突，情况就将变成下面这样。

第二章

奴颜婢膝：

科学沦为政治的仆人

The Fox Guards the Hen House

1998 年，一位英国的顶尖基因科学家向媒体发表了其研究成果：实验表明转基因食品可能对免疫系统造成损害。这一基于客观实验的结论原本对科学研究是一个重要贡献，但就在研究成果发布后 48 小时内，这位科学家和夫人同时接到所在研究所的解聘通知，并被要求不许透露任何研究信息，而这一切都源自孟山都公司的一个电话。

科学向政治下跪

当转基因种子在阿根廷和北美的农场大张旗鼓地进行商业化时，在遥远的苏格兰发生了一起影响转基因工程未来的重大事件。在英国阿伯丁的一个由政府资助的实验室罗伊特（Rowett）研究所里，一位经验丰富的科学家正在以十分严谨的态度进行科学研究。他的任务是对转基因食品在动物身上可能产生的作用开展长效研究。

这位科学家就是阿帕德·普斯陶伊博士，基因研究领域的资深专家。他已经在生物技术领域做了逾三十五年的研究，发表了很多颇受好评的论文，被认为是植物凝集素和转基因方面的顶级专家。

1995 年，就在孟山都向美国和阿根廷的农民大肆推广其商业性的转基因大豆种子之前，苏格兰农业、环境和渔业办公室与罗伊特研究所签订协议。研究所承诺在普斯陶伊博士的带领下着手进行一项为期三年的综合性研究，合同预算为 150 万美元。如此大的预算，对于研究所来说可不是一项简单的任务。[1]

普斯陶伊博士的研究在学术界引爆了一颗“重磅炸弹”。

苏格兰农业、环境和渔业办公室要求罗伊特研究所制定科学检验方法的准则，以便政府管理部门今后在进行转基因农作物的风险评估时使用。当时转基因农作物刚刚开始普及，基本处于实验室或田间实验的阶段，着手建立合理的管理制度是理所应当的步骤。

普斯陶伊博士是建立科学的诚信制度和制定健全的方法的最佳人选。他的各项研究成果汇集成了 270 多篇论文，在这些成果的基础上，他与他的夫人苏珊·鲍尔多茨博士（同为罗伊特研究所的科学家）合作，出版了两本关于植物凝集素的书。他被同行视为无可挑剔的研究人员。

更重要的是，从下面的叙述就看得出来，普斯陶伊的研究项目是世界上第一个对转基因食品安全进行独立科学研究的项目。考虑到将转基因生物引入人类和动物的基本食物之中这样一件天大的事情，这一事实太令人震惊了。

当时除了这项研究之外，对于转基因食品效用的唯一一项研究是由孟山都资助的。自然而然，这项研究得出的结论是转基因食品完全健康，适宜消费。普斯陶伊深知一个完全独立的视角对任何科学评估来说都是至关重要的，这对于人们建立对这种重要新成果的信心来说也十分必要。他本人当时完全确信这个研究将确认转基因食品的安全性。在着手进行研究的时候，普斯陶伊对转基因食品的光明前景深信不疑。

普斯陶伊的任务是对分成不同组的小白鼠进行实验。一组小白鼠用转基因马铃薯喂养，这些马铃薯注入了凝集素，据说可以起到天然杀虫剂的作用，用来预防蚜虫虫害。当然，这只不过是转基因马铃薯制造者一方的说辞。

转基因计划挨了一记闷棍

苏格兰政府、罗伊特研究所和普斯陶伊博士一致相信他们将共同证实植物科技领域的一项重大突破，即通过避免在马铃薯种植过程中使用杀虫剂，从而给粮食生产带来巨大的好处。但是1997年下半年，普斯陶伊博士对此产生了怀疑。他的实验结果完全出乎意料，为人们敲响了警钟。

食用转基因马铃薯超过110天的小白鼠在生长方面呈现出重要变化。它们的体型和体重明显比实验中食用正常马铃薯的小白鼠要小很多。然而更令人担忧的是，食用转基因马铃薯的老鼠的肝脏和心脏都要小很多，免疫系统更脆弱，甚至脑部也比食用正常马铃薯的老鼠小得多，这一点太令人震惊了。后一项发现如此可怕，以至于他应邀在1998年英国独立电视台的一次节目中公开他的发现时，故意省去了这一点。后来他解释说他是害怕在公众中造成恐慌。

1998年8月，普斯陶伊博士应邀在收视率很高的ITV节目《行动中的世界》中，简述他的研究成果时所说的那番话足以让世人震惊。他告诉观众："有人向我们保证转基因食品是绝对安全的，我们可以随时食用转基因食品，也必须随时食用转基因食品。目前来看，转基因食品对我们来说没有任何危害。"然后，他向数百万观众提出了警告："但是，作为长期从事这一领域研究的科学家，我认为把人类当作小白鼠一样来做实验是非常不公平的。我们应该到实验室中去找小白鼠。"

普斯陶伊接受电视采访之前与罗伊特研究所的所长菲利普·詹姆斯见过面，所长告诉他不要在节目中谈论实验的详细信息。但是，他接下来说的话引爆了生物技术界、政界、科学界和转基因农业界的一颗"重磅炸弹"。

普斯陶伊简短地陈述道："（食用转基因马铃薯）影响是轻微的生长缺陷，它对免疫系统也有影响。试验用鼠在食用转基因马铃薯110天后免疫机能有些减退。"他个人评论道："如果是我，在得到和我们针对转基因马铃薯所做的实验可比较的科学证据之前，我是绝对不会食用转基因食品的。"[2]

一时间，全世界都在议论普斯陶伊的轰动性评论。转基因食品会对器官和免疫系统产生损害这一研究结论已经够严重的了，这位英国顶尖的基因科学家还公开表示自己不会食用转基因产品。

普斯陶伊的老板詹姆斯教授的第一反应是对普斯陶伊的表现给予高度赞赏。按照詹姆斯的决定，研究所甚至发布了基于普斯陶伊发现的新闻通稿，强调“一系列严谨认真的研究都印证了普斯陶伊博士的担忧”[3]。

然而，这个象征意义的支持突然停止了。在48小时内，这位68岁的研究员接到通知说他的合同不会续签了。他和他的夫人——一位也是为罗伊特研究所工作了十三年的很有威望的研究员——一起卷铺盖走人了。而且，普斯陶伊被告知不得向媒体透露任何关于他的研究的信息，否则会连养老金也保不住。他的研究论文都被没收并束之高阁，研究所不许他和他的研究团队成员交流，否则将诉诸法律。这支研究团队随之解散，他的电子邮箱和电话号码也都被更换了。

这只是一场恶意诽谤的开始。普斯陶伊自幼在匈牙利长大，即将发生的一切可以和他所经历的德国纳粹的独裁统治相提并论。

普斯陶伊的同事们开始诋毁他的科学声誉。罗伊特研究所在召开了几场自相矛盾的新闻发布会后，终于把口径统一在普斯陶伊只是把食用转基因马铃薯的小白鼠和食用有毒马铃薯的普通小白鼠“搞混了”。如此常识性的错误对于一位像普斯陶伊这样资深并拥有公认才干的科学家来说简直是闻所未闻。新闻界称，这是一个著名科学研究机构所犯的最低级的错误。

然而，后来对普斯陶伊工作的审查证明这种说法是完全不对的。

英国记者安德鲁·罗厄尔经过深入细致的调查后发现，罗伊特研究所后来又改变了说法，声称他们发现普斯陶伊根本就没有进行能够验证他的结论的长期研究。这种说法完全站不住脚。

但是，詹姆斯教授和罗伊特研究所为解雇和诽谤普斯陶伊所作的拙劣努力很快就被遗忘了，因为其他的科学家和政府官员也卷入了这场诋毁普斯陶伊的闹剧。为了回击这些诋毁攻击，1999年2月，来自13个国家的30位顶尖科学家联名写了一份公开信支持普斯陶伊。这封信后来发表在英国的《卫报》上，引发了围绕转基因农作物安全和普斯陶伊发现的新一轮论战。

布莱尔、克林顿和“政治化”的科学

在《卫报》发表这份公开信之后没几天，像英国皇家学会这样权威的研究机构也加入了这场论战。英国皇家学会宣布要重新审查普斯陶伊的证据。1999 年 6 月，学会发表公开声明，称“普斯陶伊的研究在设计、执行和分析方面漏洞百出，因此无法从中得出任何结论”[4]。

举世闻名的英国皇家学会也参与了进来。

享有三百年盛誉的著名研究机构得出这样的结论，对于普斯陶伊的信誉无疑是个很大的打击。但是皇家学会对普斯陶伊的评价也被公认为是一种政治诽谤，这种评价败坏了皇家学会的声誉。后来的同行评议揭示出皇家学会的结论是从不完整的数据中得出的。更有甚者，皇家学会拒不透露审查者的名字，这使得一些批评者抨击皇家学会的这种做法，认为它让人们想起了现代早期英格兰的星室法庭。[5]

安德鲁·罗厄尔的调查揭示，皇家学会和英国下议院科学技术委员会同在 5 月 18 日那天发表类似的谴责，这都是布莱尔政府对这两个机构施压的结果。

布莱尔政府甚至还成立了一个秘密的“生物技术宣传组”发起宣传攻势，反击当时占主导地位的反对转基因技术的媒体。“普斯陶伊辩论”威胁到了能给英国公司带来巨额利润的转基因商业化农业的未来。

皇家学会和科学技术委员会联合对普斯陶伊的科学诚信发起攻击后的第三天，布莱尔的“内阁推手”杰克·卡宁安在下议院声明：“皇家学会本周令人信服地对某项针对马铃薯的研究结果及其错误解释做了澄清，认定其纯属误导。到现在为止还没有一项证据能够证明在我们国家销售的任何转基因食品对人体有害。”为了使他“代表”布莱尔内阁所传达的信息明确无误，他补充说：“生物技术是科技进步的一个重要的令人欢欣鼓舞的领域，为我们生活质量的改善提供了巨大的机会。”[6]

后来公开的文件显示布莱尔内阁内部在转基因生物的安全问题上分为两派，一些阁员建议对转基因生物的潜在健康风险做进一步的研究，但他们很快就缄口不言了。内阁任命卡宁安来负责政府转基因农作物的方针政策的制定，领导生物技术宣传小组，这个名称能使乔治·奥威尔*退避三舍。

如何才能解释詹姆斯所长和罗伊特研究所态度上 180 度的大转变呢？唯一的答案就是政治压力。

精神上几近崩溃的普斯陶伊花了五年的时间，经历了无数次的心脏病发作，才搞清楚他在电视上露面 48 小时后发生的一系列事件的细节。他的发现揭示了转基因农作物政治的阴暗面。

很久以后，普斯陶伊才终于把发生的一系列不同寻常的事件拼成一幅完整的图像。

普斯陶伊在罗伊特研究所的几个已经退休（因此不怕丢掉饭碗）的同事私下告诉普斯陶伊，詹姆斯所长曾经两次接到布莱尔首相亲自打来的电话。布莱尔直截了当地告诉他，一定要让普斯陶伊闭嘴。

詹姆斯害怕失去国家的财政支持及发生其他更糟糕的事情，决定让他以前的同事充当牺牲品。然而，这个关系链条并没有到布莱尔就停止了，普斯陶伊还听说布莱尔最初是接到了美国总统比尔·克林顿打来的一个警告电话。

布莱尔的亲密朋友和政治上的引路人克林顿让他确信，转基因商业化农业是未来的发展方向，这是一个巨大的正在增长的价值可观的产

---

* 乔治·奥威尔（George Orwell），英国作家，以政治讽喻小说著称，以先知般冷峻的笔调勾画人类阴暗的未来，著有《动物农庄》《1984》等。——译者注

业，布莱尔可以依托这个产业使英国的制药及生物技术巨头处于领先地位。不仅如此，布莱尔积极推广转基因生物，其目的是为他 1997 年名为“重塑不列颠”的竞选活动获得成功铺路。英国人都知道，克林顿一开始就让布莱尔相信转基因植物将是通向新的农业工业化革命的必由之路。[7]

克林顿政府当时正斥资数十亿美元推广转基因作物，将它作为引领未来生物技术革命的技术。克林顿的一位白宫高级官员当时声称，他们的目标是使 20 世纪 90 年代成为“对农业生物技术产品进行成功商业化的十年”。20 世纪 90 年代后期，生物技术转基因公司的股票在华尔街股市扶摇直上。克林顿绝不会允许苏格兰的某个科学家破坏他的计划。显然，克林顿的好朋友布莱尔也不允许。

普斯陶伊之所以能得到最后一片拼图，还要感谢他以前的同事罗伯特·奥斯科夫教授提供的信息，他是一位在罗伊特研究所工作了三十三年的著名营养学家，也是在那个时候离开罗伊特研究所的。他告诉普斯陶伊，一位罗伊特研究所资深的同事告诉他，要求解雇普斯陶伊的第一通电话是从孟山都打来的。[8]

孟山都把“普斯陶伊这个麻烦”告诉了克林顿，后者转身就告诉了布莱尔。布莱尔接着又告诉了罗伊特研究所的所长菲利普·詹姆斯。24 小时后，普斯陶伊博士就被扫地出门了，还不许他谈论他的研究和与他以前的同事交往。

奥斯科夫的信息犹如一颗“重磅炸弹”。如果真是如此，这就意味着一家私营企业只需随便打个电话就能让美国总统和英国首相行动起来，为它的一己私利服务。孟山都一个电话就可以毁掉世界著名的独立科学家的声誉，这给学术自由和科学独立的未来蒙上了一层阴影，也对转基因作物在全世界的扩散产生了巨大影响。[9]

不那么清白的英国皇家学会也掺和了进来

普斯陶伊在他的学术清名毁于一旦之后，终于在 1999 年 10 月设法在英国广受尊敬的医学期刊《柳叶刀》上发表了他和同事们的研究成果。这家期刊因为它的科学独立性和诚信而为人称颂，论文在刊登之前，需要得到由 6 人组成的评审小组中至少 4 人的同意。

《柳叶刀》的主编理查德·霍顿博士后来说，他接到了英国皇家学会的一位高层人物打来的“威胁”电话，告诉他如果他打算发表普斯陶伊的文章，他的饭碗就可能保不住了。英国皇家学会的前任副主席彼得·拉赫曼教授后来承认，是他就普斯陶伊的论文给霍顿打的电话，但是他否认曾威胁过霍顿。

《卫报》的调查记者发现，英国皇家学会成立了一个特殊的“反驳机构”来推行支持转基因生物的政策，诋毁持反对意见的科学家和组织。这个机构的领导人是瑞贝卡·鲍登博士，她曾在布莱尔政府的环境部任职，公开支持转基因生物。[10]

《卫报》发现，拉赫曼在对普斯陶伊的攻击中公开呼唤科学的“独立性”，但此人在涉及转基因生物的问题上却很难称得上公允。拉赫曼是一家私营生物技术公司吉龙生物医学公司的科学顾问，这家公司主要从事和多利羊差不多的动物克隆的研究。他还是一家农业生物技术公司阿德普罗特克的非执行董事和转基因制药巨头葛兰素史克的科学顾问委员会成员。拉赫曼在很多问题上都称得上不偏不倚，但唯独在转基因生物问题上态度十分偏颇。

塞恩斯伯里勋爵在 1997 年的选举中为托尼·布莱尔的“新工党”捐资甚多。由于他的贡献，塞恩斯伯里获得了布莱尔内阁的一个职位——科学大臣。他的科学资质微不足道，但他却是两家转基因生物科技公司——戴尔特克和伊诺特克的重要股东，始终不遗余力地支持转基因生物。

为了进一步巩固布莱尔政府和世界主要生物技术公司之间的关系，

良好关系公司的董事戴维·希尔（曾于1997年和2001年两次协助布莱尔成功当选英国首相）同时负责孟山都在英国的公关宣传。

积极支持转基因生物的英国科学大臣塞恩斯伯里勋爵。

尽管英国皇家学会公开声明普斯陶伊的研究“存在瑕疵”，但是他们从未对这一重大研究进行过一次“无瑕疵”的研究，这给英国皇家学会自吹自擂的科学中立性抹上了一层厚厚的阴影。这说明英国皇家学会的“醉翁之意”不在于科学公正性而在于其他。

《柳叶刀》在发表了普斯陶伊的文章后，遭到了英国皇家学会和生物技术行业的猛烈抨击。这种压力迫使普斯陶伊论文的合作者斯坦利·尤恩教授最终放弃了阿伯丁大学的教职。[11]

科学屈从于公司利益

普斯陶伊事件威胁到了整个转基因计划的发展，它带来了灾难性的后果，但这只是压制独立研究、直接修改证明转基因食品对人类和动物健康具有潜在负面作用的数据的无数例子中的一个。事实上，这种做法已经成为一条潜规则。

2000年，布莱尔政府命令一家私营企业谷物种子（Grainseed）公司开展一项为期三年的研究，其目的是证明转基因种子的安全性，可以将其列入农民可以购买的“国家种子清单”当中。

伦敦的《观察家报》后来得到了英国农业部的一些内部文件，其中披露了正在进行的一些奇怪的科学实验。谷物种子公司至少有一个研究人员篡改了科学数据，“使实验中的种子看起来比实际上要好得多”。得到这些信息后，农业部不但没有停止实验、解雇这名研究人员，反而建议一种转基因植物新品种通过认证。[12]

另一个英国政府干涉学术自由和科学诚信的例子是，开放大学的高级学术科学家、后来成为社会学研究所所长的侯美婉博士被迫提前退休。侯美婉曾是美国国家基因学基金会研究员，多次在联合国和世界银行就生物科学问题作证。她在基因学方面著述颇丰，被公认是转基因科学的知名专家。

她的“失误”在于她在转基因食品存在隐患方面说话太多了。2003年，她在“转基因植物国际独立科学专家组”工作时，极力反对草率作出有关转基因食品安全性的科学主张。

她警告说，转基因是一种与正常动植物繁殖完全不同的繁殖方式。她说：“与你们所听到的支持转基因的科学家的说法正好相反，转基因的过程并不精确细致。这个过程是无法控制和不可靠的，它往往对宿主基因组造成损害和扰乱，产生完全不可预知的结果。”这番话足以让转基因游说集团强迫她“退休”了。[13]

为了保护由国家资助的转基因食品和农作物安全研究的所谓诚信，布莱尔政府提出了一套新的行为规范。根据政府生物技术和生物科学研究委员会（BBSRC）制定的准则，国家资助的研究机构的任何研究人员如果胆敢说出他在转基因植物方面的研究发现，将被免职、被控违约甚至吃官司。

仗义执言的侯美婉博士。

有很多机构也在做转基因食品的类似研究，例如约翰因斯中心的塞恩斯伯里实验室。塞恩斯伯里实验室是英国顶级的生物技术研究机构，其经济资助过去主要来源于捷利康公司等生物技术巨头和塞恩斯伯里勋爵本人。

作为科学大臣，塞恩斯伯里勋爵要求生物技术和生物科学研究委员会大大增加了政府的资助力度，以实施政府压制科学异己的生物技术监管工作。

生物技术和生物科学研究委员会的理事会由对研究结果有直接资助获益关系的大型跨国公司的代表组成，而乡村土地所有者协会这些代表公共利益的团体则被拒之门外。[14]

2003 年 3 月，在布莱尔政府的游说集团中出现了一个异己分子（这种情况并不多见），此人名叫布莱恩·约翰博士，他反对将没有检验过的转基因产品不加限制地引入英国人的饮食中。布莱恩·约翰博士向英国杂志《转基因科学评论》投了一篇文章，题为《论转基因科学的腐败》。在文章中他指出："在转基因研究领域中、在同行评议过程中以及在公开出版的过程中，毫无平衡可言。对于这一点，我们要归咎于企业对科学的独家所有权，或者至少一部分要归咎于它……科学尊严是一个输家，公共利益则是另一个输家。"[15]

约翰博士还对英国皇家学会在转基因科学领域的所作所为进行了尖锐的批判。在文章中他提到，"一些不合时宜的研究永远不会见到天日"。他还指出："防止学术欺诈行为是一码事；压制会得出不利结果的实验是另一码事。"约翰还进一步指出，国际生命科学研究所有关转基因粮食安全研究的文献目录完全是一边倒，收录了大量支持转基因技术的论文，这些论文要么出自政府部门，要么直接来源于生物技术行业。"几乎没有一篇论文涉及转基因食品喂养动物的实验，而且据我所知也没有一篇论文涉及在人体上做过的实验"。[16]

普斯陶伊在罗伊特研究所的研究是英国最早的一个、也是最后一个涉及活体动物的研究。布莱尔政府发誓，决不能"重蹈覆辙"。2003 年 6 月，正当英国下院对布莱尔支持小布什的伊拉克战争的决定表示强烈不满的时候，托尼·布莱尔炒了环境大臣迈克尔·米彻的鱿鱼。米彻后来公开反对参与伊拉克战争，当时他正负责该部对转基因植物及其对环境影响的为期三年的研究。他公开对当时盛行的转基因农作物的研究持批评态度，并呼吁政府在允许全面应用转基因产品之前对其进行全面深入的研究。由于米彻先生已经成为基因革命的绊脚石，他的下场就和法国大革命时常说的一样——“上了断头台”。

不管布莱尔政府对转基因革命的支持有多么坚定，但与大西洋对岸的最亲密盟友相比完全是小巫见大巫。美国是世界农业转基因革命的摇篮，在控制这场革命的进程和争议方面也走在世界的前面。美国的转基因运动的政策渊源可以追溯到几十年前，在20世纪60年代后期的越南战争时期以及尼克松的第二个总统任期期间，它就已经崭露头角。亨利·基辛格是靠沾洛克菲勒家族的光起家的，在基因革命的早期他注定将发挥决定性的作用。是他把“运用粮食作为武器”这一理念引入到美国的外交政策中。从此以后，“粮食武器”成为美国影响深远的政策信条。

第三章

望尘莫及：

尼克松和狡猾的洛克菲勒兄弟

"Tricky" Dick Nixon and Trickier Rockefellers

从20世纪60年代开始，粮食与石油一起成为美国维持新经济霸权中的关键支柱。主导全球粮食市场与主导全球石油市场和武器市场一样，成为华盛顿政策的核心。1973年的世界粮食危机成为美国新粮食政策的标志性事件，当时国际市场粮食价格和石油价格都以300%—400%的速度上涨。在粮食危机中，美国的六家跨国公司控制了世界粮食储备的95%，华盛顿和粮食巨头间的紧密联系成为美国粮食武器的核心。

美国在越战时期掉转船头

1969 年 1 月，当理查德 · 尼克松入主白宫的时候，美国正陷入深深的危机之中。但是极少数精英分子把这次危机看作千载难逢的机会。当然，绝大多数美国人对此都不敢苟同。

接下来的六年里，在尼克松主政下美国经历了有史以来第一次军事上的重挫——越南战争的失败。成千上万的美国学生涌向华盛顿游行示威，抗议这场看似毫无意义的战争。应征入伍前往越南的美国新兵士气空前低落，士兵们吸毒成性，被激怒的反叛士兵在战场上“故意打伤”或杀掉他们的连长。成千上万的美国青年被装在尸体袋里“荣归故里”。当时，五角大楼还允许媒体拍摄运回国的战死士兵的照片。

美国经济遭受严重的打击。美国战后的优势第一次面临被西欧和日本新兴的、更有效率的工业所赶超的局面。截至 1969 年尼克松执政时，由于外国与美国的贸易顺差日益增加，外国中央银行要求用黄金而不是美元支付，这导致美元陷入了极端的危机之中。战后美国公司的利润率在 1965 年达到顶峰，而现在开始逐年下降。

美国公司发现走出国门收购外国公司可以赚取更多的利润。这是美国公司跨国发展的重要开端，也是后来全球化现象的前导。美国的国内传统工业纷纷削减工作岗位，曾经繁荣的钢铁制造业陷入了严重的衰退之中。战后美国的优势支柱产业正在迅速消失。

美国工业呈现出一片破败凋零景象，第二次世界大战前和战时建立起来的工厂等老旧设施在与西欧和日本战后迅速崛起的新兴现代工业竞争中，已显得过时陈旧。美国企业面临严重的衰退，银行四处奔走也很难找到可获利的领域来开展信贷业务。

从1960年到1974年，债务在美国经济的每一个角落中以爆炸式的速度增长。截至1974年，公司债务、房屋抵押债务、消费债务和地方政府债务增长了300%。在同一个十五年期间，美国政府的债务更是增长了1000%。截至20世纪70年代初，美国无论从传统上的任何角度来衡量都已经陷入了深深的危机之中，也难怪世界对美元能否继续稳定与黄金的比价越来越怀疑了。

自1944年布雷顿森林体系建立后二十五年内，由美国权势集团一手创建的、主导世界事务的“美国世纪”的模式正面临着一些根本性问题，这些问题引发了美国权势集团和最富裕的家族着手进行大胆的新探索，以寻求新的利润领域。

粮食，或者换一种说法——美国的农业产业，与更为昂贵的石油一起成为20世纪60年代美国新的经济霸权中的关键支柱。这是美国权势集团在战略上发生的重大转变。[1]

越南战争及其造成的美国社会四分五裂的影响一直延续到1974年8月尼克松总统灰溜溜地辞职，尼克松完全是美国权势集团内部斗争的一个牺牲品。

一心想爬上美国总统宝座的纳尔逊·洛克菲勒（左）。

在政治游戏中，历史上没有任何人能与纽约州前州长纳尔逊·洛克菲勒相提并论。他曾拼命地想当总统。在尼克松危机期间，纳尔逊·洛克菲勒的主要目标就是登上总统宝座。洛克菲勒与他的兄弟戴维、劳伦斯、约翰和温思罗普一起经营着他们的家族基金会——洛克菲勒基金会，以及数量庞大的其他免税机构，如洛克菲勒兄弟基金。

在危机四伏的20世纪70年代初期，美国权势集团中的某些有影响力的人物已经清醒地决定，必须有条不紊地对美国的全球政策方向作出重大调整。20世纪60年代，洛克菲勒家族是美国权势集团的权力中心。当时，这个家族和家族的各种基金会以史无前例的方式控制着智囊团、学术界、政府和私人企业。美国前国务卿亨利·基辛格是他们一手栽培起来的，20世纪50年代后期，基辛格从哈佛大学毕业后受聘于洛克菲勒基金会，为一个新项目工作。[2]

戴维·洛克菲勒的“民主的危机”

美国权势集团内部的小圈子对20世纪60年代后期美国霸权面临的危机作出的回应是对全球经济进行重新分赃，首次邀请日本加入“富人俱乐部”。1973年，在一个由洛克菲勒兄弟亲自挑选的及来自欧洲、北美和日本的约300名有影响力的“朋友们”参加的会议之后，戴维·洛克菲勒扩大了他的权势集团朋友们的影响力，建立了一个强有力的新的全球政策圈子——三边委员会。这里的“三边”指欧洲、北美和日本。

1973年，三边委员会成立时的成员包括兹比格涅夫·布热津斯基、佐治亚州州长和花生种植者詹姆斯·厄尔·卡特（吉米·卡特）、老布什、保罗·沃尔克（后来被卡特总统任命为联邦储备委员会主席）和艾伦·格林斯潘——他当时是华尔街的一名投资银行家。成立这个委员会并不是权宜之计。

三边委员会的缔造者戴维·洛克菲勒。

建立一个包括西欧以及日本的政

策精英在内的、与美国外交关系协会类似的新型高级机构这一想法，源于戴维·洛克菲勒和他的缅因州邻居布热津斯基的多次交谈。布热津斯基当时是哥伦比亚大学俄罗斯研究中心的教授，也是洛克菲勒基金会慷慨资助的对象。

布热津斯基当时刚刚写完一本书，书中他提出通过欧洲、北美和日本的少数商业精英参与的一系列非公开的定期会议来加强美国公司和银行在世界范围内的影响力。

他个人的观点与美国传统的民主和自由并不契合。在这本于1970年出版的鲜为人知的书《两个时代之间：美国在电子技术时代中的角色》中，他把美国重要的政治人物看作“统治精英”。书中他直言不讳地说：“社会应由一些精英人物主导……这些精英人物要毫不犹豫地运用最先进的技术来影响公众行为和保持对社会的严格监督控制，从而达到自己的政治目的。”

戴维·洛克菲勒选择布热津斯基作为洛克菲勒三边委员会的第一任执行主席。建立三边委员会这样一个私人的、非公开的精英组织，其目的是为建立相互联系的国际精英网络的全球新战略奠定基础。委员会的很多成员是洛克菲勒家族的商业伙伴，他们的政治、经济、金融实力加起来在世界上无可匹敌。委员会的野心正如后来老布什所提出的，就是建立“世界新秩序”，这就是洛克菲勒家族及其与之勾结的富人利益集团的如意算盘。三边委员会为20世纪90年代提出的“全球化”奠定了基础。

三边委员会的标志。

戴维·洛克菲勒的三边委员会发表的第一份政策文件是由哈佛大学的教授塞缪尔·亨廷顿起草的。20世纪90年代中期他撰写了一篇广受争议的论文《文明的冲突与世界秩序的重建》，该论文为后来小布什执政期间发动反恐战争奠定了基础。

1975年，亨廷顿撰写的报告题为《民主的危机》[3]。对亨廷顿和戴维·洛克菲勒在三边委员会中的权势集团朋友们来说，他所指的“危机”是指成千上万的美国普通民众开始反对政府的政策。因此，美国，或者至少是权势精英们受到了威胁，亨廷顿将这一现象称为“过度民主”。对于亨廷顿和戴维·洛克菲勒周围的精英们来说，那些不守规矩的“本地人”显然变得太“不安分”了。

亨廷顿在论文中还警示道：“民主政治体制的有效运行通常要求一些个人和团体一定程度的冷漠与不参与。”他还说：“保密和欺骗……是……政府的不可避免的属性。”[4]

民主政府由于受到一些不可预知的群众情绪的压力而具有不可靠的性质，这样一来就需要亨廷顿和戴维·洛克菲勒的三边委员会身边的小圈子发挥智慧，将国有企业私有化，解除行业管制。政府解除管制和将国有企业私有化实际上开始于卡特总统执政时期。吉米·卡特是戴维·洛克菲勒亲自栽培起来的总统候选人，也是三边委员会的创始人之一。

当时，美国的境况已经不再是《美丽的亚美利加》歌曲中唱的那样了。这份文件就是美国的权势集团和它们那些富有的守护者发出的警告。特殊时期需要特殊的措施。

基辛格与粮食政治

亨利·基辛格是洛克菲勒家族一手栽培起来的得意门生，截至 1973 年，美国的外交政策一直由他完全掌控着。

基辛格当时身兼国务卿和总统国家安全顾问二职，他将粮食和石油地缘政治作为他外交政策的核心。[5]

随着“冷战”的来临，粮食在美国的外交政策中虽然不处于核心位置，但是仍然具有战略地位。粮食政策通常被华丽的辞藻所掩盖，听起来十分入耳，例如“粮食换和平”计划（《480 号公共法案》计划）。华盛顿声称其粮食出口补贴是受到了来自国内农民的压力。但是，事实并非如此，这只不过是用来掩盖真相的借口而已，而真实情况是美国农业正处于由家庭式小农场向国际农业综合企业巨头主导的大农场转型的过程中。

主导全球粮食贸易与主导世界石油市场和主导非共产党国家的武器市场一起，成为战后华盛顿政策的核心。据报道，亨利·基辛格对一位记者宣称："如果你控制了石油，你就控制了所有国家；如果你控制了粮食，你就控制了所有的人；如果你控制了货币，你就控制了整个世界。"

亨利·基辛格是洛克菲勒家族利益的代言人。

20世纪70年代初期，华盛顿，或者更准确地说是通过像基辛格这样的人控制华盛顿政策的非常有势力的私人小圈子，包括洛克菲勒家族，决定通过令人望而生畏的欺骗手段同时得到鱼和熊掌。

最初，农业更多地被华盛顿当作打压其他国家的大棒。20世纪70年代初，粮食政策开始发生重大变化，这是20世纪90年代农业-化学卡特尔发动的基因革命的先兆。

美国新粮食政策出台的标志性事件是1973年的世界粮食危机，这与由基辛格的"穿梭外交"引发的石油输出国组织（OPEC，即欧佩克）将世界油价抬高400%的事件发生在同一时期。世界油价的上涨和世界主要粮食的短缺犹如雪上加霜，成为华盛顿作出重大政策调整的温床。这一政策转变被贴上了"国家安全"秘密的标签。

1974年，联合国在罗马召开了一次重要的"联合国世界粮食大会"。这次会议主要讨论了两个议题，这两个议题在很大程度上是由美国倡导的。第一个议题是所谓的粮食短缺背景下世界人口的惊人增长（这只是一面之词）；第二个议题是如何应对世界粮食供应的突然变化和粮食价格的上涨。当时国际市场上的油价和粮价都以300%—400%的速度上涨。

粮食危机带来的一大好处（如果不是蓄谋已久的话），就是美国这个世界上最大的粮食供应国控制世界粮食供应，进而控制全球粮价的地缘政治权力获得了战略性增长。就在这个时候一个新的联盟成长起来，即美国政府和美国的私营粮食贸易公司的联盟。这个联盟的建立为日后的基因革命奠定了基础。

“粮食浩劫”

美国国务卿基辛格通过玩弄权术控制了传统上由美国农业部主管的美国农业政策。他在罗马粮食会议的前几个月，通过与苏联进行以粮食换石油的谈判攫取了这一权力。

在基辛格的安排下，苏联同意向美国购买 3000 万吨粮食。这个数量如此之大以至于政府寻求嘉吉公司等私营粮食交易商的帮助，而不是动用政府粮食储备，向苏联出售其所需的粮食。这是基辛格计划的一部分。基辛格的一位助手当时解释说：“农业政策太重要了，不能交由农业部掌管。”

向苏联出售的粮食数量太大了，几乎将世界上的粮食储备一扫而空，这使得粮食贸易公司在几个月内将小麦和大米价格提高了 70% 多。小麦从 65 美元 1 吨涨到了 110 美元 1 吨。大豆的价格翻了一番。同时，印度、中国、印度尼西亚、孟加拉国、澳大利亚等国因严重的旱灾导致粮食减产。就在这个世界急需进口粮食的当口，华盛顿准备乘虚而入，全面改变世界粮食市场和粮食交易状态。

鉴于向莫斯科销售粮食过于“友好”的条件和那年在这次销售中支付给美国农民的低价格，这个交易被称为“粮食浩劫”。基辛格在与苏联谈判的时候，以美国进出口银行的贷款和其他补贴作为诱饵促成了这笔交易。[6]

这场交易最大的赢家是嘉吉、阿丹米、邦基和大陆谷物等美国粮食贸易商，他们是真正的全球农业综合企业巨头。基辛格的新粮食外交政策第一次形成了全球性的农业市场。美国权势集团，尤其是基辛格，从来没有放弃过对世界所有地区的霸权和控制的企图。

1974 年，整个世界在油价上涨 400% 的冲击下蹒跚而行。在这个冲击中，基辛格在幕后做了不止一点点手脚。[7]

这一时期，当世界油价几近冲顶的时候，世界很多地方都遭受了粮食歉收的灾害。苏联当年的粮食收成也由于农作物歉收等原因而备受打击。美国是世界上唯一一个小麦和其他农业商品盈余的供应国。这标志着华盛顿农业出口政策的重大转折。

1974 年初，基辛格是美国国务卿兼国家安全顾问。当时的美国农业部部长厄尔·劳尔·巴茨是农业综合企业的朋友，他大力鼓吹人口控制。他因针对黑人的种族歧视言论而丢了饭碗，后来还因偷税漏税而锒铛入狱。

美国《时代周刊》在 1974 年 11 月 11 日对世界粮食危机作出了总结性专题报告，揭示了美国权势集团偏爱治疗类选法*的原因：

> 在西方，越来越多的人喜欢谈论治疗类选法……如果美国认为因受援国未能就控制人口和改善粮食分配采取措施，而使美国认为对其援助等于“打水漂”，那么美国不会给予这个国家任何帮助。这个政策可能是残酷的，但是这可能是施加长期影响的唯一办法。这种治疗类选法也可能要求政治上的让步……华盛顿可能会觉得没有义务去帮助那些始终强烈反对美国的国家。正如厄尔·劳尔·巴茨这样对《时代周刊》说：“粮食是一种武器。现在粮食是我们在谈判时所用的最主要的工具之一。”[8]

其实提供粮食并不是真正的武器，拒绝提供粮食造成的饥荒才是真正的武器。

---

* 战时根据伤员的受伤程度安排治疗顺序的方法。——译者注

“在罗马……”

“冷战”期间，华盛顿一直对建立国际共管的粮食储备持反对态度。世界粮食储备实质上的枯竭促成了1974年在罗马召开的联合国世界粮食大会。1972年全世界粮食歉收状况异常严重，世界粮食储备只有2.09亿吨，相当于66天的存量。虽然1974年世界粮食产量达到历史最高纪录，然而世界粮食储量却减少到2500万吨*，或者说37天的存量。1975年粮食获得特大丰收后预计粮食储备只达到27天存量。[9]

问题就出在丰收的粮食落到了少数几家贸易巨头的手中，它们都是清一色的美国公司。这就是当基辛格提出粮食就是武器的言论时他头脑里的基本概念。

乔治·麦戈文当时是参议院人类营养委员会主席。他说道：“私营贸易商在交易中可以以最快的速度将投资转化成利润……实际上，私人手中的储备根本不是储备。正是这种市场机制导致了我们今天面临的局面。”[10]

麦戈文的这番言论并不受美国的权势集团欢迎。因此，他与尼克松在1972年竞争总统时注定以灾难性的失败而告终。粮食交易巨头们操纵着粮食供应，蓄意抬高价格。由于美国政府不要求提供精确的粮食报告，只有嘉吉和大陆谷物公司等粮食巨头了解它们到底有多少粮食储备。

詹姆斯·麦克希尔是宾夕法尼亚州的农业局局长，他曾在1974年的罗马粮食大会上呼吁建立合理的国际粮食政策。他指出：当时世界上95%的粮食储备都在六家跨国农业综合企业的控制之下，这六家公司是嘉吉谷物公司、大陆谷物公司、库克工业公司、达乎公司、邦基公司和阿丹米公司。这六家公司都是美国公司。[11]

华盛顿和粮食巨头之间的联系是基辛格粮食武器的核心。国际食品工作者联合会的让·皮埃尔·拉维克曾在罗马粮食大会上提到粮食行业

---

* 原文如此。——译者注

的六大巨头，他说："它们决定生产粮食所需的关键投入品的数量、购买农产品的数量，决定在哪里建厂、在哪里投资。商业化农业在过去十年增长迅速……与饥饿和食品短缺的增长成正比。"[12]

接下来的十多年发生的事情远远超出拉维克 1974 年的警告。美国准备通过私人企业，以营利为目的等手段重组全球粮食市场，为 20 世纪 90 年代的基因革命铺路。

洛克菲勒利益集团和洛克菲勒基金会在接下来的二十年重塑世界农业结构的过程中扮演了无与伦比的决定性的角色。

尼克松的农业出口战略

由美国主导的全球粮食和农产品市场的形成是美国于 20 世纪 70 年代初尼克松执政时期开始的长期战略的一部分。1971 年 8 月，尼克松取消了 1944 年布雷顿森林体系中美元与黄金兑换的规定，使美元与黄金脱钩。他放任美元随意贬值，或者说自由浮动。这个新规定是保证美国粮食在欧洲和全世界的出口更具竞争力的战略步骤之一。

自由贸易是尼克松执政时期的政治口号。嘉吉公司、大陆谷物公司、阿丹米公司成为这一阵营中的新成员。

1972 年，威廉・皮尔斯成为尼克松的大使级贸易谈判特别副代表。他曾是总统的国际贸易和投资政策委员会的主要成员。国际贸易和投资政策委员会是以国际商用机器公司前总裁艾伯特・威廉斯为主席的一个特殊的贸易团体，当时皮尔斯是嘉吉公司主管公共事务的副总裁。

毫不奇怪，皮尔斯做到了将威廉斯领导的委员会报告的最后一稿提交给总统，该报告建议美国应该给其他国家施压，以消除妨碍美国农产品出口的农业贸易壁垒。这份报告同时还反对那些支持"低效率农民"（皮尔斯的口头禅）的政策。总之，皮尔斯做到了让威廉斯的报告重点讨论如何扩大美国的粮食出口问题。

几年后，嘉吉的副总裁沃尔特·B. 桑德斯在新奥尔良召开的美国粮食与饲料协会组织的会议上说："农业政策的基本问题可以追溯到五十年前，人们一直相信保护农业收入的最好办法是将其与价格联系起来……事实上收入必须更多地依赖于生产效率、收入来源的多样性、更好的营销和更大的规模，而不是单位价格。"[13] 换句话说，就是家庭式经营的农民必须赶紧撤出，让新的农业综合企业巨头来主导农业。

这一政策的转变是在美国所标榜的"效率"的信条下进行的，这一转变在接下来的 30 年中产生了灾难性的后果。

嘉吉公司的皮尔斯认为美国的农业具有规模和效率、技术和资本等优势，这些优势使它成为世界粮食出口的老大。按照他的观点，像欧共体这样保护本国农民利益的地区和国家都是在保护"低效率"。华盛顿决心打垮"欧洲共同农业政策"，该政策是法国战后政治稳定的脊梁。

威廉斯和皮尔斯的报告运用了全球安全保护伞的观点，报告指出："我们今天面临的很多问题都来源于美国作为非共产主义世界的主要力量所承担的海外责任。"然而，在报告中他忘了提到美国在国际事务中刻意扮演"世界警察"角色的背景。这一虚伪的观点只不过是美国向其他国家施压，来为嘉吉等农业综合企业巨头打开市场找到的一块"遮羞布"，其目的就是让其他国家承担美国在"冷战"中所扮演的角色和作出的"牺牲"的费用。

皮尔斯提出的战略成为 1972 年尼克松"新经济政策"的核心部分。两年后，嘉吉公司的皮尔斯进入总统的"经济发展委员会"，协助总统制定美国的国内农业政策。在委员会中他的目标就是消除美国农业中"过剩的人力资源"，使成千上万的家庭式农业经营者破产，为大型农业综合企业的发展创造空间。后来他又回到了嘉吉公司，积极践行少数私营企业和它们赖以生存的政府部门之间的"旋转门制度"。

尼克松执政期间采用的皮尔斯战略是披着面纱的粮食帝国主义。其观点是，欧洲、日本和其他工业化国家都应该放弃本国自给自足的农业生产，为美国成为世界粮仓开辟道路，这才是世界资源"最合理的"应用。其他所有项目均表现为“低效率”。

华盛顿可以应用英国“自由贸易”的经典论点。英国自 1846 年废除了《谷物法》后开始实行“自由贸易”，在废除了针对弱小竞争者的贸易保护措施后，处于主导地位的经济和贸易强国都得到了好处。

皮尔斯的战略，更准确地说是嘉吉的战略，其目的在于制定美国今后三十年的贸易政策。这个战略在培养美国的几家大型农业化学公司通过应用转基因植物、获得掌控世界种子和农药市场的能力中起到了决定性的作用。

皮尔斯认为，为了成为世界上最有效率的农业生产国，传统的美国家庭式农业必须为农业生产的重大革命让路。家庭式农场将变成“工厂式农场”，农业也将变成“农业企业”。

威廉斯委员会相信：为了执行这样的“自由贸易”政策，美国农业必须转变为高效率的出口型产业，废除国内旨在保护农业收入的政策，转向以“自由市场”为导向的农业。这个观点得到了农业综合企业的普遍支持，纽约的大型银行和投资公司也赞同这一观点，它们将新兴的农业综合企业视为华尔街股票投资的潜在“热点”。这项政策成为尼克松时期美国农业政策的基石。

农业综合企业和嘉吉、阿丹米等国际贸易巨头为美国农业政策设置了优先顺序。美国农业自给自足的传统观念被一个简单的格言所取代：对嘉吉和粮食出口贸易公司有利的政策就是“对美国农业有利”的政策。家庭式农业经营者和他们的领头人——参议员乔治·麦戈文——一起在这一轮重新洗牌中迷失了方向。

1971 年 8 月，通过使美元贬值和推行新经济政策，尼克松迈出了实施新出口政策的第一步。正如美国粮食与饲料协会主席所描述的那样：“新经济政策由于美元贬值赋予了美国农业以优势地位，这是至关重要的事情。”[14]

皮尔斯进一步提出，贫困的第三世界国家应该放弃在小麦、大米和其他粮食及牛肉等方面的自给自足，集中精力生产水果、蔗糖和蔬菜。

第三世界国家应该进口更多的“高效率”的美国粮食等商品，这些商品自然而然是由嘉吉定价和运输，发展中国家可通过出口蔬菜和水果来支付所需的费用，这就为今后三十年对发展中国家实施战略性控制——控制他们赖以生存的粮食——铺平了道路。

皮尔斯和嘉吉公司十分清楚，当一个贫困的欠发达国家放松粮食进口管制而为大规模生产的美国产品敞开大门的时候，其结果是显而易见的。经济学家 J.W. 史密斯这样描述这种状况：

> 位于广阔田野上的高度机械化的农场可以生产出的粮食，其价格比劳动力最为廉价的第三世界国家还要低。当把这些廉价的粮食卖给或送给第三世界国家的时候，当地的农业经济就遭到了破坏。如果第三世界国家贫困的失业人口获得了土地、工业化的作业工具并受到反倾销措施的保护，他们就可以生产出高蛋白和高热量的农作物，而且在粮食方面可以自给。开垦土地、充分利用失业人口对于这些国家来说成本几乎等于零，而且能解决人民的温饱，这比购买所谓的“廉价”进口粮食要省钱得多。[15]

但是，这样一个合理的选择是绝对不允许的。尼克松政府不宣而战，发动了一场为美国“高效”粮食出口创造崭新的巨大全球市场的战争。着手破坏发展中国家国内粮食生产是它打响的第一枪，与此同时，尼克松也利用关贸总协定（GATT）这个第二次世界大战后的贸易机制，来推进这个全新的全球商业化农业的出口计划。

在 1972 年的尼克松政府，嘉吉公司里的皮尔斯任白宫贸易副代表，彼得·弗拉尼根任国际经济政策委员会主席。他们俩为即将召开的关贸总协定多边贸易和关税谈判制定了谈判策略。他们下一阶段控制世界农业市场的主要目标是欧共体的“共同农业政策”[16]。

20 世纪 50 年代后期欧洲经济共同体创立时，共同农业政策围绕着保护性关税而酝酿出台，目的在于防止美国的粮食和其他农业产品的倾销危害到第二次世界大战后脆弱的欧洲市场。

1974年，皮尔斯说服国会通过了贸易改革法案，该法案要求美国的谈判代表通过美国在工业方面的让步来换取外国在农业方面的让步。这一举措加速了美国许多传统工业的衰退，例如钢铁工业，在美国东北部衰落的钢铁工业“铁锈地区”，失业和无家可归的人群随处可见。钢铁工业在当时被称作“夕阳产业”，而商业化农业则是当时的“朝阳产业”。

“粮食武器”

基辛格在嘉吉公司和其他粮食贸易集团的支持下开始了他的侵略性粮食外交政策，他把这种政策称为“粮食武器”。苏联的“粮食浩劫”就是他在外交政策中应用粮食武器的范例，又称为“胡萝卜”政策。另一个例子是他在越南战争时动用了《480号公共法案》。

随着民众反对越战的呼声日益高涨，国会也受到了这种情绪的感染，政府发觉很难通过国会向南越政权提供经济和军事援助。国会对援助加以限制，白宫正在寻找绕开国会干预的办法。一个办法就是通过美国主导的多边机构来提供援助，另一个办法就是利用粮食援助来实现美国的外交与军事目标。

《480号公共法案》不受国会年度拨款审查的约束，因此尼克松可以从农业部商品信贷公司借到25亿美元。这个机构也是多年后为萨达姆·侯赛因秘密输送军事援助的渠道。随着商业市场的繁荣和政府储备的萎缩，农业部不再需要应用《480号公共法案》来处置盈余的粮食。国务院在选择援助对象方面发挥了主导作用。基辛格的信条无疑是“回报朋友，惩罚敌人”。

《480号公共法案》成为印度支那战争的直接军事补助。1974年初，对南越当局的粮食援助总值达到2.07亿美元。当国会把经济援助砍掉20%的时候，白宫把《480号公共法案》的配额增加到4.99亿美元。基辛格还增加了个特别条款，允许南越和柬埔寨各自得到100%的金额，用于直接的军事用途。[17]

后来，国会在 1974 年通过一项修正案，规定将 70% 的粮食援助用于联合国遭受“最严重影响”的名单上的国家，基辛格试图让联合国把南越也列入这个名单，但是未能得逞。最后，白宫通过将《480 号公共法案》的援助金额从 10 亿美元增加到 16 亿美元，从而绕开了国会。[18]

接下来，基辛格把他的粮食武器对准了智利。

在萨尔瓦多·阿连德的社会主义政府开始在智利执政并推行一系列的经济改革时，《480 号公共法案》就像美国对智利的其他援助一样被中止了，这是基辛格的命令。后来，当美国支持的军事独裁者奥古斯托·皮诺切特执政时，这项援助才重新启动。

1973 年，基辛格对阿连德精心策划了一系列的政变行动，而粮食在其中扮演了重要的角色。在美国国务院和中央情报局的支持下，右翼的智利富裕地主破坏粮食生产，使粮食进口量成倍增长，耗尽了智利的外汇储备。[19]这使得智利很难得到进口的粮食。接踵而至的粮食短缺使中产阶级十分不满。阿连德向美国请求粮食贷款，但被美国国务院拒绝了，尽管这应该归美国农业部来管。基辛格把这项权力从农业部部长厄尔·劳尔·巴茨手中给偷了过来。

1973 年的军事政变过后，美国对智利的粮食援助由皮诺切特政府直接在国内市场上出售。但是，剧烈的通货膨胀和购买力的下降使得出售的粮食没有惠及广大劳动群众。军方是出售粮食最大的受益者，因为粮食援助的流入缓解了军队的资金短缺，军方可以匀出一些资金来购买武器。当时智利是美国武器的第九大进口国。[20]

基辛格（左）与智利独裁者奥古斯托·皮诺切特（中间穿军装者）亲切交谈。

1948 年“冷战”刚刚开始的时候，华盛顿正积极筹备建立北大西洋公约组织，简称北约（NATO）。美国国务院高级官员、“遏制”苏联的政策制定者乔治·凯南在一份写给国务院的绝密备忘录中写道：

> 我们拥有世界大约50%的财富，但人口只占世界的6.3%。亚洲各国与我们之间的差距尤其显著。在这种情况下，我们难免不成为嫉妒和怨恨的对象。下一个时期我们的真正任务是设计一种在不危及我们国家安全的情况下允许我们保持这种差距的关系模式。为了做到这一点，我们不得不抛弃所有的多愁善感和白日做梦，在任何地方都把注意力集中到我们国家最直接的每一个目标上面。在世界各地干那些毫不利己、乐善好施的事情，对我们来说太奢侈了，我们不能有这样自欺的错误想法。[21]

20世纪70年代初期，这番关于美国在全球地位的如此冷酷客观的评价，恰好符合亨利·基辛格的观点，他信奉的是不动任何感情的均势“现实政治”。尼克松还给基辛格下达了一个任务，让其领导一支高度机密的政府专门小组，研究发展中国家人口增长及其与美国国家安全的关系。

这个秘密的专门小组背后的动机来自约翰·D.洛克菲勒和洛克菲勒人口理事会。其核心的理念可以追溯到1939年外交关系协会的“战争与和平项目研究组”负责人艾赛亚·鲍曼。减少全球人口和控制粮食将成为基辛格领导下的美国战略性政策。这也将成为美国应对全球战略威胁、不断从发展中国家获取廉价原材料的全新的“解决方案”。

第四章

居心叵测：

基辛格的秘密《国家安全研究备忘录第 200 号》

A Secret USA National Security Memo

1974 年，美国政府的少数要员收到了《国家安全研究备忘录第 200 号》。这份报告由洛克菲勒基金会提出，由基辛格起草完成，其主旨是实施“世界人口行动计划”以大幅度降低世界人口数量。为此，美国政府要求巴西等发展中国家实施大规模绝育手术，甚至把波多黎各作为人口控制的“活体”实验场。基辛格明确提出：美国要将粮食援助作为“国家权力的工具”，对那些接受援助的国家来说，要么绝育，要么挨饿。

人口增长与国家安全

1974年4月，世界各地遭遇干旱，大幅调整美国农业政策的活动也正在紧锣密鼓地进行。尼克松的国务卿兼国家安全顾问亨利·基辛格向少数内阁成员发送了一份机密的备忘录，他们包括国防部部长、农业部部长、副国务卿和中央情报局局长。

这份高度机密的备忘录的题目是《世界人口增长对美国国家安全和海外利益的影响》。这份备忘录中涉及粮食政策、人口增长和战略性原材料。备忘录的内容是由约翰·D.洛克菲勒三世授意，尼克松亲自布置的。这个秘密的计划在华盛顿被简称为NSSM200，即《国家安全研究备忘录第200号》[1]。

在华盛顿高层看来，《国家安全研究备忘录第200号》一旦被公开或者泄露出去，肯定会造成爆炸性影响。因此，这个秘密一直保守了将近十五年，直到与天主教教会有关联的一些组织采取私人法律行动，最终才迫使这份文件在1989年解密。1974年尼克松因“水门事件”灰溜溜地辞职后，他的继承者杰拉德·福特一上任就立即签署了总统行政命令，使《国家安全研究备忘录第200号》成为美国政府的官方政策。

美国决定起草该政策始于1974年在罗马尼亚布加勒斯特召开的联合国人口大会之后，在大会上联合国未采纳美国的意见。美国的意见是由洛克菲勒基金会，更直接地说是由约翰·D.洛克菲勒三世提出的。意见的主要内容是实施“世界人口行动计划”以大幅降低世界人口数量。这一计划受到了天主教教会、除罗马尼亚之外的所有共产主义国家以及拉丁美洲和亚洲国家的坚决抵制。它们的抵制使美国的决策层意识到实施这个计划需要用一些隐蔽的手段。在这个背景下，亨利·基辛格被授权起草《国家安全研究备忘录第200号》战略。

致力于控制世界人口的约翰·D.洛克菲勒三世。

在其拟定的备忘录原始提纲中，基辛格这样写道：

总统指示进行一项关于世界人口增长对美国国家安全和海外利益产生影响的研究。这项研究需要至少展望到2000年的状况，并对人口增长作出各种合理的预测。

在每一种预测中，该项研究应评估：

（1）相应的发展速度，特别是穷国的发展速度；

（2）对美国出口需求，特别是对粮食的需求，以及由于资源的竞争美国可能面临的贸易问题；

（3）人口增长或者不平衡导致破坏性的外交政策和国际不稳定的可能性。

……

这项研究应该关注人口增长对国际政治和经济的影响而不是关注生态、社会或者其他方面。

这项研究应该为美国处理海外人口问题，特别是发展中国家的人口问题提供可能的行动路线，尤其应注意下列问题：

（1）如果有必要，为了让国际社会关注人口问题，美国需要采取哪些新的行动；

（2）技术创新或者发展是否有可能减缓人口增长或者改善人口增长的影响。[2]

到 1974 年 12 月，基辛格完成了包括针对全球人口增长的详细政策结论在内的政策文件：

从短期和中期来看，最严重的后果就是世界上某些地区，特别是那些最贫困的地区可能发生大规模的饥荒。世界需要粮食产量每年增长 2.5% 甚至更多……现在，人类已经开始大规模应用化肥，并对土地进行了充分的灌溉。因此，粮食产量的增加将主要来自更高的产量。人口多的国家无法承受持续增长的粮食进口，但是对于它们来说，通过一两代人的努力，使粮食生产稳步增长 2% 到 4% 也是极为困难的。集约化农业所需的资本和外汇数量很大，能源价格上涨、化肥稀缺和价格上涨更是雪上加霜。改造传统农业所面临的制度、技术和经济问题也是很难逾越的。[3]

1974 年 12 月，整个世界正处于全球高油价中的前几周，在接下来的 6 个月内油价暴涨了 400%，这给世界经济带来了深远的影响。基辛格本人在操纵这次石油危机中在幕后扮演了关键角色。他非常了解高油价对世界粮食供应的影响。因此，他决定利用高油价为美国的战略利益服务。

基辛格在《国家安全研究备忘录第 200 号》中将贫穷的发展中国家称为最不发达国家（LDCs）。他在报告中写道：

世界越来越依赖于发展中国家的矿产资源供给。如果迅速增长的人口妨碍了它们未来的经济增长和社会进步，由此而产生的不稳定可能会对这些资源的增产和持续供应的环境造成破坏。

一些人口迅速增长的最贫穷的最不发达国家会产生严重的问题。它们可能越来越明显地意识到难以支付所需的原材料和能源。

> 化肥对它们的农业生产至关重要，但是在几年后它们将很难获得化肥。燃料和其他原料的进口会导致严重的问题，这可能从两方面殃及美国：一是需要美国提供更多的财务支持；二是最不发达国家试图通过提高出口产品价格来获得更有利的贸易条件。
>
> **经济发展与人口增长：**
>
> 人口的迅速增长会拖累经济发展的速度，有时甚至会阻碍人均收入的增长。除了对人均收入的整体影响外，人口的迅速增长还严重影响了生活质量的很多方面，而这些方面对于最不发达国家的社会经济进步是至关重要的。[4]

美国政府的计划是显而易见的。美国应该冲在推进减少世界人口计划的第一线，直接通过政府援助计划，将接受减少人口计划作为得到美国援助的先决条件；或者通过联合国和布雷顿森林体系建立的机构（国际货币基金组织和世界银行）采取间接行动。

说白了，美国的新政策实际上就是："如果这些劣等人种妨碍我们获得充裕的廉价原材料，我们必须想办法除掉他们。"这就是《国家安全研究备忘录第200号》的真正含义，它只不过是用了冠冕堂皇的官方语言来表述而已。

在控制人口问题上，《国家安全研究备忘录第200号》更为露骨地宣称：

> 美国的战略应该支持那些在妨碍实现生育控制目标的关键问题上取得重大突破的一般行动。例如，通过生物医学研究开发更简单有效的避孕方法将惠及所有人口迅速增长的国家，改进衡量人口变化的方法将帮助许多最不发达国家来确定当前人口的增长速度，评估随着时间的推移人口和计划生育行为对社会经济的影响。[5]

当基辛格谈到"通过生物医学研究开发更简单的避孕方法"的时候，他当然明白个中的深意。他与洛克菲勒家族和美国权势集团的那帮人一直保持着密切的联系，他们正大肆宣扬生物医学研究，将其作为人口控制的新手段。奥斯维辛集中营德国纳粹分子对犹太人的种族杀戮令人发指。第二次世界大战前，这种杀戮被美其名曰优生学。战后它的鼓吹者赋予了它更委婉的名字——“人口控制”。但这其实是换汤不换药：为了保持“优等”人种的控制，减少“劣等”人种和人口。

嘉吉公司的粮食

《国家安全研究备忘录第 200 号》带有威廉·皮尔斯和嘉吉公司商业化农业贸易游说集团的很深烙印。在题为《粮食换和平与人口》这一部分中，基辛格写道：“人口增长对全球政治经济生活最基本的影响之一是人口增长与粮食的关系。当这种人类最基本的需求出现短缺的时候，人口、国家资源、环境、生产力和政治经济稳定问题就会交织在一起。”[6]

他继续写道：“我们面临的主要挑战将是增加最不发达国家自身的粮食生产，并使粮食从生产国转移到消费国的商业流通体系自由化。”

实际上，他在要求一些关键的发展中国家的市场解除贸易壁垒、为美国的粮食打开大门的同时，极力宣传鼓吹洛克菲勒基金会的“绿色革命”。基辛格赤裸裸地建议，“增强对农业生产投入要素的生产（即化肥、可获取的水资源、高产种子等）和增强对提高农业生产力的激励”——这些都是“绿色革命”的精髓。毫无疑问，是由美国的农业综合企业提供所需的化肥和特殊的高产种子。这正是 20 世纪 60 年代所谓的“绿色革命”的实质。

《国家安全研究备忘录第 200 号》呼吁：“为农产品制定全新的国际贸易安排，最大限度地提高高效农业生产国的产量……”这正与嘉吉、阿丹米、大陆谷物公司、邦基和其他一些当时正在兴起的、在美国占据战略性重要地位的农业综合企业的要求不谋而合。

《国家安全研究备忘录第 200 号》文件为基辛格早期的“粮食武器”

政策披上了新衣：

> 在任何人口战略中，粮食是另一个值得特别关注的问题。我们必须为应对粮食严重短缺储备充足的粮食，最不发达国家的粮食生产必须加以改造，以满足人口和收入增长所导致的日益增加的需求。美国农业生产的目标应该考虑到最不发达国家（以及发达国家）的正常进口需求，以及在最不发达国家的主要地区可能发生的粮食歉收。如果粮食安全问题没有得到改善，我们将会面临可能发生冲突的压力，以及出于（“养儿防老”）的心理而多生孩子，这样就会破坏对人口控制所作出的努力。
>
> ……
>
> （为了）最大限度地保持人口的稳定，重点应该放在最大的和人口增长最迅速的国家，因为这些国家因人口增长与发展潜力之间的不均衡最有可能发生不稳定、动荡和国际紧张局势。这些国家包括**印度、孟加拉国、巴基斯坦、尼日利亚、墨西哥、印度尼西亚、巴西、菲律宾、泰国、埃及、土耳其、埃塞俄比亚和哥伦比亚**……在这些重点国家中，有一些国家是政府对计划生育根本不感兴趣，有一些则是政府对计划生育很感兴趣，需要并欢迎更多的技术和资金援助。对于后者应该在美国国际开发署人口计划项目进行资源分配时给予最优先考虑，美国领导层也应作出积极努力，鼓励个人和组织进行捐助。[7]

不吉利的十三……

印度、尼日利亚、墨西哥、印度尼西亚、巴西、土耳其、哥伦比亚……这十三个发展中国家拥有世界上最丰富的资源。接下来的三十年里，这些国家成为政治上最动荡的国家。《国家安全研究备忘录第200

号》认为：只有大幅度减少这些国家人口的数量，美国才能充分利用它们的原材料。

基辛格自然明白，美国政府积极在原材料丰富的发展中国家中推行人口控制政策这一图谋一旦暴露，美国政府就会被扣上帝国主义的狼子野心、种族灭绝甚至更难听的帽子。他要用一系列宣传花招来掩盖《国家安全研究备忘录第 200 号》的真正企图：

> 为了有助于避免（其他国家）指责美国支持人口控制背后的帝国主义动机，美国应反复重申这一支持是源于以下关注：
>
> （1）夫妻有权自由地、负责任地决定他们生几个孩子和生孩子的时间间隔，并且有权获得信息、受教育及其手段；
>
> （2）对于贫困国家的基本社会和经济发展来说，人口的迅速增长既是普遍贫困的诱因又是其结果。
>
> 进一步说，美国应该采取行动将这一信息传递出去，即控制世界人口增长代表了发达国家和发展中国家的共同利益。[8]

在兜了这么大一个圈子之后，在全球范围内控制人口现在成了“自由选择”和“可持续发展”。在这方面，乔治·奥威尔真是望尘莫及。这段话全文照抄自约翰·D. 洛克菲勒三世早些时候呈送给尼克松总统的一份报告。

《国家安全研究备忘录第 200 号》中提到发展中国家需要进口的粮食数量会“大幅度增加”。报告呼吁世界粮食进出口贸易自由化，以解决这样一个他们所谓的问题，这样一个“自由市场”与英国在 1846 年废除《谷物法》之后其制造的产品控制了世界市场时所要求的那个“自由市场”没什么两样。

与“人口炸弹”一样，粮食危机也是 20 世纪 70 年代基辛格之流一手制造的谎言，这个谎言受到了世界油价飙升的推波助澜。一时间美国的电视上充斥着“人口膨胀”、暴乱和残杀的画面，以印证他们的谎言。其实，发展中国家农业“问题”的实质是，没有给美国农业综合企业进入其市场足够的空间和机会。嘉吉等美国粮食贸易巨头实际上和基辛格是一丘之貉。

《国家安全研究备忘录第 200 号》报告还补充道："大多数高质量的矿藏位于发展中国家，所有的工业化国家都依赖于进口发展中国家的矿产。矿产供应存在的真正问题不在于基本储量的充裕程度，而在于如何获得矿产，如何制定勘探和开发条件，如何在生产者、消费者和矿产所在国政府之间进行利益分配等政治经济问题。"如果有必要的话，应在发展中国家实施强制性的人口控制计划和其他措施，以保证美国获取这类战略性原材料。

这份文件最后总结道："从长远来看，最不发达国家必须降低人口增长速度，大规模增加农业生产。"

当谈到 2000 年将世界人口增长减少 5 亿时，奇怪的是，基辛格在他报告中的其他地方提到人口问题已经导致每年死亡 1000 万人。总之，他鼓吹死亡率将增加一倍，至少达到每年 2000 万人，并把这样高的死亡率归结为缺乏足够的粮食。这样，大家就会自然而然地相信这项新政策，至少是公之于众的新政策，能起到积极作用。按照 1948 年联合国宪章的严格定义，这种政策是一种种族灭绝政策。

基辛格进一步提出了一系列美国政治精英们梦寐以求的胁迫性措施。他赤裸裸地称粮食援助应视为"国家权力的工具"。接下来，他还毫不掩饰地提出，美国应对粮食援助实行配给限额以"帮助那些未能或者不愿控制人口增长的人"。要么绝育，要么挨饿……当然，这样的文件被定为"绝密"文件就不足为奇了。

《国家安全研究备忘录第 200 号》的很多方面都产生了深远的影响。它首次将发展中国家的人口控制列为美国政府的一个明确的（秘密的）战略性国家安全重点。它为挂着"计划生育"的羊头来贩卖人口控制的狗肉制定了方针；它将人口增长问题与获得战略性矿产资源联系起来。然而，《国家安全研究备忘录第 200 号》最重要的一点是，它反映了美国某些最富裕的家族、最有影响力的权势集团正在达成一种共识。

事实上，基辛格只不过是政府里的一名打工仔，但是他不仅仅受雇于美国总统，他还受雇于一手栽培他的权势集团，代表它们的利益行事，进行讨价还价。他的平步青云仰仗于战后美国权势集团中最有势力的家族的支持，这个家族就是洛克菲勒家族。

1955 年，纳尔逊・洛克菲勒聘请基辛格担任外交关系协会的一名研究主管。一年后，基辛格成为洛克菲勒兄弟基金会“特别研究项目”的主管。从这个时候开始，基辛格与洛克菲勒家族建立了亲密无间的关系。后来，基辛格与洛克菲勒家族的一名雇员南希・马吉尼斯结婚，进一步加深了与洛克菲勒家族的联系。

1974 年，理查德・尼克松因神秘兮兮的“水门事件”被迫辞职，有些人怀疑是野心勃勃的纳尔逊・洛克菲勒与基辛格和亚历山大・黑格合谋搞的诡计。尼克松的接班人杰拉德・福特是一位低能的总统，他任命纳尔逊・洛克菲勒为副总统。此时纳尔逊离他的总统梦只有“一步之遥”，纳尔逊的老朋友基辛格则担任国务卿。

1975 年 11 月，福特总统签署了基辛格的《国家安全研究备忘录第 200 号》，将其作为美国的官方外交政策。后来，基辛格将美国国家安全委员会主席的位子让给他的助手、后来的商业伙伴布伦特・斯考克罗夫特。斯考克罗夫特尽职尽责地向新总统大力推荐基辛格的《国家安全研究备忘录第 200 号》，请他签字批准。基辛格仍然当他的国务卿，而纳尔逊・洛克菲勒任副总统。至此美国进入了推行控制人口政策的最佳时期，粮食控制在这个勾当中发挥了核心作用。

巴西成为《国家安全研究备忘录第 200 号》的“样板”

基辛格的秘密计划很快被付诸实施。13 个人口控制的重点国家在接下来的三十年里发生了翻天覆地的变化，而大多数国家甚至都没有意识到正在发生的变化。

巴西是实施《国家安全研究备忘录第200号》计划最为典型的例子之一。巴西在20世纪80年代末期开始实施《国家安全研究备忘录第200号》计划，历时十四年后，巴西卫生部开始对巴西妇女大规模绝育的报告进行调查。政府的这次调查是在国会的正式过问下开展的，由来自巴西立法机构各个政党的165位议员发起。[9]

1991年，有关美国国家安全委员会在发展中国家人口控制目标的秘密备忘录的信息在《巴西日报》及巴西其他主要报刊上公开发表后，这项调查开始启动。

巴西政府震惊地揭示：约44%年龄在14—55岁之间的巴西妇女已遭受永久性绝育。大多数年龄大一点的妇女在20世纪70年代中期该计划刚启动时就做了永久性绝育手术。巴西政府发现绝育手术由形形色色的机构实施，其中有一些是巴西的机构。这些机构包括国际计划生育联盟、美国开拓者基金会、自愿外科避孕手术联合会和国际家庭健康组织。所有计划都是在美国国务院下属的美国国际开发署（USAID）的支持和指导下实施的。[10]

1989年，曾经为了经济增长和消除贫困而被美国说服在绝育方面进行合作的巴西政府抗议美国国际开发署的绝育计划"做过了头，完全没有必要"。一些报道称，这个绝育计划实施后，多达90%的非洲裔巴西妇女做了绝育手术，这意味着这个黑人人口仅次于尼日利亚的国家的黑人后代将面临灭绝。据悉，20世纪80年代巴西1.54亿人口中有大约一半是非洲裔。[11]

基辛格在《国家安全研究备忘录第200号》计划中强调了巴西的特殊地位。巴西在13个重点国家的名单中榜上有名是因为"它在人口方面明显主导着（南美）大陆"，按以前的计划它的人口到2000年就将赶上美国。《国家安全研究备忘录第200号》备忘录警告说，巴西人口如此迅速的增长意味着"在今后二十五年内巴西在拉丁美洲和世界舞台上的势力和地位将日益上升"。[12]

洛克菲勒家族对“优生学”的支持

《国家安全研究备忘录第 200 号》这一新政策的执行者是诸如基辛格、斯考克罗夫特，以及形形色色的华盛顿“公仆们”，站在他们后面的是一小撮拥有巨大影响力的人物。在当时，这些人中最为举足轻重的人物要数洛克菲勒兄弟。在人口政策方面，约翰·D. 洛克菲勒三世——美孚石油公司创始人的孙子——起到了至关重要的作用。

在基辛格和斯考克罗夫特将控制人口增长作为美国政府的正式外交政策之前的若干年，洛克菲勒兄弟尤其是约翰·洛克菲勒三世，就已经开始把人类当作小白鼠进行实验。约翰三世在其成长过程中深受优生学家、人种理论家和马尔萨斯主义者的影响，包括洛克菲勒基金会的弗雷德里克·奥斯本、亨利·费尔柴尔德和艾伦·格雷格等人。对于约翰三世来说，他自然而然地认为，只有他和与他同一“阶层”的人有资格决定哪些“人种”应该继续存活，这样他们就可以“随心所欲地改变生命”。在他们看来，这就像有选择地杀掉部分体弱的羊群以便品种最好的羊群繁衍一样。

人类家庭生活的逻辑十分简单：供给与需求。正如詹姆森·泰勒所描述的那样：

> 对于洛克菲勒来说，要照看好羊群……只需考虑供需之间的平衡。如果食物、水、空间等供不应求，那就必须增加供给，减少需求。洛克菲勒基金会把二者发挥到了极致。出现供给短缺时……就用先进的医疗手段和增加农作物产量来解决。需求问题通过生育控制和堕胎有选择地“淘汰”部分人种。[13]

然而，对于绝大多数美国人和世界上的大多数人来说，美国政府决策层蓄意推行的对世界各国人口实施大规模绝育的密谋纯粹是倒行逆施，是绝对不能接受的。这一图谋是在某些最富裕的家族和最有影响的大学者授意下炮制的。

大家还都没有认识到，背地里悄悄资助优生学计划的人包括洛克菲勒、哈里曼、银行家小 J.P. 摩根、出身烟草世家的玛丽·杜克·比德尔、克利夫兰·道奇、早餐麦片巨子约翰·哈维·凯洛格、宝洁公司的克拉伦斯·甘布尔等，他们当中的多数人是美国优生学会的成员。早在第一次世界大战期间，他们就已经开始资助对“劣等人种”实施强制性绝育和其他各种形式的控制人口措施的实验。当时在英国与他们遥相呼应的是英格兰优生学会，其成员包括当时的英国财务大臣温斯顿·邱吉尔、经济学家约翰·梅纳德·凯恩斯、亚瑟勋爵巴尔弗和后来成为第二次世界大战后第一任联合国教科文组织领导人的朱利安·赫胥黎。

绝大多数的普通民众绝对不会赞同他们所干的勾当，也不敢苟同他们打着民主和发展等冠冕堂皇的旗号对人类大多数民族的真实看法。

波多黎各岛上的人体实验

20 世纪 50 年代，在纽约制衣中心的血汗工厂中，洛克菲勒兄弟中的纳尔逊·洛克菲勒正忙于剥削那些来自波多黎各的没有工会组织的廉价劳工。他使用本家族的东方航空公司的低价班机将这些劳动力运到纽约。同时，在一个名为“靴襻行动”的政府计划的支持下，他在波多黎各当地建立利用廉价劳动力的制造厂，从而远离美国卫生与工业安全管理机构的监管。“靴襻行动”于 1947 年启动，通过廉价的劳动力和十年至二十五年的免税期让美国的企业获益良多。[14]

当时纳尔逊·洛克菲勒担任美国卫生、教育和社会福利部的副部长，在艾森豪威尔政府中是有着很大影响力的神秘人物。

在纳尔逊版的“靴襻行动”中，利润的大头被洛克菲勒家族和戴维·洛克菲勒的大通银行身边的商业伙伴拿走了。在 20 世纪 50 年代，大通银行在全世界最有利可图的生意就是通过波多黎各和“靴襻行动”向为了逃避高工资而逃离美国的血汗工厂提供资助。这个家族控制的国际基本经济公司（IBEC）在波多黎各岛上积累了巨大的资产。[15]而所谓的“靴襻”是那些被岛上的血汗工厂的所有者用来迫使其工人加班加点的皮鞭。

当纳尔逊忙着在波多黎各人中鼓吹自由企业精神的同时，洛克菲勒兄弟中的约翰三世正在波多黎各的穷苦百姓身上进行大规模绝育手术的人体实验。在美国的穿梭外交中，波多黎各失去了主权，成为一个多灾多难的岛屿。它事实上已经沦为美国的殖民地，任由遥远的华盛顿摆布，成了一个理想的实验基地。通过新成立的人口理事会，约翰三世首先进行了一些减少人口的实验，后来成为亨利·基辛格《国家安全研究备忘录第200号》[16]文件指导下的美国国务院的全球政策。

约翰三世从20世纪50年代开始将波多黎各作为一个巨大的实验室来检验他对大规模人口控制的想法。根据这个岛国的公共卫生部所做的调查，截至1965年，约35%的波多黎各育龄妇女做了永久性绝育手术。[17]洛克菲勒的人口理事会和纳尔逊担任副部长的美国卫生、教育和社会福利部发起了这场绝育运动。它们谎称绝育能够保护妇女的身体健康，少几张嘴吃饭有利于稳定家庭收入。

它们鼓励贫穷的波多黎各农妇到由美国新建的卫生状况良好的医院去生孩子，而这些医院的医生奉命给生过两个孩子的妈妈们做绝育手术，结扎输卵管。通常它们并不告诉这些母亲实情。1965年，波多黎各至少在一个领域处于世界领先地位——其妇女绝育率世界第一。与之相比，印度就大大地落后了，绝育率仅为3%。一旦洛克菲勒家族可以摆脱政府的干涉直接控制这一进程，情况就不同了[18]。

“仅次于核武器控制的头等大事”

约翰三世强制推行的绝育计划对于这个家族来说并不是什么新尝试。长久以来，洛克菲勒家族都将波多黎各看作是一个方便的人体实验室。早在 1931 年，洛克菲勒医学研究院（后来更名为洛克菲勒大学）向在波多黎各从事癌症实验研究的科尼利厄斯·罗兹博士提供了研究经费。

罗兹可是一个不同寻常的科学家。后来传出消息说，他曾故意使他的实验对象感染上癌细胞，以便观察产生何种反应。这些实验对象中有 8 人死亡。洛克菲勒研究院的病理学家罗兹还在 1931 年 11 月抱怨道："毫无疑问，波多黎各人是这个星球上有史以来最肮脏、最懒惰、最堕落、最会偷窃的人种。这个岛国需要的不是公共卫生工作，而是一场海啸来彻底毁灭这里的人。为了推动这一灭绝进程，我已经尽我所能干掉了八个……"[19] 这原本是写给他的同事的一封秘密信件。波多黎各民族党领导人坎波斯在得到这封信后公布了信件的内容，于是罗兹吹嘘杀掉波多黎各人的话在 1932 年 2 月的《时代周刊》上刊登了。[20]

然而，这个洛克菲勒研究院的科学家不但没有受到谋杀罪的审判，反而被派往马里兰州、犹他州和巴拿马建立"美国陆军生物战"的设施，后来又被任命为美国原子能委员会委员，秘密对囚犯、医院病人和美国士兵进行放射性实验。[21]

在约翰三世的政策被"神圣"地载入《国家安全研究备忘录第 200 号》之前的十多年，他于 1961 年向联合国粮农组织发表了"第二次麦克杜格尔讲演"。约翰三世告诉听众："在我看来，人口增长是当今社会仅次于核武器控制的头等大事。""过快的人口增长带来的问题由于其冷酷的必然性和数字上的确定性，使得人类社会的前途变得惨淡和可怕。"他还警告："人口增长的严酷现实打乱了人类的基本需要并且……阻碍了人类更高需求的实现。"[22]

约翰三世在 1969 年 7 月被尼克松总统任命为"人口增长与美国未来委员会"主席。他的报告为基辛格的《国家安全研究备忘录第 200 号》奠定了基础。1972 年，基辛格的秘密计划开始实施的几个月前，约翰三世把他的报告呈交给总统。在大选之年尼克松决定低调处理这份报告，因此这份报告没有引起媒体多大的注意。然而，这一报告的政策建议得到了高度重视。洛克菲勒提出了抑制所谓的美国人口爆炸的重大措施。[23]

约翰三世的建议包括在所有学校开设性教育课程，向全民灌输人口膨胀可能带来的危机，以及废除所有阻止未成年人和成年人使用避孕措施的法律。这份报告倡导自愿绝育，建议废除禁止堕胎的各州法律。尽管教会及其他组织都强烈反对堕胎，但是堕胎数十年来都被洛克菲勒那伙人当作人口控制的主要手段。

《国家安全研究备忘录第 200 号》所带来的后果只有对约翰三世醉心于人口增长的背景有所了解才能充分理解。亨利·基辛格的国家安全委员会（1974 年）发布的关于人口控制的《国家安全研究备忘录第 200 号》表达了对几十年来培育人类“优良品种”的继承和发扬光大。这些努力成果直到德国纳粹第三帝国终结时才以“优生学”的名称而闻名于世。洛克菲勒家族的某些机构在全球范围内大力推行优生学，其影响之大甚至连阿道夫·希特勒当时的“种族净化”计划都望尘莫及，而洛克菲勒家族对于他们的图谋却讳莫如深。这个文件也直接导致了政府对新的伪科学——基因学和对生命形式的基因工程——的研究提供财政支持。

第五章

运筹帷幄：

左右未来的战争与和平研究

Fateful War and Peace Studies

早在20世纪30年代，以洛克菲勒家族为代表的美国东海岸权势集团就开始勾画“美国世纪”的新愿景，其核心是在战后把美国变成全球商业帝国。洛克菲勒家族敏锐地意识到以“商业化农业”来主导全球农业市场的新模式。通过种子和化肥的输出，美国对全球农业技术的主导地位迅速成为美国政府在外交政策中的一件重要武器。

为建立战后帝国做准备

美国在第二次世界大战中大获全胜之际，美国的一些大公司和银行就明显地意识到美国的市场太小，容纳不下它们的野心。在它们看来，美国的“天定命运”就是无限度扩张美国的势力，做全球性的大买卖。美国在第一次世界大战中轻而易举地获胜，通过《凡尔赛和约》在欧洲坐收渔翁之利，大大地刺激了它们的胃口。

1939年下半年，美国权势集团中的主要政策制定者们在德国入侵波兰数周之前，私下里组建了一个有高度影响力的政策小组，这是在“珍珠港事件”直接导致美国参战整整两年之前的事情。这个秘密小组的任务很明确：基于世界大战即将到来，美国将在战争废墟中崛起成为主导世界的强国的这一设想，制定美国战后的经济和政治目标。

这个政策精英圈子叫作纽约外交关系协会“战争与和平研究组”，这个小组有效地承担起了美国国务院所有战后规划的重要任务。1942年后，大多数小组中的成员都被不露声色地直接列入了国务院的工资名单。

当然，这个小组的工作是由神通广大的洛克菲勒基金会资助的。在1939年11月到1942年下半年这段时间中，洛克菲勒基金会通过战争与和平研究组向草拟战后美国经济霸权议程的这个项目捐助逾35万美元。当然，这项投资也像该基金会的其他投资一样，日后的回报将数以千倍计。这个议程定义了战后美国的全球商业帝国。[1]

20世纪30年代，当大多数美国人还在“大萧条”的重创下苦苦挣扎的时候，一小撮商人和他们在耶鲁、哈佛、普林斯顿、约翰·霍普金斯等私立大学中的学术同伙，以及华尔街主要律师事务所的一些高级合伙人，都在为新的“泛美时代”做准备。他们的目的很简单，就是在英帝国的“泛大不列颠时代”摇摇欲坠的时候巩固美国的实力，以取而代之。

这些美国的政策制定者大多是纽约外交关系协会中的精英。与英帝国不同，他们称霸全球的美国愿景是基于经济目标，而不是实际拥有一个殖民帝国。这真是一个绝妙的“进步”，这样一来美国企业巨头就可以高举民主和支持“备受压迫的殖民地人民”的人权的大旗，以支持“自由企业”和“开放市场”的名义，来掩盖他们的利益。

外交关系协会的这个专门小组所代表的并不是所谓的民主。它代表的是一小撮美国企业精英及其律师事务所的利益，这一小撮人早就在全世界开疆拓土，扩展了他们的利益。外交关系协会的企业家成员个个卓尔不凡。

1919年5月，外交关系协会是凡尔赛和会期间在巴黎马杰斯蒂克酒店召开的一次专门会议上成立的。出席这次会议的有J.P.摩根银行的代表（其中包括托马斯·拉蒙特）、洛克菲勒家族标准石油公司的代表以及一些精英人物，如伍德罗·威尔逊总统的顾问爱德华·豪斯上校。会议还邀请了一部分英国朋友，他们中的大多数是塞西尔·罗得斯*的秘密圆桌小组的成员。会议讨论了建立民间的机构网络，为双方政府的外交事务提供“意见和建议”。

第一次世界大战时期，美国有影响力的几个银行和公司很少走出国门，大多数公司的总部设在东海岸的纽约，被称为东海岸权势集团。第一次世界大战后，这个权势集团实际上的总部就设在纽约的外交关系协会。外交关系协会的首批资助者包括J.P.摩根、约翰·D.洛克菲勒、金

---

* 塞西尔·罗得斯，英国政治家、殖民者。——译者注

融家奥托·卡恩、伯纳德·巴鲁克、雅各布·希夫和保罗·沃伯格，这些都是当时美国商界最有权势的人物。[2]

这个精英小组通过游说国会通过一系列法案，使它在反垄断以及其他美国政府的反托拉斯限制中得到豁免权，为它进军国际市场提供了法律保障。

1918 年国会通过了《韦布－波默林法》，为“直接有利于出口活动”的企业垄断提供了反托拉斯法的豁免权。标准石油公司是这项法案的主要受益者。1919 年国会通过了《埃奇法案》，这个法律为“从事出口活动和资本输出”的美国各家银行提供了同样的反托拉斯法的豁免权。纽约的大通银行、花旗银行和 J.P. 摩根银行是这项法案的主要受益者。而且，在 1920 年的美国钢铁公司兼并案中，最高法院裁定，造成对几乎整个市场控制的兼并行为“并不违背公共利益”。[3] 20 世纪 20 年代，美国海外利益的核心就是洛克菲勒家族及摩根家族的大银行和石油利益集团。

这些国际性大公司和大银行的领导人已经活生生看到了在接管欧洲殖民地的烂摊子中蕴藏的巨大利益。与美国国内有限的市场潜力相比，主宰国外巨大的新市场可以给他们带来难以言表的潜力、利润，以及最为重要的权力。

“美国世纪”——美国的生存空间

1941 年初，大约距日本空袭珍珠港还有 10 个月的时间，《时代周刊》和《生活》杂志的发行人亨利·卢斯和一位与他过从甚密的东海岸精英一起，在 2 月 17 日的《生活》杂志上发表了一篇题为《美国世纪》的社论。文章中，他阐述了以外交关系协会为中心的美国东海岸权势集团正在形成的共识。

卢斯写道：“独裁可能需要相当大的生存空间，但是自由比独裁所需要的生存空间要大得多。”他公开呼吁美国人欣然接受世界主导力量

亨利·卢斯及其妻子克莱尔·卢斯（曾任美国驻意大利大使）。

的新角色——一个美国还没有参战的世界，指出“唯一的办法是，作为世界上最有实力和最重要的国家，我们应该全心全意地担负起我们肩负的义务，抓住相应的机会，以我们认为合适的目标，采取我们认为合适的手段，向世界施加我们最大的影响”[4]。

卢斯的话反映了以洛克菲勒家族和摩根家族为首的、国际化的美国商业和银行业权势集团的新观点。因为它们需要在战后毫无限制地获取全球资源，进入国际市场。它们也看到了进入国际市场的黄金机会——所有昔日的竞争对手都在战争中遭受重创。

美国银行业和工业巨头需要发展空间，或者叫作“宏大地区”。外交关系协会战争与和平研究组中的“经济与金融小组”，对20世纪30年代后期的世界贸易进行了研究。它提出把西半球与太平洋连接起来纳入由美国主宰的集团当中，这个集团建立在“美国的军事和经济优势”之上。[5]这个集团包括了当时还属于英帝国的地区。所谓的“宏大地区”是要把除苏联的势力范围之外的世界上大部分地区收入囊中。

外交关系协会的创始成员之一、外交关系协会战争与和平研究组领导人之一的艾赛亚·鲍曼在第二次世界大战期间被公认为美国的“地缘政治家”。他对“宏大地区”有另外一种表述——“美国经济的生存空间”，这是引用了希特勒描述德国经济扩张的合理性时用到的地缘政治术语。[6]这种表述后来由于显而易见的原因被停止使用，由更为中性的“美国世纪”取而代之，用来描述战后美帝国主义的新愿景。

在鲍曼和其他外交关系协会和国务院研究小组的成员看来，美国新经济地理学的卫士们把他们自己视为殖民地人民解放的无私倡导者和帝国主义的反对者。他们将通过跨国控制来维护世界和平。在第一次世界大战后期，鲍曼在伍德罗·威尔逊总统的机密战略小组“调查组”工作时，就着手研究如何给美国的帝国主义野心披上自由和仁慈的遮羞布。

正如鲍曼和外交关系协会的其他策划者所设想的那样，1945 年后美国对世界的主宰将通过一个新机构——联合国（包括布雷顿森林体系下新设立的国际货币基金组织和世界银行以及关税与贸易总协定）来实现。

鲍曼领导的外交关系协会小组曾为罗斯福总统制定关于联合国组织的基本规划。在“自由贸易”和开放全球封闭市场的旗帜下，美国的大公司可以大力推行它们的计划，在战后强行打开新的、未开发的市场，攫取廉价的原材料，为销售美国的工业产品寻找新的出路。

外交关系协会小组为美国国务院和罗斯福总统起草了 600 多份政策文件，涉及世界上可以想到的任何角落，从各个大洲到最小的岛屿。所有文件都是基于美国打赢了这场美国甚至还没有正式参战的战争的假设。

对于外交关系协会和看得远的美国权势集团和决策者来说，第二次世界大战后的全球权力已经不能再用对殖民地的军事控制来衡量了。大英帝国等欧洲老牌帝国的庞大体系代价太昂贵、效率太低下。权力应以经济实力来衡量，也就是哈佛大学教授约瑟夫·奈后来提出的广为人知的“软实力”[7]。

到 1945 年第二次世界大战结束时，没有任何一个集团能像洛克菲勒家族那样更能体现美国大公司的全球观，因为这个家族的财富完全是建立在一个石油和银行的全球性帝国之上的。这个家族，尤其是纳尔逊、约翰、劳伦斯和戴维四兄弟（他们的基金会资助了外交关系协会的战争与和平研究），把第二次世界大战的胜利看作是以前所未有的方式按照他们的利益主导全球改革的绝好机会。

洛克菲勒五兄弟，从左至右依次为戴维、温思罗普、约翰、纳尔逊以及劳伦斯。

纳尔逊·奥尔德里奇·洛克菲勒在定义这些全球利益中起到了决定性的作用，他躲在幕后，谨言慎行，很少抛头露面。他十分精明地把洛克菲勒家族的利益重新定义为“美国国家利益”。毕竟，是这个家族替国务院资助了战争与和平研究。

纳尔逊在拉丁美洲的冒险行为

确切地说，艾赛亚·鲍曼和战争与和平研究组的同事们所设想的“宏大地区”和自由市场发展的理念迅速变得清晰起来。纳尔逊·洛克菲勒作为外交关系协会战争与和平研究的主要资助者之一，立即抓住了第二次世界大战为美国公司带来的新经济机会。

战后，当约翰三世忙着通过人口理事会设计人种净化和减少人口的更有效的新方法时，纳尔逊则关注着这个问题的另外一面。作为一个有远见的国际商人，他把目光放在了世界粮食生产上，特别关注墨西哥等贫困的欠发达国家提高“粮食生产效率”的问题。纳尔逊后来将这场世界农业革命称为“绿色革命”。这场所谓的“绿色革命”的确具有革命性，但是与人们想象中的“绿色革命”完全不同。

第二次世界大战期间，罗斯福政府任命纳尔逊为“美洲事务协调员”（CIAA），名义上是代表政府办事，实际上是美国政府的高级情报人员，借此职位他在拉丁美洲扩展了洛克菲勒家族的势力范围。纳尔逊身居高位，凭借反对纳粹染指美洲事务、推广“美国民主”的掩护，得以将美国政府的支持转移到美洲主要国家洛克菲勒家族的商业盟友手中，这些国家包括巴西、秘鲁、墨西哥、委内瑞拉和阿根廷。那时他就在为战后美国的商业扩张做精心准备。[8]

1944 年 8 月，纳尔逊被任命为美洲事务总协调员，这一做法明显违背了美国官方的中立性。为了掩盖这块“疮疤”，后来美洲协调机构披上了在拉丁美洲宣传“美国文化”的机构的外衣。

洛克菲勒不可外扬的家丑

1941年，新泽西州的标准石油公司（后来更名为“埃克森美孚公司”）是世界上最大的石油公司，控制着84%的美国石油市场。它的投资银行是大通银行，其主要拥有者是洛克菲勒集团。仅次于洛克菲勒集团的第二大股东是德国最大的石油化学托拉斯、德国战时工业的主要组成部分——法本公司。洛克菲勒集团与法本公司的关系可以追溯到1927年洛克菲勒基金会大量资助优生学研究的时候。[9]

当纳尔逊·洛克菲勒表面上以美洲事务协调员的身份打击纳粹在拉丁美洲的经济利益时，洛克菲勒家族的标准石油公司总裁沃尔特·蒂格尔正在安排向纳粹德国空军运输至关重要的四乙基铅汽油。当时英国正遭到纳粹空军的轰炸，因此它对向纳粹德国运输如此重要的战略资源提出了抗议，标准石油公司因此改变了政策。但是，这个改变只是一个把戏而已：它只是把整个船队改为在巴拿马注册，从而躲过了英国的搜查或者扣押。它的船只还在向加那利群岛的特内里费不断地运送石油，加那利群岛位于摩洛哥和西北非西属撒哈拉的海岸之外，在那里为开往汉堡的德国油轮加油。[10]

第二次世界大战期间，美国参议员哈里·S.杜鲁门在一项调查中指控，鉴于洛克菲勒家族与法本公司的关系，洛克菲勒家族“几乎犯了叛国罪”[11]。哥伦比亚广播公司（CBS）的战地记者保罗·曼宁于1944年8月10日报道，洛克菲勒和法本公司通过美国、德国、法国、英国和瑞士的关联银行转移了他们的“外逃资本”。

纳尔逊·洛克菲勒战时在拉丁美洲的任务是，在中央情报局建立之前协调美国的情报工作和秘密行动。他是美国总统富兰克林·罗斯福与英国首相邱吉尔的私人美洲地区情报主管威廉·史蒂芬森爵士之间的直接联络人。史蒂芬森领导着一个被称为英国安全协调处的掩护机构。值得一提的是，史蒂芬森的秘密总部设在纽约洛克菲勒中心的3603房间，离纳尔逊的办公室不远。这并不是个偶然的安排。洛克菲勒和史蒂芬森在美洲密切配合，共同开展情报工作。[12]

昔日法本公司的总部所在地。

洛克菲勒将家族商业关系网中的一些人带到了华盛顿官场，包括大通银行的约瑟夫·罗文斯基、安德森克莱顿农业商务公司的得克萨斯棉花巨头威尔·克莱顿。[13]纳尔逊的助手约翰·麦克林托克战后在中美洲经营着巨大的联合果业公司，1954 年中情局在他的掩护下在危地马拉顺利组织了一场政变。

第二次世界大战时期，纳尔逊·洛克菲勒的工作为 20 世纪 50 年代其家族利益的扩张打下了基础。他构思了美国－拉丁美洲防御理念，这一理念在“冷战”中将该地区的军事精英牢牢地跟美国的政策拴在一起。这些军事精英都是些残酷无情的军事独裁者，他们都因支持洛克菲勒家族而得到实惠，也确保了洛克菲勒商业利益获得优惠待遇。纳尔逊把那些得到他支持的、与美国合作的拉丁美洲的军事独裁者称为“新式军人”（the New Military）。[14]

从 20 世纪 30 年代以来，纳尔逊·洛克菲勒在美国企业对拉丁美洲投资方面一直是领袖级人物。当时，他任标准石油公司委内瑞拉分公司——克里奥尔石油公司的董事。1938 年，他曾尝试与墨西哥总统拉萨罗·卡德纳斯协商解决标准石油公司在墨西哥存在的麻烦，但是未能成功。卡德纳斯此前将标准石油公司的墨西哥分公司收归国有，这一决定导致了美国和墨西哥双边关系恶化。

20 世纪 40 年代，洛克菲勒建立了墨西哥美国开发公司，并亲自向战后的墨西哥工业进行投资。他还鼓励他的兄弟戴维在墨西哥建立大通银行拉丁美洲分行。他这样做的一个动机是打着帮助墨西哥解决粮食问题的旗号重新在墨西哥获得一席之地。[15]

作为美国政府“国际发展顾问委员会”的主席，纳尔逊·洛克菲勒制定了杜鲁门总统的对外援助计划。他的典型做法是利用美国政府作担保启动大通、花旗等纽约的私人银行向拉丁美洲提供大规模贷款。

第二次世界大战时期，作为罗斯福政府的美洲事务协调员，他组织了一个该地区新闻记者和主要报纸发行人的网络。他以切断从加拿大进口新闻纸的供应威胁这些中立的拉丁美洲报纸发行人，从而达到了自己的目的。不久，洛克菲勒就吹嘘说，已经通过控制由美国船只运输的新闻纸，控制了 1200 名报纸发行人。[16]

洛克菲勒控制的媒体第一时间就让对美国，特别是对洛克菲勒在该地区的商业利益有利的新闻谎言在拉丁美洲狂轰滥炸。在打击纳粹势力的旗号下，纳尔逊·洛克菲勒和他的兄弟们正为战后他们那庞大的私人商业帝国奠定基础。

第二次世界大战临近结束时，纳尔逊和他的小圈子在拉丁美洲开展的最具深远影响的秘密行动，就是确保在建立联合国过程中美国获得大多数参与国的支持，通过这种手段，美国在 1944—1945 年间获得了国际货币基金组织和世界银行的实际控制权。人们不难看出，美国的这些新商界精英们是如何摆布各国政府和其他组织按照他们的计划行事的，联合国只不过是披着世界民主外衣、被他们利用的工具而已。

据历史学家约翰·罗福特斯称，洛克菲勒曾在幕后对所有拉丁美洲国家施压，强迫它们支持 1945 年在旧金山召开联合国成立大会，其中也包括支持轴心国的阿根廷胡安·庇隆政权。洛克菲勒和美国政府强行要求庇隆正式向希特勒和墨索里尼宣战，尽管只有两周战争就结束了。之所以这样做是为了使阿根廷拥有战胜国的投票权。

洛克菲勒的政治战略就是利用他的拉丁美洲国家集团在联合国“收买”多数票。欧洲的 9 票与拉丁美洲国家的 19 票相比就显得微不足道了。因此，美国政府和强大的国际银行商业利益集团主宰了战后格局，最终控制了国际货币基金组织和世界银行，在联合国中也处于主导位置。[17] 洛克菲勒家族甚至为新成立的联合国在纽约建立总部慷慨捐赠了土地。这也算是一笔好买卖，因为这可以带来一大笔额外税收减免。

总之，早在 1941 年，纳尔逊·洛克菲勒就未雨绸缪，为日后在拉丁美洲发展他的商业化农业做好准备，这让美国商界的其他任何人都望尘莫及。

洛克菲勒－华莱士报告

1941 年“珍珠港事件”前几个月，洛克菲勒与时任美国副总统、农业部前部长亨利·华莱士派出一个代表团到墨西哥与当地政府讨论提高粮食产量的办法。华莱士是著名的农学家，1940 年以前在罗斯福政府内任农业部部长。他曾创建了一家种子公司，这家公司后来发展成为先锋良种国际公司，它几十年后最终成为四大转基因种子巨头之一的杜邦公司的一部分。

华莱士－洛克菲勒代表团撰写的报告强调了培育高产农作物的必要性。当时玉米、小麦和大豆是墨西哥的主要农作物。1943 年，作为这个项目的成果，洛克菲勒基金会启动了墨西哥农业计划，由洛克菲勒基金会的乔治·哈拉领导。参与这个计划的人中包括了一位年轻的植物病理学家诺曼·博洛格。洛克菲勒家族正在准备为战后世界农业市场的转型迈出第一步。

美国副总统、农业部前部长亨利·华莱士，他曾将原产于美国的“蜜露”瓜赠送给中国，后来演变成现在市场上的白兰瓜。

同年，当纳尔逊和副总统华莱士考察美国在拉丁美洲的农业机会的时候，劳伦斯和纳尔逊开始在拉丁美洲大量购买高质量的廉价农田。洛克菲勒家族开始让他们的业务更加多元化——从石油扩展到农业。[18]

然而，这已不再是简单的家庭式农业，现在轮到全球性的“商业化农业”登场亮相了。“商业化农业”这个名字是在20世纪50年代发明的，石油是新型商业化农业经济的核心。石油对于洛克菲勒来说再熟悉不过了。他们过去几十年来在石油领域建立的全球垄断集中的经济模式，将会成为将世界农业的性质转变为全球“商业化农业”的样板。

诺曼·博洛格正在墨西哥的田间工作，他后来获得了诺贝尔和平奖。

1941年3月，“珍珠港事件”的9个月前，劳伦斯利用英国在美洲的财务危机，在哥伦比亚的马格达莱纳河附近购买了约60万公顷的优质农田。他的兄弟纳尔逊也刚刚在委内瑞拉购买了一个西蒙·玻利瓦尔曾经经营的大型牧场。正如当时洛克菲勒在美洲事务协调机构的助手油嘴滑舌地说的那样：“这些都是英国口袋里的上好财产，现在我们应该把它们都捡起来。”[19]

截至罗斯福总统任命32岁的纳尔逊·洛克菲勒担任国务院负责拉丁美洲事务的助理国务卿时，洛克菲勒早已和粮食及商业化农业密不可分了。1943年，美国农业事务联合会主席爱德华·奥尼尔与纳尔逊等其他成功的美国商人一同参加了由美国国务院在墨西哥查普特佩克召开的美洲国家间合作会议。

在查普特佩克，洛克菲勒与奥尼尔在美国农业需要新的出口市场这方面意见一致。拉丁美洲的广大市场进入了他们的视野之中。纳尔逊说他当时正在寻找新的“战场”。深谙自由市场真谛的洛克菲勒要求美洲国家只对美国的商业利益敞开大门而对其他国家紧锁国门，要求世界上的其他国家（包括拉丁美洲政府）为美国包括农业在内的所有产品打开市场大门。[20]

洛克菲勒在查普特佩克也与美国五角大楼的将军们达成一致：对拉

丁美洲国家出售美国过剩的军事武器，将是把战后的拉丁美洲拴在美国裤腰带上的好方法。[21]对美国军事安全的依赖将与拉丁美洲对美国经济的依赖（公司和银行资本）一起发挥作用。20 世纪 40 年代，洛克菲勒家族在这个转型中冲在最前面，他们同时也在世界上最大的国防产业中拥有主要的股份[22]。

20 世纪 40 年代后期，“冷战”逐渐升温，杜鲁门宣布美国应该在非洲、亚洲和拉丁美洲与共产主义的扩张作斗争。他号召向发展中国家输出专业技术和资金，并且强调美国的私人机构而非美国政府在向海外转移技术中发挥主导作用。

这个理念源于纳尔逊·洛克菲勒。美国对全球农业技术的主导地位迅速成为美国政府（特别是势力强大的洛克菲勒利益集团）在“冷战”中的一件武器。

20 世纪 50 年代初，美国农产品出口的重要性几乎与武器和工业产品相同。美国农业部的粮食盈余也被视为美国外交政策的一件武器。正如前面提到的，到 1954 年，《480 号公共法案》（即“粮食换和平”计划）原则上已经正式批准了这一进程。

洛克菲勒家族和洛克菲勒基金会可以毫不费力地把他们对全球粮食和人口问题的看法传达给美国国务院，他们和纽约外交关系协会的盟友们占据着主导美国外交政策的位置。

洛克菲勒集团对国务院施加着巨大的影响。从 1952 年开始一直到吉米·卡特执政晚期的 1979 年，这段“冷战”的关键岁月里，每个担任过美国国务卿的人都曾在洛克菲勒基金会的领导层工作过。

艾森豪威尔的国务卿、华尔街律师约翰·福斯特·杜勒斯于 1952 年到美国政府任职前曾任洛克菲勒基金会的主席。约翰·肯尼迪和林登·约翰逊的国务卿迪安·腊斯克在 1961 年前也担任过洛克菲勒基金会的主席。尼克松的国家安全顾问、1974 年腊斯克的接班人亨利·基辛格也来自洛克菲勒基金会内部的小圈子。吉米·卡特的国务卿塞勒斯·万斯也曾任洛克菲勒基金会的主席。但是这个私人的非营利机构对战后美国的巨大影响力一直悄无声息、隐藏于幕后。

杜勒斯、腊斯克、万斯和基辛格对于洛克菲勒关于私有部门行为的重要性高于政府的角色这一观点心领神会，他们也明白洛克菲勒把农业产品视为像石油一样同等重要的商品，可以根据极少数控制粮食贸易的公司的外交政策目标进行交易、控制，使之稀缺或充裕。

值得一提的是，人们很少公开提到杜勒斯—腊斯克—万斯—基辛格—洛克菲勒的关系链，尽管它对理解美国的外交政策和粮食政策都非常重要。

早期的商业化农业：洛克菲勒与嘉吉公司联手

1947 年，纳尔逊·洛克菲勒又建立了一家公司，名为国际基本经济公司。国际基本经济公司作为营利性实体，其目标是显示私有资本可以推动发展中国家的农业升级。实际上，国际基本经济公司主要是为了在 20 世纪五六十年代那些对美元可以产生巨大影响的国家中大规模地引入商业化农业。

洛克菲勒的国际基本经济公司与美国私营农业综合企业巨头嘉吉公司联手在巴西开展业务。国际基本经济公司有很多计划：杂交玉米生产、生猪生产、利用直升机喷洒农药、承包耕种以及粮食存储。国际基本经济公司的一个分公司叫西门特斯·阿格罗塞里斯（Sementes Agroceres），该公司后来在巴西动植物遗传学研究方面发挥了重要作用。[23]

国际基本经济公司和嘉吉公司开始开发杂交玉米的新品种。他们使巴西成为世界上第三大玉米生产国，仅次于美国和中国。在巴西，玉米与大豆混合用于喂养牲畜。这为 20 世纪 90 年代后期转基因大豆在世界牲畜饲料市场中的推广起到了积极作用。

甘蔗农业经济也极大地推动了巴西的大豆生产。一根甘蔗可以生长五年，到了第六年就必须挖出来，种上新的甘蔗，这个过程通常叫作

“轮耕法”。巴西农民首先尝试在挖出老甘蔗和栽种新甘蔗的间隙中种植大豆。这是因为大豆使土壤富含或者说“固定了”氮元素，而甘蔗的生长需要氮，种植大豆就可以减少化肥的施用量，而化肥恰恰是把大豆引入巴西的重要原因。

嘉吉等美国粮食贸易公司首先将大豆作为牲畜饲料出口，后来大豆发展成为美国主要的出口产品。大豆成为美国粮食控制中的一件主要武器。

1974 年，莱斯特·布朗在洛克菲勒兄弟基金会的资助下建立了他自己的世界观察研究所。他谈到洛克菲勒基金会的“绿色革命”时说：“如果农民想充分发挥新型种子的潜力，在需要的各种新投入中，化肥是必不可少的。一旦现代技术的应用能够使农民获利，他们对各种农业投入的需求就会迅速增加。而且，只有农业综合企业才能有效地为他们提供这些农业投入。”[24]

布朗还进一步宣称，跨国公司是“使农业技术知识转移制度化的最为有效的方式”。农业综合企业在当时是提供种子和化肥的最佳途径。当然，他所指的农业综合企业是杜邦、先锋良种国际、嘉吉、阿丹米之类的美国农业综合企业。因此，自 20 世纪 50 年代开始，在洛克菲勒“绿色革命”的鼓舞下，美国商业化农业出口与石油和武器并驾齐驱，迅速成为美国经济战略中的战略核心。

巴西和委内瑞拉

当洛克菲勒基金会的“绿色革命”在墨西哥大张旗鼓地进行的时候，纳尔逊又成立了一个新的组织，以便在巴西和委内瑞拉开展类似的工作。他想继续开展他在第二次世界大战中在美洲事务协调机构时启动的项目。于是，他和几个从前在美洲事务协调机构工作的同事一起创立了“美洲经济和社会发展国际协会”，该协会的公开目标是技术转移和教育。

洛克菲勒想通过美洲经济和社会发展国际协会迅速将基础设施现代

化。美洲经济和社会发展国际协会声称：如果它的努力徒劳无功，那么这个地区就面临着因人口爆炸而使生活水平降低的问题。作为委内瑞拉克里奥尔石油公司的主要股东，1946年后，洛克菲勒说服了壳牌、美孚、海湾石油和其他许多私人捐助者和他一起着手进行美洲经济和社会发展国际协会的项目。纳尔逊和他的兄弟们资助了一系列的研究，为后来的《国家安全研究备忘录第200号》提供了指南，这些研究准确地指出拉丁美洲、东南亚、中东和非洲的哪些国家可能“同情共产主义”。拉丁美洲的巴西和委内瑞拉被挑选了出来——巴西入选的原因是它拥有大量未开发的财富，而委内瑞拉则是由于洛克菲勒家族在该国经营着石油生意。[25]

纳尔逊·洛克菲勒是在美国“国家安全”的名义下大肆宣扬“冷战”必要性的高手，而其主要目的是推动其家族利益的发展。而他的老朋友、洛克菲勒基金会的前主席、时任国务卿的约翰·福斯特·杜勒斯推行的“大规模报复”的核政策和“冷战”的“边缘政策”与他的意愿并行不悖，这些政策使人民意识到所谓来自苏联军事力量的危险和威胁。在“美国国家安全利益”的名义下，一切行动和政策都变得合情合理。

纳尔逊·洛克菲勒和其他美国的大银行家和商人们在拉丁美洲的农业上所做的文章形成了世界粮食生产革命的早期阶段。在这一进程中，他们着力掌控世界大多数人口的日常必需品。和以往大多数革命一样，其实质并不是他们大肆宣传鼓吹的那样。

毫无疑问，洛克菲勒基金会在这场革命中充当了急先锋。它甚至给这一进程取了一个新名字——商业化农业。商业化农业的模式由其主要参与者——美国工业和金融业的大腕们——制定的规则所驱动。这一模式为20世纪90年代引入基因改造的粮食作物——转基因生物——搭建了一个完美的平台。但是这桩带有战略利益的“婚姻”是如何发生的？它的长期目标又是什么？这一切仍然掩藏在自由市场的高效率、现代化、为营养不良的世界人民提供粮食等美丽外衣和各种宣传谎言之下。它就是以如此狡猾的方式来掩盖其阴谋改变整个人类命运这一有史以来最为大胆的计划。

第六章

大张旗鼓：

发动全球“农业革命”

Rockefeller and Harvard Invent USA“Agribusiness”

为了把美国的商业化农业引入主要发展中国家，洛克菲勒家族又提出了“绿色革命”的理念，其实质是以传输先进农业科学和技术的方式来控制发展中国家的粮食生产。“绿色革命”向发展中国家输入缺乏繁育能力的新型杂交种子、昂贵的化肥和农业技术，使得接收国对美国的依赖越来越大，甚至被迫接受许多苛刻的政治经济附加条件。

开启“绿色革命”大门

洛克菲勒的“绿色革命”发源于墨西哥，在20世纪五六十年代风行于拉丁美洲。由于洛克菲勒在亚洲的人脉关系，“绿色革命”随后不久就传播到了印度及亚洲的其他地区。这场“绿色革命”名义上是通过宣扬自由市场的高效率来凸显出所谓的“共产主义的低效率”，而其实际目的在于控制一些关键的发展中国家的粮食生产。

第二次世界大战结束后，由于德国法本公司几乎被炸弹摧毁，美国的化学公司成为世界上规模最大的化学公司。最有名的公司如杜邦、陶氏化学、孟山都、赫克力士火药公司等在第二次世界大战时通过美国纳税人的“慷慨解囊”，建立起了巨大的氮生产能力，用来生产炸药和炮弹，战后它们必须面对氮供过于求的问题。

氮作为制造炸弹和爆炸物的基本化学原料，是TNT炸药等高效爆炸物的主要成分，同时也是硝态氮肥的基本成分。因此，化学公司试图面向国内外市场生产化肥、硝酸铵、液态氨，通过这种形式打开氮销售的巨大市场。

战争时期，氮化肥工业是有巨大影响力的洛克菲勒的标准石油公司游说集团的一部分，在第二次世界大战结束的时候，包括杜邦公司、陶氏化学公司、赫克力士火药公司在内的一些公司都是这个游说集团的成员。

战后新型的农业化学品的全球营销也解决了美国石油化学工业和

法本公司汽油炼化车间的遗迹。

粮食卡特尔（包括嘉吉公司、大陆谷物公司、邦基公司、阿丹米公司）寻找新市场的问题。世界上最大的粮食贸易商都是美国公司，并且它们的成长壮大取决于20世纪六七十年代通过“绿色革命”的传播而开发出来的一些特殊的杂交种子。当时，农业正在走向全球化，洛克菲勒基金会也在试图影响商业化农业的全球化进程。

随着农业化学品和杂交种子的垄断，美国的农业综合企业巨头们试图主导世界农业贸易市场。正如基辛格在20世纪70年代所说的：“如果你控制了粮食，你就控制了所有的人。”从发展中国家到欧洲经济共同体，从苏联到中国，各国政府都开始迅速依靠粮食。卡特尔集团在粮食减产时提供所需的粮食和食品，以保持本国政治的稳定。

当然，美国政府在20世纪60年代也想通过以私人资助的农业投入形式来提供粮食援助，从而抑制发展中国家的共产主义和民族主义运动，以解除其担忧。然而，美国政府的援助加上在“绿色革命”名义下发展起来的技术，为围绕在洛克菲勒和新兴的农业综合企业集团周围的具有影响力的决策圈把这些担忧转化为自身优势提供了绝好的机遇。

约翰三世在成立人口理事会一年后，于1953年成立了自己的农业发展理事会。纳尔逊·洛克菲勒与约翰三世携手并肩，共同致力于农业。农业发展理事会主要关注亚洲，而纳尔逊则关注他所熟悉的拉丁美洲。他们的共同目标是在他们的企业霸权之下长期垄断世界农业和粮食供给。

20世纪50年代，洛克菲勒基金会的诺曼·博洛格来到墨西哥，他主要研究抗锈*杂交小麦和杂交玉米新品种，还没有涉及几十年后的基因工程。20 世纪五六十年代在农业和生物科学研究的掩护之下，洛克菲勒集团通过“绿色革命”推行其精心制定的战略。

这个战略的核心是通过引入“现代化的”农业方法来增加农作物产量，从而减轻饥饿，避免共产主义在贫穷、难以控制的国家上台。多年后，他们用同样诱人的观点贩卖基因革命。

“绿色革命”是控制世界粮食生产的开端，几十年后的基因革命给这一进程画上了一个完美句号。参与这两次革命的都是同一批公司，它们当中自然也包括了洛克菲勒基金会和美国其他有钱有势的基金会，这不足为奇。

1966 年，福特基金会投入相当一部分资金与洛克菲勒基金会并肩作战。福特基金会是一家与美国政府、情报机构和国外政策集团有紧密联系的私人免税基金会。有了福特基金会的资源支持，洛克菲勒基金会的“绿色革命”真是如虎添翼。

1966 年，墨西哥政府与洛克菲勒基金会重组了国际玉米和小麦改良中心（CIMMYT）。中心致力于推行 20 世纪 40 年代由洛克菲勒基金会提出的小麦育种研究计划。[1]

它们在粮食与农业方面所下的功夫在那年得到了极大的推动——美国总统林登·约翰逊宣布了在“粮食换和平”计划下把美国的粮食援助大幅转向发展中国家，但是受援国只有在同意一些前提条件之后才能得到援助，其中包括同意按照洛克菲勒的计划发展农业、加强人口控制，并向美国投资者敞开大门。[2]

1970 年，为洛克菲勒工作的诺曼·博洛格获得诺贝尔奖。有意思的是，他获得的是和平奖而非生物学奖，与若干年后亨利·基辛格获得的奖项一样。他们两位都是靠有巨大影响力的洛克菲勒家族起家的。

事实上，“绿色革命”披着传播农业科学和现代技术的外衣，其目

---

* 小麦常患锈病，能够抵抗锈病侵害的小麦称为抗锈小麦。——译者注

国际玉米小麦改良中心的标志。

的是把美国的商业化农业引入到主要的发展中国家。墨西哥的新型杂交小麦需要现代化学肥料、拖拉机和其他农业设备，尤其需要灌溉技术，这也意味着需要由石油或天然气驱动的水泵。

“绿色革命”的方法只适用于最富裕的农作物产区，瞄准的对象是最富裕的农民，它强化了半封建制度中富有的大庄园主和贫困农民的差距。在墨西哥，新型杂交小麦都种植在东北部富裕的有新型灌溉设施的农田中。所有的投入，从化肥到拖拉机再到灌溉，都需要美国工业提供的石油和其他投入。石油和农业在洛克菲勒的庇护下紧密地联系在了一起。

在印度，“绿色革命”仅限于北部和西北部的20%左右的有灌溉设施的土地上，它忽视了这些地区封建大地主和大多数没有土地的贫困佃农之间的巨大财富差距，而它却让依附于嘉吉公司等出口巨头的现代农业综合企业赚得盆满钵满。该地区广大的贫困农民依然贫困不堪。“绿色革命”的引进并没有缩小封建地主和贫苦农民之间的差距，而统计数字显示，印度的整体小麦产量得到了大幅度的提高。

为“生物革命”培训骨干

1960年，洛克菲勒基金会、约翰三世的农业发展理事会和福特基金会共同在菲律宾的洛斯巴尼奥斯成立了国际水稻研究所（IRRI）。到1971年，洛克菲勒基金会的国际水稻研究所、位于墨西哥的国际玉米小麦改良中心和另一个由洛克菲勒基金会和福特基金会创办的国际研究中心——位于尼日利亚的国际热带农业研究所——共同组织了一个国际农业研究咨询小组（CGIAR）。[3]

国际农业研究咨询小组是在洛克菲勒基金会位于意大利的贝拉焦的

会议中心召开的一系列私人会议中形成的。出席贝拉焦会议的有洛克菲勒基金会的乔治·哈拉、福特基金会的福雷斯特·希尔、世界银行的罗伯特·麦克纳马拉，以及洛克菲勒家族的国际环境组织者莫里斯·斯特朗。莫里斯·斯特朗是洛克菲勒基金会的理事，1972 年在斯德哥尔摩组织了联合国人类环境峰会。

为了确保最大限度地发挥影响力，国际农业研究咨询小组吸收了联合国粮农组织、联合国开发计划署和世界银行的参与。因此，洛克菲勒运用初始的启动资金做了精心的策划，在 20 世纪 70 年代初就有能力影响全球农业政策。[4]

由于得到洛克菲勒基金会与福特基金会的慷慨资助，国际农业研究咨询小组就能够做到将第三世界的农业科学家和农学家送到美国去“学习掌握”现代商业化农业生产的理念，并将其带回他们的国家。在学习过程中，他们为在自己的祖国推广美国的商业化农业建立了一个非常珍贵的具有影响力的网络，而且这些活动都是以发展科学和高效的自由市场农业为名开展的。

到基辛格受命起草《国家安全研究备忘录第 200 号》文件的时候，洛克菲勒基金会的研究所与研究中心网络已经逐渐为控制大部分发展中国家的农业研究与政策打下了坚实的基础。

约翰三世的农业发展理事会还为经过精心挑选的几所亚洲大学聘请了美国大学的部分教授来培训新一代的科学家。最好的科学家会被选送到美国攻读农业科学的博士学位。从跨出美国大学校门之日起，这些科学家就会遵循洛克菲勒的农业发展观而卖

约翰·D. 洛克菲勒三世夫妇（两侧）与菲律宾第 9 任总统马卡帕加尔夫妇（中间）出席国际水稻研究所的成立仪式，后者的女儿是菲律宾第 14、15 任总统阿罗约。

国际农业研究咨询小组的标志。

命工作。这个精心构建的网络将在日后洛克菲勒基金会在全球传播转基因农作物应用的战略中发挥至关重要的作用。

亚瑟·莫舍是洛克菲勒农业发展理事会的执行理事。在一本广为阅读的手册中，他喋喋不休地教育农民“多为自己着想”，敦促农民摒弃“群体旧有的习惯”，发展“商业化农业”。莫舍还号召妇女接受教育，建立青年俱乐部，从而为从商店购物提供更多的需求。他指出：“丈夫和父亲对家庭的爱”会促使他们尽力满足这些愿望，让他们更加努力地工作。当然，他们也会去贷款投资于新技术，使自己更加融入新的市场经济。[5]

在整个“绿色革命”的进程中，洛克菲勒基金会和福特基金会与美国国际开发署和中央情报局在对外政策目标方面通力协作，携手并进。

“绿色革命”的一个重要影响就是减少了农村人口，大批农民背井离乡住进了城市的贫民窟，四处寻找工作。这绝非偶然，这是为计划中的美国未来的跨国制造业积蓄廉价的劳动力。

在“绿色革命”的自我推销尘埃落定之后，它的实际结果与过去的承诺截然不同。随意使用新型化学杀虫剂引发了很多问题，通常都是严重的健康问题。单一栽培的新型杂交种子品种降低了土壤的肥力，也逐年降低了产量。开始时的效果令人印象深刻：墨西哥的一些农作物，如小麦和玉米的产量提高了两到三倍。然而，这些农作物逐年大幅减产。[6]

“绿色革命”也伴随着大型灌溉工程的建设。这些灌溉工程通常是由世界银行贷款建设的大型水坝，建设水坝造成的洪灾淹没了大量的村庄和肥沃的农田。同时，所谓的超级小麦通常是由于向土地施了大量的化肥从而提高了产量。这些肥料的原料是氮和石油，都是洛克菲勒主导的“西方石油七姊妹”生产的产品。

“绿色革命”时期还使用了大量的除草剂和杀虫剂，为石油和化学巨头们提供了额外的市场。正如一位分析家所说的，“绿色革命”实质上就是一场化学革命。这些发展中国家无论如何也支付不起化学肥料和杀虫剂的巨额开销。他们从世界银行获得贷款，或者由美国政府担保从大通银行及其他纽约的大银行得到特别贷款。

从许多发展中国家的情况看，这些贷款基本都流到了大地主手中。对贫困的农民来说，情况则完全不同。农民自己负担不起化肥和其他现代投入的支出，只能四处借钱。开始时各种政府的计划都试图提供给农民一些贷款，以便他们购买种子和化肥。

不能从政府渠道得到贷款的农民只能通过私人渠道借贷。由于私人贷款的高昂利息，一些农民并没有从最初的高产出中获利。收获之后，他们不得不卖掉大部分的农产品来偿还借款和利息。他们越来越依赖贷款人和交易商，最后往往不得不卖掉自己的土地。即使是使用政府提供的低息贷款，农民也通常放弃种植自己的基本口粮来种植经济作物。[7]

“绿色革命”也为土地耕作引进了新的机器。最值得一提的是动力中耕机或者叫作机动旋耕机*。这种机器拌匀了稻田中的土壤，同时也破坏了土壤本身的结构。但是，使用这种机器会极大地提高效率。

美国农业综合企业的另一个利益驱动因素是，“绿色革命”建立在新型杂交种子传播的基础之上。杂交种子的一个突出特点就是繁育能力差。杂交种子天然地具有抑制繁殖的属性。它们与天然授粉的正常种子不一样，后者的产量与上一代种子基本相当，而杂交种子的下一代产量会比上一代少很多。

杂交种子产量呈现逐年递减的特征，也就意味着农民每年都要通过购买新种子来获得高产。而且，二代种子的低产量也消除了种子生产商在未经育种者授权的情况下私自出售种子的可能。这样可以防止农作物种子商品被中间商再次进行分销。一旦大型的跨国种子生产公司控制了

---

* 为作物松土以消灭杂草，促进作物生长的机器。——译者注

母本种子的生产，其他竞争者或农民就不可能生产该杂交种子。全球杂交种子母本的专利集中在了杜邦的先锋良种和孟山都的德科等少数大型种子巨头的手中，由此为转基因种子革命铺平了道路。[8]

事实上，引进美国现代农业技术、化肥和商业化杂交种子，导致发展中国家的农民，特别是那些更早与美国打交道的大国的农民越来越依赖国外的投入。这是精心策划的计划中的第一步，这一计划将持续几十年。以往美国的农业出口很有限，商业化农业为美国的农业出口打开了市场，在此之前这些市场对美国的出口商的开放十分有限。这种趋势后来被冠以“市场导向型农业”。事实上，这是由农业综合企业控制的农业。

“绿色革命”和杂交种子为美国的商业化农业控制主要的新兴市场提供了保证。富兰克林·罗斯福的农业部部长亨利·华莱士对美国农业部针对杂交种子的少数几个研究中出现的增产结果大加赞扬，而对其负面效应则避而不谈，在此基础上他建立了第一个主要的杂交种子公司——先锋良种国际公司。这促进了大型商业种子公司的发展，也为日后几个西方农业综合企业巨头开发基因种子专利奠定了基础。

化学工业也声称，只有通过使用它提供的产品，农作物产量才能得到提高。美国政府通过美国国际开发署和其他政府援助计划积极支持这一观点，并说服发展中国家政府给予支持。这也就滋生了一个现象，即农民不再考虑使用其他更为传统的增产手段，因为这些方式都被洛克菲勒基金会和福特基金会的农业顾问们贴上了“低效率”“原始”的标签。[9]

种植杂交小麦、玉米和水稻等高产新品种，大量使用化学药剂迅速成为农业生产的主要方式。地方政府官员不再考虑其他可能的传统增产方式。如果某些研究可能对这种高投入的生产方式提出挑战，国际化学工业巨头通常会干预这些研究，进行百般压制和阻挠。这已经成为一种世界潮流。[10]

1959年，美国农业部领导的一个团队发表了福特基金会的《印度粮食危机及应对措施报告》。报告中并没有把重新分配地主的土地和财产、进行根本性的社会变革作为提高印度农业发展效率的基础，而是强调技术变革，包括改良种子、在可灌溉的一小部分地区使用化肥农药等。这就是“绿色革命”的战略。

福特基金会甚至资助印度的“集约化农业发展计划”，将其作为“绿色革命”战略的一个试验，向可灌溉地区的富裕农民提供投入补贴、可观的信贷和价格激励。世界银行也提供了大量的贷款支持这一战略。

不久后，印度政府采纳了洛克菲勒基金会和福特基金会的“绿色革命”，这场革命给印度带来了深远的不良影响。一时间水稻和小麦产量在挑选出来的地区迅速增加，当然这是依靠了新的杂交品种并施用了大量化学药剂。印度政府把土地改革、佃农制度改革、废除高利贷等计划束之高阁，从此以后就没有提上过议事日程。[11]

然而，粮食产量在经过初期的大幅度增长后开始逐年下降，尽管这一点并未广泛报道，仍然给人造成了片面成功的印象。实际上，印度在进行“绿色革命”后，其整体农业生产比“绿色革命”前增长更为缓慢。在大部分地区，农业人均产出增长出现停滞甚至有所下降。[12]但是，“绿色革命”起码有一点是成功的，即它为美国和其他跨国农业综合企业向发展中国家出售它们的化学产品、石油、机械和其他农业用品打开了市场。这正是所谓的商业化农业的开端。

洛克菲勒资助创立商业化农业

洛克菲勒兄弟在通过“绿色革命”在发展中国家实施从石油到农业的扩张的同时，在哈佛大学投资了一个不起眼的项目，这个项目为几大私营公司控制世界粮食生产奠定了基础。项目的创立者将其命名为“商业化农业”，以便区别于传统的、以农耕为基础、以维持人类生存为目标的农业。

商业化农业与“绿色革命”双管齐下，都是洛克菲勒基金会宏大战略的一部分，若干年后它资助的转基因植物的开发研究也是这个战略的一部分。[13]

约翰·H. 戴维斯在20世纪50年代曾任艾森豪威尔总统的农业部部长助理。他在1955年离开华盛顿去了哈佛大学商学院，当年哈佛大学商学院并不是农学专家常去的地方。他之所以去那里是因为他脑子里已经制定了一个清晰的策略。1956年，戴维斯在《哈佛商业评论》上发表了一篇文章，在文章中提到“不经过拖沓的政府计划来彻底解决农业问题的唯一方法就是从传统农业向商业化农业的转型”。他心里早有清晰的盘算，尽管很少人知道他的来路。[14]

戴维斯与哈佛商学院的教授雷·戈德堡和俄裔的经济学家瓦西里·列昂惕夫一起组建了一个哈佛团队，当时瓦西里·列昂惕夫正在洛克菲勒基金会资助的一个项目中对美国整体经济进行谋划。第二次世界大战时，瓦西里·列昂惕夫曾为美国政府开发过一个对整体经济进行跨部门分析的方法，也就是他所说的投入－产出分析。列昂惕夫曾在美国劳工部和中央情报局的前身——战略服务办公室工作。

经济学家瓦西里·列昂惕夫。

1948年，列昂惕夫得到洛克菲勒基金会提供的四年期的10万美元的资助，在哈佛设立了“美国经济结构的经济研究项目”。一年后，美国空军加入这个项目中，军方的加入略显蹊跷。随着线性编程方法的应用，晶体管和电子计算机得以发展，这样一来就可以处理海量的经济统计数据。不久，福特基金会也加入了这个计划。

这个哈佛计划和它的商业化农业概念是美国粮食生产革命的一部分，而美国要达到主导粮食工业这一目标还要花四十年的时间。戈德堡后来把商业化农业革命和发展转基因商业化农业视为“人类历史上改变全球经济和社会的最重大事件”。

垄断与纵向整合死灰复燃

戈德堡几年后自吹自擂地说，商业化农业项目的核心驱动力是将“纵向整合”重新引入美国粮食生产当中。到20世纪70年代，很少有美国人意识到，为了防止关键产业形成垄断，人们进行了艰苦的斗争，敦促国会出台法律，禁止标准石油公司这样的业界巨头和托拉斯进行纵向整合。

直到20世纪70年代由戴维·洛克菲勒支持的吉米·卡特当上总统时，美国的跨国商业权势集团才得以把健康、粮食安全和消费者保护方面精心制定的法律一一废除，这也为新一轮的纵向整合打开了方便之门。它们打着“提高经济效率、扩大经济规模”的旗号，向不知内情的广大公众兜售“纵向整合”。

纵向整合的恢复和商业化农业是通过一些主流媒体的公共宣传攻势传达给公众的。这些媒体称，政府过去过多地侵犯了美国老百姓的日常生活，现在必须还民众更多的“自由”。宣传活动的最大呼声就是“解除管制”。但是，这些宣传故意忽略的是：所谓的解除政府管制就是为最大的、最有势力的企业集团在某一特定产业形成事实上的垄断打开大门。

在吉米·卡特、罗纳德·里根和玛格丽特·撒切尔之前，首先公开提出政府应当解除管制和实施私有化的人是约翰三世。他在1973年出版了一本书，名为《第二次美国革命》。在书中和无数的公开演说中，他呼吁“通过深思熟虑的、持续的长期政策使很多政府职能下放和私有化……使权力分散到整个社会”[15]。

在此之前，戴维斯和戈德堡无视反垄断法，运用列昂惕夫的投入-产出法来识别整个生产和分销链条，从而通过纵向整合，将美国农业的特殊部门进行产业化，使之成为商业化农业。

戴维斯、戈德堡和列昂惕夫合作的第一个成果是对佛罗里达州的橘类植物农业进行产业化。种植橘类产品的农民迅速被新奇士等全国性大型橘汁加工企业控制。这些大公司通过控制分销与加工来控制支付给农民的价格。[16]

他们的下一个目标是制定一个战略，对美国小麦销售链和动物饲料大豆市场进行产业化。随着美国政府逐渐放松对农业和垄断的管制政策，粮食产业的纵向整合也加快了步伐。

值得一提的是，美国第一个完全实现纵向整合的产业是石油业，1882 年洛克菲勒的标准石油托拉斯首先实现了这一目标。尽管许多州都反复尝试运用法律手段禁止洛克菲勒的标准石油公司垄断石油和运输价格，甚至最高法院于 1911 年也作出相应裁决，但是这些都未能打破这个到 21 世纪一直主导世界石油贸易的卡特尔。标准石油公司模式理所当然地成为洛克菲勒基金会通过哈佛项目创建商业化农业的样板。

20 世纪 20 年代，厄普顿·辛克莱在他的书《丛林》中通过描述肉类加工业充满恶臭味、有碍健康、非人性化的状况，揭示了当时美国肉类加工业令人震惊的状况，此后美国议会曾通过一系列法律来控制食品垄断，尤其是在肉类部门。

根据美国新成立的"联邦贸易委员会"的指控，五大公司——阿摩尔、史威福特、玛里士、伟信和卡达依在 20 世纪 20 年代已经构成了"对美国食品供应的垄断"。这五家公司在此之前已经系统地通过非法手段几乎实现了对肉类加工业的非法垄断。[17]

五大公司那时控制着谁能获得公共养牛场。它们通过垄断控制对家畜的营销渠道进行干涉，掌控了批发分销渠道，限制了零售商的购货品种。随着冷藏火车和肉类加工流水线工厂的诞生，肉类公司也开始纵向整合。它们向前整合肉类产品的营销；向后整合垄断肉牛和生猪的供应。

20 世纪 20 年代初的一项联邦贸易委员会的调查显示：这五大公司通过控制主要养殖场、铁路终端、家畜信贷、市场新闻媒体和竞争对手可能用来建立加工厂的地皮主导了家畜贸易。更严重的是，它们运用自己的垄断力量将自己的竞争对手驱逐出局，非法地对市场进行垄断。它们通过占有冷藏运输工具和冷库来控制零售水平，严重地阻碍了竞争者的进入。据政府调查显示，除此之外，五大公司的肉类加工厂通过收购和控制方法同时控制了替代食品市场。[18]

到 20 世纪 70 年代，美国的粮食供应又一次落入极少数农业综合企业的掌控之中。在洛克菲勒和福特基金会资助的（由列昂惕夫领导的）美国经济结构哈佛经济研究项目的支持下，戈德堡和戴维斯充当了对美国乃至全球粮食供应进行纵向整合和垄断控制的急先锋，其规模之大史无前例。

戈德堡和戴维斯以及他们的哈佛同仁们跳到前台，开导新一代经理人：他们可能会在这场完全改变美国人的种粮方式以养活自己和全世界的宏伟工程中遭受利润“徘徊不前”的影响。

当美国政府的管制藩篱在解除管制的战鼓声中轰然倒塌的时候（特别是在里根总统时期），农业综合企业迫不及待地用它们自己的行业规则和标准填补这一管制真空。这些标准并不是所有企业共同制定的，而是由业内四五家大型垄断企业制定的。

这个过程导致了美国农业的集中和转型。原来独立的家庭式农场纷纷被迫放弃了土地，让位给“更高效”的大型产业化农业企业，或称为“工厂化农场”（factory farms）、“企业化农业”（corporate agriculture）。大多数继续从事农业生产的农民也都被迫成为“合同农民”，为大型农业综合企业打工。

“农民们都到哪里去了？”

就在政府管制、行业标准和反垄断法一股脑地松绑的时候，特别是在 20 世纪 80 年代里根 - 布什时期，商业化农业开始彻底改变美国传统农业的面貌，但对此美国的普通消费者却全然不知。大多数人依旧到本地超市买上一块切好的牛肉或猪肉，以为他们买的仍然是家庭式农场的产品。

接下来发生的是批发环节的整合和兼并。美国粮食生产一步一步地从家庭式生产转变为全球企业巨头的集中生产。农民逐渐变成合同工，负责在巨大的饲养场中集中喂养成千上万的家畜。但是，他们已经不是这些家畜和农场的所有者，更像是封建制度下的依附农民，负债累累。债主不是封建领主，而是像嘉吉、阿丹米、史密斯菲尔德食品或康尼格拉这样的全球跨国公司。

对于新型农业综合企业巨头来说，这种转型十分有利可图。到 20 世纪 90 年代末，家庭式农民完全丧失了对市场的控制，大多数农民的收入急转直下。据参议院农业委员会的一项研究显示，农民资产净值的回报率已经从 20 世纪 70 年代每年的 10% 下降到每年的 2%。与此同时，工业化食品加工部门的股票净值的年平均回报率从 1993 年的 13% 上升到 1999 年的 23%。[19]

成千上万的独立家庭式农民随着商业化农业的普及与大规模运营而被迫放弃农业生产，原因很简单——他们没有能力进行竞争。传统农业本质上是劳动密集型的，而商业化农业是资本密集型的。设法筹到钱进行家畜圈养的农民很快发现，他们微薄的储蓄不够支付各种设施、能源、围栏和兽药日益增加的成本。

工厂化农场的增多导致独立农民饲养的家畜的价格下降，这迫使他们离开这一行业。1979 年至 1998 年间，美国农民数量下降了 30 万。[20]

养猪场的数量从 60 万个下降到 15.7 万个，然而出售的生猪数量却在增长。合并的结果是美国 3% 的猪场生产了 50% 以上的生猪。20 世纪 90 年代后期一份提交给美国农业部部长的报告中指出，美国农业在从家庭式向商业化农业转变的过程中耗费的社会成本非常巨大，整个农村的经济基础土崩瓦解，乡镇空无人烟。这个报告后来石沉大海。[21]

另一份由参议员汤姆·哈金领导下提交的“少数派报告”于 2004 年 11 月美国总统大选临近前发布，也同样被束之高阁。这个报告揭示，截至 2004 年，美国粮食与农业经济的集中和垄断现象已经非常严重。报告发现，四家最大的牛肉加工企业控制了 84% 的肉牛屠宰和 64% 的生猪屠宰，四家公司控制了 89% 的早餐麦片市场。[22]

1998 年，嘉吉公司收购了大陆谷物公司的粮食处理业务，至此仅嘉吉一家公司就掌控了美国 40% 的粮食仓储容量。美国司法部批准了这一兼并。四大农业化学、种子公司——孟山都、诺华、陶氏化学和杜邦——控制了全国 75% 以上的玉米种子销售和 60% 的大豆种子销售，这些公司同时还控制了农业化学市场中很大的市场份额。[23]

在 20 世纪八九十年代，传统农民纷纷放弃了他们祖祖辈辈赖以生存的土地，农业综合企业乘虚而入占领了这些地区。这一巨大变化在很大程度上被政府聪明的统计方法所掩盖，表面上看来家庭式农业似乎正在发展壮大，而事实上美国的农业已被农业综合企业巨头们所控制。[24]

各个大城市往往在农业不景气的地区拼命吸引工人就业。它们还为农业综合企业巨头提供有吸引力的特殊政策、税收优惠等，让它们在该地区建立工业化农场，希望由此创造新的工作机会，促进经济增长。动物大量集中圈养带来的主要增长是动物的排泄物——难以想象的大量动物排泄物。

所谓的家畜工厂化生产革命始于 20 世纪 80 年代早期，但出于很明显的原因并没有公开宣传。之前，猪、牛和鸡在田野或者小型农场中饲养，一旦生病会受到农民的单独照料。现在的生产技术包括所谓的“圈养”或者叫作“集中畜牧经营”（CAFOs）。他们的目标是以最小的成本获得最大的利润——华尔街所谓的股东价值。对单个的猪、牛、鸡，牧场和农田进行精心照料的体制已经不复存在。驱动农业综合企业巨头改变农业的出发点就是利润。

集中畜牧经营把家畜尽量放在最小的空间内。一只猪从出生到被屠宰的平均重量约 226—272 千克，它们从未离开过和它几乎同样大小的猪圈。它们不能躺倒休息，因此它们的腿部总有严重的问题，而且非自然的圈养会使生猪发疯，导致“咬栏杆”和无意识地咀嚼，成天不见天日。

据美国农业部估计，集中饲养的动物中大约有 10% 死于紧张、疾病和受伤，对于一些品种的鸡来说，这个比例高达 28%。然而，工厂经理从未考虑过把时间和金钱花在单独照料动物身上，他们认为宁可承受“畜禽存栏损失”以保证“本轻利厚”，也不愿花钱请什么兽医来治病。由于工厂化农场在竞选活动中对议员的“慷慨解囊”，他们这种集中饲养行为得到了禁止残酷对待动物的法律的豁免。[25]

数以千计的牛都关在一模一样的牛栏里。伦敦的《经济学人》杂志在2000年5月的报道中描述了在工厂化农业的旗帜下艾奥瓦州转变成美国最大的生猪生产中心的情况。在这篇题为《到猪的天堂旅行》的报道中写道：“艾奥瓦州艾姆斯北部绵延16千米的乡村，生产了美国近十分之一的猪肉。但是，在那里你看不到一只生猪。在巨大的金属棚里同时喂养了4000多只生猪。这些猪的食物都被严格监控，它们的粪便都按时清理，饲养员像外科医生一样淋浴更衣，以免感染了猪群。”[26]

白宫行政管理和预算办公室（OMB）观察——一个监测美国政府在这一领域监管作用的组织——在其报告中指出，20世纪70年代卡特执政时期开始，政府就对大型工厂化农场的畜禽排泄物等污染大幅度减少管制，产生了不良影响。

在小布什执政期间，美国环保署应农业综合企业的要求废除了一项畜牧企业所有者应对动物排泄物污染造成的损害负责的规章。它们指出，工厂化集中圈养企业通常是通过转包饲养家畜来逃避责任。美国环保署同时也取消了强制工厂安装监控地下水设备的规定，这个规定是为了防止动物排泄物对地下水的污染造成社区饮用水危害。尽管提起了很多法律诉讼，美国环保署还是拒绝改变经营畜禽的集中畜牧农场污染排放许可等级。[27]

由于集中畜牧农场和工厂化农场规模巨大，动物排泄物对地下水的污染不可小觑。大型畜禽饲养场集中喂养了数以千计的牛、猪、鸡等。据称，这种工厂化农场一年产生的废物量是人产生废物的130倍，也就是说，它们每年产生约12亿吨的动物废物。[28]这些废物都顺着管道排到“泻湖”中，这些污水池易漏、易破、易溢出，不仅杀死了鱼类和其他水生物，而且传播疾病、污染社区的饮用水。集中畜牧农场总是把过多废水排到称作“排泄区”的农田中，这些废水又流入水渠中。[29]

2005年，美国自然资源保护委员会的一项研究表明：“受动物排泄物污染的水会导致人类罹患急性肠胃炎、肾衰竭等疾病甚至死亡。”

美国自然资源保护委员会发现了一些美国农业综合企业卡特尔导致的令人担忧的结果。它在文件中明确记录美国政府的疾病控制中心于1996年确认，印第安纳州妇女的自然流产与邻近动物饲养场的饮用水中的高氮含量有联系。同时，饮用水中的高浓度氮也会增加患高铁血红蛋白血症的概率，导致婴儿死亡。更进一步讲，动物排泄物含有多种致病细菌，如沙门氏菌、大肠杆菌、隐孢子虫和粪便大肠菌，其含菌量可达到人体排泄物的10倍到100倍之多。有40多种疾病可以通过动物粪便传染给人类。[30]

一般来说，经营集中畜牧农场的公司用很低的工资雇用非法移民来集中处理大量的动物粪便，这些粪便经管道排入巨大的易漏、易溢出的“泻湖”，导致鱼类的死亡和饮用水的污染。[31]

到20世纪90年代末，工厂化畜牧业已经成为美国最大的水污染源。一项研究显示，一只猪在生长中产生的粪便是人的2—4倍，一头奶牛产生的粪便是人的24倍。在传统的家庭式农场时期，这些粪便遍撒在广袤的田野中，从未破坏过生态环境。自从人们开始追求工业中心内每平方米容纳动物的最大数量，造成了惊人的环境和卫生危害。由于农业综合企业巨头的巨大财力，政府不得不迎合它们利益最大化的需求而无视保护公众健康的法令。

为了应付大量的动物粪便问题，集中饲养场的通常做法是挖深坑来掩埋数百万加仑（1美制加仑约为3.8升）的腐烂物，这些废物的“污染力”要比人类高130倍。腐臭的动物大小便污染了美国不计其数的江河小溪和地下水源。[32]

在加州的中央谷地总共饲养了90万头奶牛，这里大型的奶牛集中饲养场把奶牛排泄物泄漏到地下水中，使水中的氮含量达到普通饮用水的400%。这些动物排泄的废物相当于2100万人排泄的废物。[33]

不只是废物，药物的消耗量，特别是用于在集中饲养区域控制传染病的抗生素的消耗量也是惊人的。到20世纪90年代，抗生素及同类药物的最多使用者不是人而是动物，动物消耗了抗生素药物的70%。[34]大型制药公司正在成为商业化农业产业链的一部分。

1954年，当哈佛的戈德堡和戴维斯提出商业化农业的时候，美国农民每年大约在食用动物上消耗约22万千克抗生素。到2005年，抗生素的消耗量已经上升到约1800万千克，上涨了约80倍。约80%的抗生素是直接投放到动物食物中的，以促进动物的生长。在工厂化农场中，青霉素和四环素是应用最广泛的抗生素。

它带来的恶果之一是衍生出了剧毒性细菌的新菌种在人体中传播，并对抗生素产生了抗药性。美国疾病控制中心和美国农业部报告，通过食用摄入抗生素和其他物质的肉类食品在人类中传播的疾病一般都是“传染性的”，这些疾病通常是由于人类食用了注射过抗生素或其他药物的肉所引起的。大多数与食物相关的疾病都是由食物、牛奶受到污染，或饮用了被动物粪便污染的水所致。[35]

公司的合并与纵向整合能力在农业中造成了前所未有的企业集中化。到20世纪90年代末，四家大公司——泰森、嘉吉、史威福特和全国牛肉加工公司控制了美国84%的牛肉加工市场。史密斯菲尔德食品公司、泰森、史威福特和荷美尔四家公司控制了64%的猪肉加工。嘉吉、阿丹米和邦基三家公司控制了71%的大豆压榨加工。嘉吉、阿丹米和康尼格拉三家公司控制了63%的面粉磨制加工。两个转基因巨头——孟山都和杜邦的先锋良种公司——控制了美国60%的玉米和大豆种子市场，其中包括全部受专利保护的转基因种子。到2002年，以沃尔玛为首的十家最大的食品零售公司控制了全球6490亿美元的市场。[36]

自21世纪开始，农业综合企业通过纵向整合实现的市场集中程度，即使是在20世纪20年代托拉斯*的全盛期也望尘莫及。商业化农业作为

* 托拉斯：为减少竞争、垄断价格等而成立的企业联合垄断组织。——译者注

一个工业产业已经成为仅次于制药业的第二大盈利产业，每年的国内销售额逾 4000 亿美元。[37] 自然而然，下一步该轮到制药业和商业化农业的整合了。

2003 年伊拉克战争前夕，五角大楼的国防大学发布了一份报告，声称：“商业化农业对于美国的重要性就像石油对于中东一样。”[38] 商业化农业已经成为这个世界上唯一的超级大国武器库中的战略性武器。

巨型的工厂化农场同时也摧毁了传统农业的生存能力，每一个低工资的新型工作机会扼杀了传统农业中的三个工作机会。股东价值让美国农业遭到报应。

美国农业部是林肯总统在 1862 年建立的，他把农业部称为“人民的”部门。农业部最初的任务是为农民和农户服务，当时农民的数量占美国总人口将近一半。到 20 世纪末，美国家庭式农业人口已经大大减少。传统农业在商业化农业及其通过纵向整合控制整个农业部门的重压之下几近灭绝。

美国农业部已经转变为商业化农业的游说部。在 1995—2003 年间，美国的纳税者支付了 1000 亿多美元的政府农业补贴款。然而，这些补贴款并没有发到苦苦挣扎的家庭式农民手中，大部分发给了大型商业化农业的经营者，其中数百万美元发给了降低政府补贴的鼓吹者戴维·洛克菲勒。[39] 约 10% 的大型农业集团获得了 72% 的农业补贴款。

更加令人不安的是，美国政府在发表的报告中承认，对于全国肉类加工业的卫生和安全的法律监管远远不够。2006 年 1 月，美国农业部发布了下面的报告，很显然这只是为应对一个“孤掌难鸣”的参议员的质询所作出的回复：

粮食检查、肉类加工厂和饲养场管理局尚未建立起一个充分的控制机制和环境来监管“肉类加工厂和饲养场计划”规定的调查活动……我们无法依赖“肉类加工厂和饲养场计划”的跟踪系统，竞争和综合调查也没有开展，对影响日常行为的问题也没有及时采取行动。这些实质上的不足应该在该局的下一份《联邦管理人员财务操守法》报告中加以体现，因为这些不足反映了管理和执行1921年颁布实施的《肉类加工厂和饲养场法》的基本行为。该法案禁止不公平、歧视和欺诈行为，包括某些违反竞争规则的行为。我们也发现该局还尚未采取充分的行动来加强管理，以回应监察主任办公室1997年2月和政府审计办公室2000年9月得出的调查结果。我们现在的工作是对2005年4月一位参议员提出的担忧作出回答。[40]

最后一句话表明，它们并没有进行任何调查。

这绝非偶然。强大的华盛顿农业综合企业游说集团起草了规范资金发放的农业法案，它们还对应该实施哪些政策施加影响，力挺、任命支持商业化农业的官员，以此来确保对它们有利的政策的实施。1921年的《肉类加工厂和饲养场法》事实上已经成为一纸空文。

强大的农业综合企业游说团在1996年获得了重大胜利——美国国会通过了新的《农业法》。正如1938年的《农业调整法》明确表述的那样，自1933年以来，美国的农业政策在"经济大萧条"时期授权农业部部长通过开发空闲农田、实施商品储备计划，为某些农作物设定市场配额、鼓励包括食品救济计划在内的商品出口、销售产品换取软通货等手段来平衡需求与供给。然而，在1996年和2002年的《农业法》中，农业部部长的这些权力被终止了。

美国农业部办公楼。

1996年以前，通过空闲农田和粮食储备计划减缓了剧烈的价格震荡。平抑物价的代价与1997年后付出的代价相比要小很多。1996年的《农业法》在1996年短暂的经济兴盛期开始执行，剥夺了农业部部长在管理粮食储备方面的所有职权，为全力生产主要农作物提供了机会。闲置资源的权力是产品过剩时每位首席执行官都必须拥有的权力，现在农业部部长失去了这个权力，即使大量的证据证明农业生产能力远远超过了市场所能容纳的能力，不得不以难以接受的低价格销售农业产品。由于政府的力量被削弱，人们指望市场来调节农业资源的合理使用，这就给农业综合企业低价收购大片农田提供了千载难逢的机会。而对于家庭式农民来说，代价就太惨重了。

正如艾奥瓦州立大学的一份报告所总结的：

> 由于1996年的《农业法》剥夺了政府通过闲置土地来平衡供求的权力，粮食价格急剧下跌。粮食生产完全由市场决定……当所有土地都不被闲置时，农业产量增加，粮食价格下降，农田的价值面临越来越大的压力，以致农田越来越贫瘠，粮食生产的利润率越来越低。市场挤干了农田土壤的最后一滴油，造成产粮地区单位成本的增加，导致这些农田要么改种别的农作物，要么变成牧场。[41]

大多数美国人对这个过程都浑然不知。到2005年，肥胖、过敏以及沙门氏菌感染、中毒、大肠杆菌感染等罕见疾病在美国人的日常生活中都变得司空见惯。

20世纪90年代末，雷·戈德堡把这种转型定义为“人类历史上改变全球经济和社会的最大事件”，这一转型的舞台已经搭建完毕。[42]

1998年，戈德堡虽然已是77岁高龄，但仍然十分活跃。他身兼很多大型农业综合企业如阿丹米、史密斯菲尔德食品公司的董事，还为世界银行就商业化农业在发展中国家的发展提供咨询。那一年，他在哈佛组建了一个新的大学研究团队，对基因革命将如何影响世界粮食体系开展研究。

这位商业化农业的创始人正在准备把基因革命整合到商业化农业革命之中。他规划了三十年后世界粮食体系的转型。

他通过计算得出：“传统的商业化农业系统（不包括制药业、卫生和生命科学部门）到2028年将成为产值8万亿美元的全球性产业。农业部门的附加值比例将从1950年的32%降低到10%……而食品加工和分销占20世纪50年代附加值的一半，到2028年它的比例将超过80%。”[43]戈德堡认为，农民在未来世界农业巨大的产业链中作用甚微。

戈德堡计算了加上由基因工程最新进展所创生的全新部门（他把这些部门统称为“生化农业系统”）所增加的产值，其中包括通过转基因技术创生的转基因植物药品。他宣称：“到2028年，在新的生化农业系统中加上生命科学（生物技术）衍生的各个产业，该系统的整个附加值将超过15万亿美元，农民所占的比例将进一步缩减到7%。”他兴冲冲地宣布：“基因革命现在正引领食品、健康、药品、纤维和能源产业的融合。”[44]

也许他还应补充说，所有这一切完全不用政府的管制和任何公正的科学组织的科学监督。在整个基因革命的演进过程中，洛克菲勒基金会都处于核心地位。从“绿色革命”到基因革命，这个基金会在制定改变人类饮食方式的战略和手段中发挥着决定性的作用。它甚至能做到让全世界断粮。

第七章

技术霸权：

粮食就是权力……

Food is Power

1984 年，洛克菲勒基金会发起绘制水稻基因图谱的计划，随后开发了一种被称作“黄金水稻”的品种，并宣称这种水稻可以提供维生素 A。通过由基金会控制的国际农业生物技术应用服务组织，向发展中国家推广这种新品种。值得注意的是，优先推广的国家中有一半和基辛格确定的地缘政治目标相重合。事实上，农业跨国公司正在利用基因革命强化对全球粮食供应的控制。

抓住了水稻金饭碗

1985 年，洛克菲勒基金会首先发起了对转基因植物的商业用途可能性的大规模研究。那时候，它将其称为“植物基因工程是一项长期的主要工作”[1]。

洛克菲勒基金会的资金为世界范围内的基因工程科学研究和发展注入了重要的催化剂，这直接导致了转基因植物的产生，即基因革命。在随后的二十年中，洛克菲勒基金会为了促进和宣传基因工程的开发研究及其在改变世界粮食生产方面的应用，直接投资了 1 亿多美元，间接投资了数亿美元。[2]由此可以看出，基因工程显然是其战略计划中的重大步骤。

1982 年，洛克菲勒基金会的一些高级顾问力劝基金会的管理层把资源投入到应用分子生物学进行植物育种上。1984 年 12 月，基金会的理事们一致同意设立一个为期十年至十五年的项目，把新生的分子生物技术应用到水稻这一全球大多数人的主要食物的育种方面。

1984 年，罗纳德 · 里根连任总统，他认为这是大力推进私有化和撤销管制等新保守主义经济措施的大好时机，这项计划早在十多年前就由约翰三世和其他人提出过。美国的农业综合企业在对农业部的政策产生影响乃至进一步影响世界粮食市场的能力方面跃上了一个新台阶。这正是启动控制未来世界粮食供应转型的大好时机。

“新优生学”：反证法的应用……

洛克菲勒基金会启动基因工程项目并不是一时头脑发热。它自20世纪30年代起就是该基金会资助的研究项目的产物。在20世纪30年代后期，早在基金会大力资助纳粹德国的优生学研究的时候，它就开始招聘化学家和物理学家来创建新的学科，把这个新学科命名为分子生物学，以区别于经典生物学。基金会发展分子生物学这个新学科的部分原因是为了回避和削弱其种族主义优生学所面临的社会批评。纳粹德国已经让“优生学”背上了“恶名”。

20世纪30年代的洛克菲勒基金会主席沃伦·韦弗是一个物理学家。他与马克斯·梅森共同领导基金会的这一新的生物项目。在美国“经济大萧条”时期，他们慷慨地为科学研究项目提供资金，这种行为极大地影响了科学研究的方向，因为在资金极为稀缺的时候，他们将手中的基金分配给顶尖的科研人员。在1932—1957年这二十多年间，洛克菲勒基金会拿出了数目可观的9000万美元来支持建立分子生物学这一新学科。[3]分子生物学及其与基因相关的研究完全是由洛克菲勒基金会一手炮制的。

该基金会的科学家充分借鉴了人种优生学的研究，基于几乎所有的人类问题都可以通过基因和化学操作来解决这一基本假设，创立了分子生物学。1938年，在洛克菲勒基金会的年度报告中，韦弗第一次“发明”了“分子生物学”这一术语来描述他们对这一研究的支持，即应用符号逻辑技术和其他科学学科使生物学更“科学”的研究，这一想法最早于20世纪20年代由洛克菲勒医学研究所的生物学家雅克·勒布提出。他从实验中得出结论：未受精的棘皮动物类的动物幼虫可以在化学的刺激下发育，因此科学将最终控制生物学的基本进程。洛克菲勒集团里里外外的人都把它视为社会控制和社会操纵的最终手段，即优生学。[4]

1932年，当洛克菲勒基金会刚刚在这一领域启动历时二十五年的项目时，它似乎已很清楚，生物与医学科学已经做好了接受物理学向这一领域进军的准备。正如沃伦·韦弗所说：

> 在分子行为这一严谨、精确的层面上，探索人类中枢神经系统的工作机理和人类思考、学习、记忆和遗忘方式的工具都已经准备就绪了……这项研究除了能够获得一些思维、大脑以及身体之间关系的知识外，它的实用价值也可能无比巨大。只有这样我们才能获得有关我们行为的信息，从而对其进行明智有益的控制。[5]

第二次世界大战期间，韦弗和洛克菲勒基金会是世界上所有分子生物学研究的中心。洛克菲勒研究院（现为洛克菲勒大学）的三个科学家艾弗里、麦克劳德和麦卡蒂识别出了基因看似从一个细菌细胞传输到另一个细菌细胞的过程。他们的同事，后来洛克菲勒大学的著名研究员、基因学家西奥多·多布然斯基当时兴奋地指出："我们正在进行用特定方法产生基因特定变异的真正试验，这对于基因学家来说是一项壮举，因为他们在用更高级的生物进行试验时遭到了失败。"到1941年，洛克菲勒的科学家们就已经为他们后来的转基因生物和基因革命的发展奠定了坚实的基础。[6]

洛克菲勒研究院大楼。

值得一提的是，战争刚刚结束，由洛克菲勒基金会资助的分子生物学新领域的基因学家就在1946年初聚集在冷泉港由卡内基和洛克菲勒基金会资助的优生学记录办公室，参加一个题为"微生物基因学"的大型科学年会。[7]

简化生命

洛克菲勒集团并不在意这个项目带来的风险，其应用的方法可以追溯到勒内·笛卡尔的简化论和查尔斯·达尔文的理论，即生物都是以基因复制为唯一目标的机器——一个化学和统计学的问题。洛克菲勒的方法论是把复杂生命形式都可以简化为基本的构建模块或者叫作“基本种子”的信念的延伸，这种信念认为生命形式的所有特征都可以被演绎出来。韦弗和洛克菲勒的其他科学家并不在意简化论曾经被批得体无完肤。他们认为“谁花钱，谁点戏”。他们制定了一个社会计划，而他们的简化论的基因学是这一计划的理论支撑。

菲利普·雷加尔教授对转基因研究的风险问题持批判态度。1984 年 8 月，他在冷泉港的班伯里会议中心组织了第一次由顶尖大学的生态学家和分子生物学家、来自工业部门的基因工程师以及政府部门代表参加的学术会议，会议中定义了分子生物学简化论的瑕疵：

> 就 DNA 来讲，这种分子在试管中是稳定的。但是，它在大量繁殖的生物中是不稳定的。我们不能把活体生物中的 DNA 活动简化成它在试管中的化学性质！在活体系统中，DNA 至少会通过变异、基因流动、重组和自然选择被修改，或者“造成不稳定”。这样说来就很难甚至不可能进行真正的基因改造。很多分子生物学家当然都把变异和自然选择视为抽象的事实，但是在他们的专业工作中并没有意识到它们的作用。[8]

一旦他们让美国科学界广泛认定生物可以简化为基因，他们就可能得出生物没有固有的属性的结论，芸芸众生都可以任由他们“摆布”。但是自然界要比数字计算机复杂得多。正如生物学家所指出，给定的 DNA 分子在试管中是稳定的，但是在活体生物中是高度不稳定的，它们以极端非线性和复杂的方式相互作用。生命并不是一个二进制的计算机程序。正如传统生物学家几个世纪以来所验证的，生命之所以令人赞叹不已就是因为它的非线性和复杂性。[9]

洛克菲勒基金会的分子生物学及其基因研究是有意识地建立在这个基本的科学错误——简化论——基础之上的。它的科学家用“基因编程”这个词把它同计算机的运行机理进行类比，但是没有任何科学家能够从基因编程中造出一个生物来。正如英国生物学家布莱恩·古德温教授所说：“仅仅知道基因产品不足以解释生物形状与形式的产生。”[10]

洛克菲勒的优生学家们对这些细节不感兴趣。他们在20世纪80年代摇身一变成了基因学家。很多获得洛克菲勒研究经费的生物学家和科学家后辈很可能满心喜悦，不愿意知道优生学和基因学是紧密联系的。为了获得稀缺的研究经费，他们使出浑身解数，而通常情况下获取这些研究经费都要接受洛克菲勒基金会附加的条件。

基金会的研究目标是想方设法找到把生命的无限复杂性简化为简单的、决定论的和可能预测的模型。沃伦·韦弗醉心于运用科学（糟糕的科学）并按照洛克菲勒的模式来塑造世界。基金会的新分子生物学鼓吹者执意要描绘出基因的结构图谱，并用这些信息来“解决包括犯罪、贫困、饥饿和政治不稳定在内的社会问题和道德问题”（菲利普·雷加尔语）[11]。而他们解释这些问题的方式方法几十年来却秘而不宣。雷加尔把洛克菲勒的愿景描绘成：

> 从一个简化理论者的角度来看，社会问题可以简化为简单的生物学问题，通过对土壤、大脑和基因的化学处理加以解决，这是合乎逻辑的。因此，洛克菲勒基金会全力以赴，运用它的人脉关系和资源促进这种优生哲学的发展。
>
> 洛克菲勒基金会运用它的基金和大量社会、政治和经济关系来宣传这样的思想：社会大众应该耐心等待科学发明来解决社会问题，没有必要直接干预经济和政治制度。耐心和对简化学研究进行更大的投入可以顺理成章地解决社会和经济问题。

梅森和韦弗协助建立了一个分子生物学家组成的网络，这个网络摒弃了活体生物和生物群的传统知识。他们对简化论和决定论抱有共同的信念。他们拥有乌托邦式的理想，学会了使用乐观的语言进行交流，这给他们带来了科研经费和地位。这跟培根在《新大西岛》以及启蒙运动提出的愿景不谋而合：通过掌握大自然的规律和科学技术的进步来建立一个没有麻烦的社会。[12]

20世纪70年代，美国的分子生物学家激烈地讨论是否该进行DNA重组研究，即后来的基因工程。持否定态度的人认为，由于目前无法预计它对地球上的生命可能造成的威胁和发生生态灾难的危险，为了人类的幸福应自动停止研究。到1973年，基因工程的主要技术都是在实验室中开发的。[13]

奥克兰大学的退休高级讲师、生物学家罗伯特·曼博士强调，洛克菲勒的简化论的确可能产生社会风险，“任何对基因工程进行风险分析的尝试都注定会带来更多的误导”。他指出：

活体细胞系统，即使没有病毒或外来质体（更不用说朊病毒）的侵入，也要比核反应堆复杂得多。我们无法想象它究竟会出现什么问题，……很多的基因拼接不会产生任何结果；有一些可能会得到预期的结果，但是即使是概率很小的事故也会像核能一样产生灾难。权衡再三，我们还是不要把这种方法应用于科学和生命为好。[14]

罗伯特·曼为分子生物学家敲响了警钟，但这也只是淹没在大张旗鼓的商业化农业宣传中的无数科学警告之一。这些商业化农业宣传机器与幕后的洛克菲勒基金会一起大力鼓吹转基因生物。[15]

阿比盖尔·萨利尔斯教授在著名的科学期刊《微生物学评论》中警告说：

用于基因工程的生物材料中有一些称为质体的DNA小片，它们被描述成简单的可预测的转基因载体。根据传统的看法，用于把基因导入转基因微生物的质体可以被描述为不可转移的……相反，世界上没有任何“安全的”质体……为了生存我们必须解开一个谜：我们如何阻止或减缓对抗生素有抗药性的基因的转移。但是，一些基因大师像上帝一样，可以预测出人为地将人的基因转移到羊的身上、把牛的基因转移到西红柿中诸如此类的进化结果。[16]

植物基因工程的核心与通过同一植物的两个品种杂交培育出一个新品种，从而产生植物杂交品种的长期有效的方法不一样，它包括把外来的 DNA 注入特定的植物中。不同生物的基因组合称为重组 DNA 或 rDNA。一个例子就是转基因甜玉米或者叫作 Bt 甜玉米。土壤中的一种细菌——苏云金芽孢杆菌（Bacillus thuringiensis），即 Bt，将其蛋白质基因注入玉米的染色体以预防欧洲玉米螟。1961 年，Bt 注册成为一种杀虫剂。然而，它防御害虫的能力却值得怀疑。1999 年的一份科学报告警告说：

害虫抗药性的进化是 Bt 毒素持续效力的最大威胁……每年种植数万公顷产生毒素的 Bt 转基因植物，除非我们迅速制定并落实有效的对策，否则其他害虫有可能很快进化出对 Bt 的抗药性。[17]

基因改变通常需要进行一种组织培养或者再生，即从经过激素或抗生素处理的被迫进行变态发展的单细胞中再生出完整的植物。为了把外来基因植入植物细胞，通常会附加一个转基因细菌，即根癌土壤杆菌，这个细菌被称为“计程车”或者“基因加农炮”，这种方法也叫作生物弹道学。“基因加农炮”是 1987 年由康奈尔大学的约翰·桑福德发明的。与动植物杂交不同，植物基因工程完全绕过了有性繁殖，也不受物种壁垒的限制，自然的物种壁垒可以“一跃而过”。[18]

生物学家、伦敦社会学研究所所长侯美婉博士强调：“全新的基因和基因组合在实验室中产生，然后被植入到生物的基因组中形成转基因生物。与赞同转基因的科学家所讲的不同，这个过程并不是完全精确的。由于其结果不可预知，这个过程是不可控的和不可靠的，通常会对宿主

电子显微镜下的苏云金芽孢杆菌照片。

基因组造成损害和扰乱。”[19]

无论是洛克菲勒基金会，还是它所资助的科学家们或与他们合作的转基因农业综合企业，他们对检测这些风险完全不感兴趣。不言自明，他们会让世界相信这种风险是非常小的。[20]

第一次基因拼接发生在 1973 年，伴随着关于误用新技术的潜在风险的激烈辩论，重组基因技术在研究实验室中迅速普及。科学界强烈关注着由于物种变异导致“人间大浩劫”的境况。“人间大浩劫”这个词源自迈克尔·克莱顿在 1968 年的一部科幻小说《天外来菌》，它描写了一种致命疾病会使血液迅速凝结，威胁到地球上所有生物的生命安全。

1984 年，在美国研究实验室中对在自然界中种植转基因植物的危害并没有达成共识。然而，尽管人们仍然对此疑虑重重，洛克菲勒基金会还是决定将其主要的资金投入到支持转基因的过程中。

20 世纪 80 年代，里根总统撤销管制政策对分子生物学领域的一个重大的影响是，原来由相对独立的政府机构作出的有关安全与风险的决定，现在逐渐转到私营企业的手中，而这些企业看到了通过发掘生物技术日益增长的潜力可以获得可观的利润。洛克菲勒的策划者不费吹灰之力就可以吸引大型公司加入他们的基因工程新实验中。

绘制水稻基因组图谱

1984 年，洛克菲勒基金会决定启动绘制水稻基因组图谱的综合性计划。那时，没有实验证据可以证明这项决定的合理性。

据说按当时的世界人口增长速度，将会有几十亿张嘴嗷嗷待哺，他们公开宣布在研究中已付出巨大的努力试图解决今后几十年的世界饥饿问题。他们通过新建立的“国际水稻生物科技项目”把研究经费投入到世界顶级的研究实验室中。在以后的十七年里，基金会花费了1.05亿美元在世界范围内开发和推广转基因水稻。到1989年，基金会每年又在“培训与能力建设”项目上追加了5400万美元，在后来的十年中累计达到5.4亿美元，以传播转基因水稻的最新进展。基因革命的种子正在被精心播撒。

“黄金水稻”与用心险恶的谎言

开发一种转基因水稻新品种的决定是洛克菲勒基金会和它在科学和政治权势集团的支持者们的公关大手笔。

基金会最初资助了工业化国家的46个科学实验室，到1987年，他们每年投资500万美元用于水稻基因项目，绘制水稻基因图谱。苏黎世的瑞士联邦技术研究所和德国弗莱堡大学的应用生物科学中心都是洛克菲勒基金会的资助对象。

资助资金也用于培训国际科学家网络，让科学家们掌握洛克菲勒基金会关于植物基因工程的作用与人类未来的世界观。基金会还在全球范围内资助培养了数百名研究生和博士生，以便为日后转基因生物的商业应用奠定科学基础。[21]

他们在这些精英中建立一种兄弟般的情谊，据一些参与者说，他们培养起了强烈的归属感。菲律宾国际水稻研究所的五位顶级科学研究人员都是由洛克菲勒资助的博士。国际水稻研究所负责科研的副所长说：“如果没有洛克菲勒基金会的资助，我们几乎不可能获得如此巨大的能力。”

洛克菲勒的国际水稻生物技术项目开始不久，他们就决定集中力量研究一种水稻新品种，据称这个新品种能够解决发展中国家营养不良儿童的维生素A缺乏问题。这堪称是绝妙的宣传。它让公众认为，基因科学家们正在为解决世界饥饿和营养不良问题而辛勤耕耘。然而，这是一个蓄谋已久的骗局。

洛克菲勒的基因革命选择从水稻开始是经过精心谋划的。处于不同地理环境的农民驯化和发展水稻的历史可以追溯到一万两千多年前，使其能在不同的环境生长，而且品种繁多。[22]

对于大多数亚洲国家来说，水稻是粮食安全的同义词。世界上 90% 以上的水稻产自亚洲，主要是中国和印度，80% 的亚洲人靠水稻来获取每天的热量。水稻也是非洲西部、加勒比海地区和拉丁美洲热带地区的主食。稻农在完全没有生物技术帮助的情况下已经开发了许多能够抗旱、抗虫灾和适宜各种气候生长的水稻品种。他们开发出了超过 1.4 万种的水稻品种，这在生物多样性方面是难以置信的成就。[23]

早在 1984 年国际水稻生物技术项目启动之前，洛克菲勒基金会就已经盯上了水稻，这个亚洲的饭碗。洛克菲勒基金会“绿色革命”的首要目标之一就是亚洲的水稻生产。三十多年来的“绿色革命”进程大大破坏了水稻的多样性，他们利用所谓的“高产品种”把亚洲农民卷入世界贸易体系和化肥、高产种子、杀虫剂、机械化、灌溉、信贷和营销体制的全球市场旋涡之中，这一切都是西方农业综合企业策划的。

早期水稻革命的核心驱动力是洛克菲勒基金会创建于菲律宾的国际水稻研究所。该研究所拥有一个保存了世界上五分之一水稻品种的基因库，由此看来，它成为洛克菲勒基金会扩散新的水稻基因革命的主要工具丝毫不足为奇。它把世界上现存的每一个重要的水稻品种都储存在基因库中。

“绿色革命”的支持者曾经利用国际水稻研究所来收集和控制亚洲水稻品种的不可替代的种子宝藏，他们正是打着“保护”的旗号干这些勾当的。

1960 年在亚洲“绿色革命”期间，洛克菲勒基金会和福特基金会创立了“国际农业研究咨询小组”，自此以后国际水稻研究所一直处于这个组织的保护之下。这个组织同时控制了战前伊拉克的种子库。这个组织按照总部设在华盛顿的世界银行的旨意行事，同时也受到洛克菲勒基金会的资助。[24]

世界银行以这种方式按照华盛顿政策设定的政治议程掌控着亚洲的水稻种子库。超过四分之三的美国水稻基因构成或种质都来源于国际水稻研究所的种子库。这些水稻种子又被美国政府用来向亚洲国家施压，要求这些国家撤销对进口美国大米的“不公平的贸易壁垒”。

国际水稻研究所后来成了先正达、孟山都等国际农业综合企业巨头非法从该水稻研究所的种子库提取种子的工具，而这些种子最初是受亚洲当地农民委托管理的。

种子一旦在孟山都等大型生物科技公司的实验室中经过转基因处理，就获得了专利，成为它们独占的知识产权。1994 年，关贸总协定乌拉圭回合谈判建立了世界贸易组织，该组织通过了一个极端的新协定《与贸易有关的知识产权协议》（TRIPS），第一次允许跨国公司对植物和其他生命形式申请专利保护。

1993 年，联合国《生物多样性公约》一致同意对盗窃发展中国家种子资源的行为加以控制。然而，华盛顿对公约的原始文本做了一点细微的修改。它要求所有由国际农业研究咨询小组系统（包括国际水稻研究所在内）拥有的基因资源不受这个规定的限制。这涉及五十多万种种子，或者说该基因库拥有的 40% 的世界稀有的粮食作物的种质。也就是说，农业综合企业仍然可以自由使用这些种子，并对其注册专利。[25]

洛克菲勒集团利用国际水稻研究所的资源作为其核心资源，在 20 世纪 90 年代初集中精力对国际水稻生物科技项目富含维生素 A 的水稻品种进行研究。它的资金资助了该领域的许多研究，其中包括苏黎世的瑞士联邦技术研究所。

基金会对外宣称，缺乏维生素 A 是发展中国家的新生儿失明和死亡的主要原因。联合国统计数据表明，世界约有 1.4 亿儿童在某种程度上缺乏维生素 A，其中大约有 25 万至 50 万致盲。这种诉诸人类情感的做法促使人们相信，接受有争议的新型转基因植物和农作物将惠及全人类。

黄金水稻成为一个标志、一面旗帜，代表了基因工程的光明前景，而这个光明前景是建立在用心险恶的谎言和蓄谋已久的欺骗基础上的。

转基因水稻的引进首次为直接控制水稻——24亿多人民的主要口粮——种子打开了大门。在基因革命之前，水稻曾为跨国农业综合种子公司所忽视。一方面是因为水稻产区的农民收入很低，另一方面是由于水稻极难进行杂交。由农民保存的水稻种子占到了亚洲水稻种子的80%以上。

洛克菲勒基金会及其农业综合企业同伙们在利用转基因水稻种子占领巨大的水稻市场的过程中可谓不遗余力，它们不给变化莫测的自由市场留下任何空间。1991年，洛克菲勒基金会和洛克菲勒兄弟基金会创立了一个新组织——“国际农业生物技术应用获取服务组织”，由洛克菲勒基金会在墨西哥“绿色革命”的领头人、“国际玉米小麦改良中心”主任克莱夫·詹姆斯负责。[26]

用他们自己的话说，成立国际农业生物技术应用获取服务组织的目的在于“通过增加粮食生产力和收入为发展中国家（特别是为那些资源匮乏的农民）减轻贫困作出贡献，并在更为安全的国际环境下促进可持续的农业发展”[27]。这些话唯一的软肋在于，根据他们的框架，这些艰巨的任务必须而且只有通过应用生物技术才能完成。

国际农业生物技术应用获取服务组织只不过是他们在瞄准的发展中国家中扩散转基因植物的又一个平台。

国际农业生物技术应用获取服务组织早在洛克菲勒基金会还没有弄清楚黄金水稻项目的发展是否可行的时候，就已经创立并运作了将近十年。从一开始，他们就图谋在发展中国家扩散转基因植物。

但是，洛克菲勒基金会并不是唯一支持国际农业生物技术应用获取服务组织的机构。孟山都、先正达旗下的诺华、安万特农作物科学公司下属的艾格福公司和美国国际开发署，都对国际农业生物技术应用获取服务组织给予了经济支持。它们的目标是在工业化国家（特别是美国）的农业综合生物科技巨头与发展中国家之间“建立全球伙伴关系”。为了建立这种全球伙伴关系，国际农业生物技术应用获取服务组织设立了关于组织培养、诊断学或基因工程的技术转移项目。[28]

有意思的是，当亨利·基辛格在1974年的战略文件《国家安全研究备忘录第200号》中为美国政府的人口削减政策炮制了一份包含13个“重点”发展中国家的名单时，国际农业生物技术应用获取服务组织也开列了一张重点引进基因工程植物和农作物的国家名单。这个名单包括12个国家，分别为亚洲的印度尼西亚、马来西亚、菲律宾、泰国、越南，非洲的肯尼亚、埃及、津巴布韦，拉丁美洲的阿根廷、巴西、哥斯达黎加和墨西哥。值得一提的是，国际农业生物技术应用获取服务组织的重点国家中有一半和基辛格十七年前的地缘政治目标相重合。的确，美国的地缘政治在相当长的一段时间内一直保持不变。[29]

到2000年，洛克菲勒基金会和瑞士联邦技术研究所宣布，它们利用细菌中的一个基因从水仙花中成功提取了两个基因，并把它们植入水稻DNA中，以生产它们所谓的富含维生素A水稻或富含β胡萝卜素水稻。

由于在体内生成维生素A的β胡萝卜素（或者前维生素A）的颜色与水稻相同，都是金灿灿的，所以这种水稻被称为“黄金水稻”。这真是一个营销杰作，它迎合了人们希望得到金子的心理。现在，从表面上看这既可解决温饱，又能为孩子们补充维生素A。

几个世纪以来，亚洲及世界其他国家和地区的孩子们一直都通过其他途径来摄取维生素A。问题不在于缺乏含有维生素A的自然食物，而是在于没有合适的途径从其他自然资源中摄取维生素A。

印度的生物多样性领域倡导人范达娜·希瓦博士对洛克菲勒基金会的黄金水稻宣传推广持严厉的批判态度，她指出：“利用转基因水稻生产维生素A的第一个弊端是它掩盖了维生素A的其他替代来源。”国际水稻研究所所长安德森说过，富含维生素A水稻对亚洲贫困人民来说很重要，因为“我们不能为如此众多的营养不良的人提供所需的药物”。[30]

希瓦指出：“有很多方法可以代替药物为人们提供维生素A。动物的肝脏、蛋黄、鸡肉、猪肉、牛奶和黄油都富含维生素A。β胡萝卜素能够产生维生素A，它通过绿叶蔬菜如菠菜及胡萝卜、南瓜、芒果等提供给人类……”[31]

范达娜·希瓦博士。

虽然在洛克菲勒基金会的新闻通稿中没有提到，但是科学家们都明白，大量摄入维生素A会导致维生素过多症或者叫作维生素A中毒，它会导致婴儿永久性的大脑损伤及其他有害影响。[32]

此外，如果只通过食用大米来摄取维生素A，那么每个人所需要食用的大米的数量巨大无比，远远超出了任何人的正常食量。有人曾预测一个亚洲人平均每天需要吃掉9000克大米才能满足人类正常的维生素A最低摄入量。一个亚洲人一般一日三餐食用300克大米，只能提供8%的需要量。[33]

洛克菲勒基金会主席戈登·康韦曾在一篇新闻通稿中怯生生地回应这些批评与质疑：“首先要声明我们并不认为黄金水稻是维生素A缺乏问题的解决方法。它只是水果、蔬菜和肉类食品以及其他强化食品和维生素营养品的上好补充品。”他补充道：“我同意希瓦博士的观点，黄金水稻在公共宣传方面太过火了。”[34]

也许公共宣传方面“太过火了”，但是对于躲在洛克菲勒基金会的基因革命幕后的那些人来说，宣扬转基因黄金水稻的运动远未过火。

洛克菲勒基金会在2000年宣布，它正把多年来水稻研究的成果奉献给公众。实际上，它巧妙地把研究成果奉献给了商业化农业生物技术巨头。2000年5月，英国公司阿斯利康宣布获得了黄金水稻商业化的独家许可。阿斯利康农化业务后来成为瑞士先正达公司的一部分。

黄金水稻项目为基因工程生物技术行业提供了巨大的宣传工具。1999年，时任美国总统的比尔·克林顿宣称：“如果我们每天能向发展中国家出口多一点富含维生素A的转基因黄金水稻，那么每天就能拯救4000个由于营养不良而生命垂危的人。”[35]为黄金水稻申请了专利的先正达和孟山都声称，它们允许这项技术“在发展中国家免费用于人道主义用途”。[36]

随着洛克菲勒基金会和农业综合企业的游说者的宣传机器开足马力大造舆论，对把日常主食交由基因学博士和农业综合企业巨头控制的批判与质疑的声音越来越小。著名医学专家、英国医学杂志《柳叶刀》的主编理查德·霍顿说：“通过所谓的农业技术手段来解决全球饥饿的问题，纯属一种阴谋。这也许是……新世纪商业中最为恶毒的徒劳无益的行为了。”[37]然而，这番话被人们当作了耳旁风。

与此同时，生物技术界的内部人士、在瑞士先正达种子公司从事转基因种子研究、黄金水稻专利的主要持有人史蒂文·史密斯在他去世前宣布：“如果有人告诉你转基因可以养活世界，那么你告诉他们，转基因养不活世界……要养活世界，需要政治和金融的意志——而不是生产和销售的问题。”[38]洛克菲勒基金会声称利用转基因生物可以养活世界，这只不过是一个神话。但是，这个神话掌握在强大的神话制造者手中。这场革命仍在继续。

农业综合企业和基因革命的支持者们通过国际农业生物技术应用获取服务组织、国际农业研究咨询小组、国际水稻研究所和洛克菲勒的直接资助，精心制定了传播基因革命种子的全球计划。在这个计划的指导下，他们已经为下一步做好了准备，即加强对人类粮食供应的全球控制。为了达到这个目的，必须建立一个新的组织，它就是世界贸易组织。

第八章

煽风点火：

策动世界“粮食生产革命”

A Revolution in World Food Production Begins

洛克菲勒家族凭借与拉美国家的紧密关系推销其转基因农作物，到 2004 年，阿根廷的转基因作物种植面积仅次于美国，全国 48% 的土地被用来种植转基因大豆，其中 90% 以上是美国孟山都公司的转基因大豆品种。由于种子和农药都要从美国公司购买，以及孟山都公司在专利费上所持的强硬立场，仅仅十年时间，在技术进步的名义下，阿根廷的粮食自给能力逐渐丧失，整个国家的农业经济彻底受控于外国权势集团。

阿根廷成为第一个实验品

到20世纪80年代末，一个由接受过遗传学训练的、虔诚的分子生物学家组成的全球网络已经形成。与此同时，由洛克菲勒基金会支持的一个庞大的转基因项目也正式启动。该项目的实施地点选中了阿根廷，在那里，戴维·洛克菲勒和洛克菲勒家族的大通曼哈顿银行已经与新任的总统卡洛斯·梅内姆建立起了密切的关系。阿根廷的农业用地被确定为转基因作物的第一个大规模实验场，阿根廷的人民也因此成为转基因作物的第一批活体实验品。

项目的支持者们欢欣鼓舞地声称，将转基因作物引入农业的意义相当于"第二次绿色革命"。"绿色革命"是对第二次世界大战之后大规模采用现代农业生产技术的一种说法，尤其是指通过采用特殊的杂交小麦和化肥。在增加单位面积产量的幌子下，墨西哥、印度和其他发展中国家曾经大规模地推广过这些技术。

到2004年，仅仅用了短短的八年时间，全世界转基因作物的种植面积增加了约40倍，达到约6760万公顷。这是一个十分惊人的数字，大约占到世界农业耕地总面积的25%。这表明，在十年或更短的时间内，转基因作物完全有可能在世界农作物，至少是基本农作物的生产中占据主导地位。

在转基因作物的种植面积中，有超过三分之二是在世界上最主要的转基因作物倡导者美国。转基因作物的支持者们声称，这一事实说明，美国政府、消费者以及农民对转基因作物有信心，相信与传统农作物相比，转基因作物将带来巨大的好处。后来证明，这是一场大骗局。

到2004年，阿根廷的转基因作物种植面积约1300万公顷，在种植面积上仅次于美国。其他一些国家，如巴西，种植面积相较于某些大国来说小得多，但增长速度却十分迅速。2005年初，巴西废除了禁止种植转基因作物的法律，理由是，转基因作物已经广泛蔓延，实际上已经不可能控制其扩散。到这个时候，加拿大、南非和中国也都已经制定了实施转基因作物的庞大计划。

罗马尼亚、保加利亚、波兰这些苏联的前卫星国不甘落后，正迎头赶上。这些地方的耕地资源充裕、监管松懈。印度尼西亚、菲律宾、印度、哥伦比亚、洪都拉斯和西班牙也有报道说种植了大量转基因作物。根据美国皮尤基金会收集的数据，还有其他许多贫穷的国家，也成了转基因作物、特殊除草剂和杀虫剂化学品公司的推广目标，具体的数字还无法获得。[1]

根据皮尤基金会的研究报告，引人注目的是，在2004年种植转基因作物的农民中，有85%属于“资源贫乏型”，他们大多数生活在发展中国家，这些国家都在高额外债和国际货币基金组织推行的改革双重压力下苦苦挣扎。

没有哪个国家像阿根廷那样这么早就在农业资产的基本结构方面发生了如此剧烈的变革。转基因农业的历史和阿根廷的“大豆革命”，是一个国家在“进步”的名义下全面失去粮食自给能力的典型案例。

直到20世纪80年代初以前，在南美洲大地上，阿根廷人民的生活水平还令世人艳羡。作为胡安·庇隆时代的一部分，当时阿根廷的农业生产体系是多样化的、富饶多产的，由小型家庭农场所主导。20世纪70年代一个普通的阿根廷农民，往往会在一小块土地上种一点蔬菜和小麦，养些家禽、奶牛或肉牛，农民对这块土地的所有权保持几十年不变。20世纪70年代，阿根廷牛肉的质量非常高，堪比得克萨斯牛肉，都是世界上质量上乘的牛肉。直到20世纪80年代，这片富饶的土地和农耕文化，不仅能够实现农产品的自给自足，还能产生大量剩余。重要的是，政府无须对农业进行补贴，农民的债务也微不足道。

债务危机让阿根廷成了大豆生产大国

但是好景不长，20世纪80年代阿根廷发生的债务危机改变了一切。随着20世纪70年代世界石油价格的暴涨，以洛克菲勒家族的大通曼哈顿银行及花旗银行、化学银行、波士顿银行、巴克莱银行等为首的纽约及其他国际大银行，以初期很有吸引力的条件向阿根廷这样的国家兜售贷款。这些贷款主要是为进口急需的石油提供资金。只要伦敦的利率仍保持在低水平上，这些贷款完全可以通过国家的收入偿还。因此，这些贷款很快显示出巨大的诱惑力。于是，阿根廷的美元债务急剧攀升。

1979年10月，为防止美元崩溃，美联储突然将其主导利率提高了大约300%，从而对全世界的利率产生了影响，首当其冲的就是阿根廷外债的浮动利率。

到1982年，阿根廷深深地陷入了债务圈套之中，这个圈套与19世纪80年代英国为了从埃及攫取苏伊士运河的控制权而使用的圈套如出一辙。以戴维·洛克菲勒为首的纽约银行家似乎对英国人的债务帝国主义手法心领神会。[2]

打垮阿根廷人的民族意志

在庇隆时代的早期，阿根廷曾经将强大和组织良好的工会运动，与深度参与经济的中央国家机器相结合。在国家管制的模式下，二者均与少数私营公司开展合作。在战后世界经济增长的和平年代，它具有某些与斯堪的纳维亚半岛的社会民主主义模式相似的特征。而且，不管庇隆主义存在什么样的不足，它毕竟在阿根廷人民中形成了一种强烈的国家认同感。

1976 年，在美国的支持下发生了一场军事政变，阿根廷政权更迭，庇隆时代在喋血中终结。发动政变的借口是为了打击这个国家日益兴起的恐怖主义和共产党暴动，在这样的说辞下，政变显得冠冕堂皇。后来的调查显示，人民革命军和蒙托内罗斯组织*将发动游击战的谎言是由阿根廷军方编造出来的。此前，军方的领导人大多数曾在臭名昭著的美国陆军美洲学院接受过美国五角大楼的镇压国内暴乱的技术培训。

然而，事实证明，即使是按照其对人权和正当的法律程序的定义，豪尔赫·魏地拉总统的军事独裁也过于随心所欲了。1976 年 10 月，阿根廷外交部长、海军上将塞萨尔·古泽蒂在华盛顿会晤了美国国务卿亨利·基辛格和副总统纳尔逊·洛克菲勒。这次会面是为了讨论军政府在阿根廷国内大规模镇压反对者的方案。根据几年后披露的美国国务院解密文件，基辛格和洛克菲勒不仅暗示了自己对这一方案的支持，而且洛克菲勒甚至提出了阿根廷国内应被清除的具体关键人物。[3] 在那场所谓的“肮脏的战争”中，至少有 1.5 万名知识分子、工会领袖和反对派人士失踪。

在阿根廷的政权更迭中，洛克菲勒家族绝不只是个跑龙套的小角色。军政府中的关键人物之一、经济部长马丁内斯·德·奥斯与戴维·洛克菲勒的大通曼哈顿银行有着十分密切的联系，而且他与戴维·洛克菲勒私交甚深。马丁内斯·德·奥斯是阿根廷最富有的地主家族的头面人物。他采纳了激进的经济政策，这一政策对外国在阿根廷的投资十分有利。事实上，改变经济政策本身正是洛克菲勒秘密支持军政府的首要原因。洛克菲勒的银行提供的大笔现款，私下里为军方夺取政权提供了资金。

---

* 蒙托内罗斯组织（Montoneros），20 世纪 70 年代初曾在阿根廷城市地区活动的一个反政府组织。——译者注

20 世纪 40 年代，美国美洲情报机构的头目是戴维的兄弟纳尔逊·洛克菲勒，他是罗斯福总统任命的美洲情报事务协调员。至少从这个时候开始，洛克菲勒兄弟就将拉丁美洲视为其家族事实上的私人势力范围。洛克菲勒家族的利益从委内瑞拉的石油一直延伸到了巴西的农业。此时此刻，他们认定，20 世纪 70 年代阿根廷的债务问题为他们在该国扩张家族的利益提供了千载难逢的机会。

在冻结工资的同时，马丁内斯·德·奥斯放开了以前曾由政府控制的生活必需品的价格（包括粮食和燃料价格），导致消费者购买力的大幅下降。进口关税的大幅削减使得进口商品充斥市场。比索对美元的汇率在名义上维系着这一计划。确实，通过削减开支、提高公共服务部门的价格和增加税收，财政赤字从 1975 年占国内生产总值的 10.3% 下降到 1979 年的 2.7%，通货膨胀率从 1975 年的 335% 下降到 1980 年的 87.6%。然而，比索的实际升值以及随之而来的资本外逃和收支平衡危机导致了该计划的崩溃。[4] 外国投机资本也被引入这个国家，大通曼哈顿银行和花旗银行是第一批进入的外国银行。

事态的恶化不可避免，生活水平的降低激起了强大的庇隆主义工会运动的抗议，这些抗议像所有其他形式的反对活动一样，受到了军政府的残酷镇压。戴维·洛克菲勒显然对阿根廷新政府的所作所为十分满意，他宣称：“阿根廷终于有了一个理解私人企业制度的政权，这令我印象深刻。”[5]

在经历了十多年军事高压统治之后，1989 年随着卡洛斯·梅内姆接任总统，对阿根廷国家主权的蚕食也进入了新的阶段。梅内姆出身豪门，是一位花花公子，后来被指控腐败贪污和从事非法武器交易。当时是老布什主政白宫，他至少 8 次在白宫把梅内姆作为私人客人来接待。在布宜诺斯艾利斯，老布什的儿子尼尔·布什是梅内姆府邸的座上宾。一句话，梅内姆跟北边正打得火热。

由于阿根廷军方丑闻缠身，民众的不满情绪与日俱增，纽约的银行家和华盛顿的权力掮客认定是出新牌的时候了，只有这样才能继续对阿根廷进行经济掠夺，才能继续控制阿根廷的企业。梅内姆名义上是庇隆领导的政党的成员。事实上，他强行对阿根廷实施经济休克疗法，这次休克疗法甚至比玛格丽特·撒切尔夫人 20 世纪 80 年代在英国实行的自由市场革命还要猛烈。而他的庇隆派成员的身份，使他可以平息党内和工会内部的反对。

此外，对于实力强大的纽约银行家来说，梅内姆政府中的关键职位是经济部长。新部长是马丁内斯·德·奥斯的信徒多明戈·卡瓦洛，他也是纽约金融界所熟知的人物。卡瓦洛毕业于戴维·洛克菲勒的母校哈佛大学，在那里获得博士学位，曾短期担任过阿根廷国家银行行长。洛克菲勒曾公开对卡瓦洛表示过赞赏。[6]

卡瓦洛还是戴维·马尔福德的密友和商业合伙人。马尔福德是老布什政府财政部的高官，负责按布雷迪计划对拉丁美洲债务进行结构调整，后来他担任瑞士信贷第一波士顿银行的董事。“扬基银行家们”确实对卡瓦洛信任有加。[7]

梅内姆的经济计划由戴维·洛克菲勒在华盛顿和纽约的朋友们制定。该计划着力推行激进的国家经济自由化和私有化，并且在医疗卫生、教育和工业等各个领域废除了此前精心制定的国家管制。以前受到保护的国内市场突然向外国进口商品大开门户，开放程度甚至超过了军政府统治下可能达到的最大限度。私有化的进程是按华盛顿和国际货币基金组织（该组织按照华盛顿的旨意行事）的要求制定的，这是提供紧急贷款来“稳定”比索的一个条件。当时，阿根廷正经历类似德国魏玛共和国时期那种每月高达 200% 的超高的通胀率。军政府下台后，留下了千疮百孔的经济和财政，阿根廷外债债台高筑。

梅内姆利用军政府最后几年造成的高通胀率，强行对这个国家进行经济改革，其采取的措施之激进远胜于军政府所采取的措施。卡瓦洛“恪尽职守”，强制实施了国外要求他采取的休克疗法，他立即得到了国际货币基金组织 24 亿美元的贷款和高度称赞。随之而来的是一波私有化浪潮，范围从国有电信公司到国营石油垄断企业，甚至包括国家社保基

阿根廷前总统卡洛斯·梅内姆（左）与多明戈·卡瓦洛（右）。

金。一时间，腐败猖獗。通过牺牲纳税人的利益，梅内姆的亲信们成了亿万富翁。

取代国家产业垄断的是大型外资私人垄断企业，它们从洛克菲勒的大通曼哈顿银行或花旗银行的贷款中获得了大部分资金。同样是这些银行，几年后组织阿根廷富人进行资本外逃，把手中的比索换成美元，存入离岸的大通银行或花旗银行的“私人银行”账户，从而赚得盆满钵满。

而对于阿根廷的普通老百姓来说，他们的生活却每况愈下。国外资本接管企业之后，造成了公共部门工人大量失业。阿根廷的梅内姆政权及其负责经济的最高官员多明戈·卡瓦洛，因创造了金融媒体所谓的“阿根廷奇迹”而广受赞扬，这不足为奇。

通过将货币控制权彻底交给一个“货币委员会”，通货膨胀在1991年停止了，这个委员会实际上是某种形式的中央银行，其控制权掌握在国际货币基金组织手里。与20世纪70年代相比，此时的比索已经严重贬值，比索的汇率被货币委员会死死地固定在了1比索兑换1美元的水平。如果货币委员会账户中的美元储备没有相应的增量，国家不能通过印制钞票的手段来刺激经济发展。固定汇率的比索为外国投资者敞开了大门，他们纷纷涌入阿根廷进行投机，从20世纪90年代阿根廷国家经济私有化当中获取了巨大收益。

2001年4月，阿根廷处于重大的经济危机当中，卡瓦洛被再次召回掌管国家经济。这个时候，他代表纽约的银行及他在阿根廷银行界的朋友们，秘密策划了一场“政变”。卡瓦洛直接冻结了私人储蓄者在阿根廷银行的个人银行账户，以挽救他在纽约及其他地方的外国银行家朋友们的资产。

这个时候，阿根廷拖欠了1320亿美元的国家债务。2001年4月就任经济部长后，卡瓦洛的第一个动作，就是秘密会见少数经过精心挑选的外国银行的人士，包括洛克菲勒的 J.P. 摩根大通银行以及瑞士信贷第一波士顿银行的戴维·马尔福德、伦敦的汇丰银行等。他们用新的债券与 290 亿美元的旧阿根廷国家债券进行掉期交易，这笔秘密掉期交易使得这些银行获得巨大利润，并避免了它们对阿根廷的贷款产生风险。这次债务掉期交易后，整个国家的债务负担更重了，阿根廷成了输家。一年后，卡瓦洛和七家外国银行受到了司法调查，检方指控这些掉期交易是非法的，目的是为外国银行谋利。根据美国金融调查人员的说法，这项交易实际上加速了阿根廷国家债务的拖欠。到 2003 年，外债总额增加到了 1980 亿美元，相当于梅内姆 1989 年就任总统时的 3 倍。[8]

洛克菲勒的阿根廷土地革命

到 20 世纪 90 年代中期，梅内姆政府开始采取“革命性”的行动，把阿根廷的富饶多产的传统农业变成了针对全球出口的单一性农业。这一次，政策的脚本还是由纽约和华盛顿的外国利益集团来替他编写的，这些利益集团的代表人物都是戴维·洛克菲勒的同伙。

梅内姆声称，把粮食生产转变为转基因大豆的工业化种植，对于这个国家偿还飞涨的外债是必要的。这是个谎言，但它成功地改造了阿根廷的农业，使之更合乎像戴维·洛克菲勒、孟山都公司、嘉吉公司等美国投资者的心意。

堆积如山的巨额外债、强制推进的私有化进程和彻底取消的国家保护性壁垒，阿根廷经济在近二十年内承受了这三板斧的猛烈打击之后，原来经济效益很好的阿根廷农业，现在成了美国投资者进行最激进变革的对象。

1991 年，早在美国批准和开始进行田间实验好几年之前，阿根廷就成了开发转基因作物的秘密实验室。这个国家的老百姓变成了这个项目的活体实验品。梅内姆政府成立了一个伪科学的“生物技术顾问委员会”，负责发放转基因作物实验许可证，共为玉米、向日葵、棉花、小麦，尤其是大豆实验发放了至少569张田间实验的许可证。[9]对于梅内姆政府或这个委员会在转基因作物是否安全这个充满争议的话题上所拥有的自由裁判权，公众也毫无争议。

委员会总是秘密碰头，讨论结果也从未公之于众。它只是充当了转基因种子跨国公司的代言人。这毫不奇怪，因为委员会的所有成员都来自孟山都、先正达、陶氏益农等转基因生物巨头。总部位于密苏里州圣路易斯的孟山都公司，1996年是世界最大的转基因专利“大豆”——抗“农达”（Roundup Ready）大豆——的种子生产商。

1995年，孟山都开始生产抗农达大豆。这种大豆从农杆菌中复制了一个基因，用基因枪将其嵌入到大豆基因组中。这使得这种转基因植物能够经受住非选择性除草剂草甘膦的喷洒。草甘膦是农达除草剂中的活跃成分，能杀死传统的大豆。邻近孟山都抗农达作物的任何传统大豆作物，都会不可避免地由于随风传播的污染而受到影响。[10]一旦引入了孟山都的抗农达作物将自然而然大大促进它的传播。

孟山都的抗农达大豆中的基因改变，意味着将杆菌形式的酶纳入大豆作物中，使得转基因大豆免受孟山都的除草剂农达的伤害。农达就是美国政府用来清除哥伦比亚毒品作物的那种除草剂。

正因为抗农达大豆能够免受伤害，因此无论是大豆还是所有的杂草都可以喷洒“农达”，这样既杀死了杂草又能将大豆保留下来。通常，转基因大豆（与传统的大豆相比）单位面积的化学除草剂用量不但没有降低，反而需要更多，这样才能控制杂草的生长。[11]

20世纪70年代以来，大豆得到了大型农业综合种子公司的推广，成为全世界动物饲料的主要来源。1996年，梅内姆总统向孟山都公司颁发许可证，允许它在阿根廷全国独家销售转基因大豆种子。

在将孟山都的转基因大豆种子大批量引入阿根廷农业，以及随之配套地使用孟山都的农达除草剂的同时，极端便宜的阿根廷农田被嘉吉

（世界最大的粮食商品贸易公司）这样的大型外国公司、像乔治·索罗斯的量子基金那样的国际投资基金、像西博公司一样的外国保险公司和大企业股东收购一空。对于外国投资者来说，这是利润极其丰厚的买卖，因为到最后，孟山都的转基因种子就会成为一种全新的、用工业化方式生产大豆的商业化农业的基础。阿根廷的土地将成为一个庞大的生产种子的工厂。对于这些外国投资者来说，这个计划的绝妙之处在于，与传统的农业生产方式相比，生产转基因大豆不需要付出多少人力成本。

没有任何杂草的抗农达大豆田。

实际上，由于经济危机造成的后果，当时有成百万公顷的上等农田被银行挂牌拍卖。通常，用美元投资的买主都是外国公司和个人。小农场主卖掉土地后所得无几。有时候，如果拒绝出售土地，他们会受到恐怖武装分子或警察的威胁，逼迫他们让出地产。在国际货币基金组织强加的自由市场改革大潮之中，廉价的进口粮食充斥市场，成千上万的农民被逼得倾家荡产，最后不得不放弃他们的土地。

此外，播种转基因抗农达大豆种子和使用特殊的农达除草剂的农田，不需要进行常规的泥土翻耕。为了实现利润的最大化，转基因大豆革命的发起者开辟了广阔的堪萨斯式的农田，在那里，大型机械化设备可以日夜不停地工作，而且通常由 GPS 卫星导航系统遥控，甚至不再需要农民来开拖拉机。利用免耕农作方式，孟山都公司的转基因大豆被当作对生态有益的东西兜售给阿根廷农民。实际上，它们绝对不是对环境友好的东西。

转基因大豆和农达除草剂采用一种称为“直接播种”* 的技术进行耕

---

* “直接播种”（direct drilling），免耕法的一种称呼。——译者注

种。这种技术首先在美国采用，为的是节省时间和金钱。[12]

“直接播种”方法，只有富裕的大型农场主才能花得起钱采用，它需要一种庞大的特殊机器，这种机器将转基因大豆种子自动塞到几厘米深的小洞里，然后填压上泥土。传统的 3 公顷桃树或柠檬树需要 70 个到 80 个农民来耕种，有了这种直接播种机器，大片的土地就可以由一人播种。以前留下的作物残余秸秆就可留在田地里任其腐烂，由此产生的各种各样的害虫和杂草与孟山都的转基因大豆一起生长。这反过来又为孟山都创造了更大的市场，可以在销售拥有专利的抗农达大豆种子的同时，销售其特殊的专利草甘膦，即“农达”除草剂。这种种植方法在使用几年之后，杂草对草甘膦显示出了特殊的耐药性，于是又需要使用更大的剂量或其他除草剂。[13]

1996 年，在决定许可种植孟山都的转基因抗农达大豆之后，阿根廷随后发生了一场革命，它被倡导者们赞颂为“第二次绿色革命”。实际上，这是一场反革命，一度富饶多产的以家庭式农场为基础的全国农业体系，被改变成了一种由一小撮势力强大、富有的大庄园主主宰的新封建主义状态。

梅内姆政府保证说，对转基因大豆种子将敞开国门。经过极度通货膨胀的岁月之后，阿根廷农民陷入了可怕的经济困境。孟山都公司乘虚而入，向渴望得到贷款的农民扩大发放“信贷”的范围，供他们购买孟山都的转基因种子和农达除草剂，这是唯一对其抗农达大豆有效的除草剂。通过向农民提供必要的“直接播种”机械和培训，孟山都还使得最初向转基因大豆的过渡过程对农民更具有吸引力。

“阿根廷，给我大豆吧……”

阿根廷转基因大豆革命的结果，至少在一个方面令人印象深刻：在不到十年的时间里，这个国家的农业经济被彻底改造了。

20世纪70年代，在债务危机之前，大豆在这个国家的农业经济中所占的地位微不足道，种植面积只有9500公顷。在那些年月里，一个典型的家庭农场种植多种蔬菜和粮食作物，还养些鸡，有的还养有少量的牛，来生产牛奶、奶酪和牛肉。

在改种孟山都大豆和采用大规模生产技术四年之后，到2000年，转基因大豆的播种面积超过1000万公顷。到2004年，面积扩大到1400万公顷以上。大型农业收割机械大量砍伐森林，并扫荡由当地农民占据的土地，以便为大豆种植提供更多的土地。

阿根廷农业的多样性——一垄垄玉米地、麦田和广阔的牧场——被迅速改变成了种植单一农作物的地区，就像埃及在19世纪80年代，其传统的农作方式被棉花种植大规模取代，并因此遭受了严重的冲击与改变一样。

在长达一个多世纪的时间里，阿根廷的农田，尤其是如传说般的大草原，曾经到处是绿草如茵的养牛牧场，中间穿插着玉米地和麦田。农民们在农业与牧业之间轮作，以维持土质。采用单一种植大豆的方式后，由于对关键养分的过度吸收与消耗，这些土壤需要更多的化肥，而不是像孟山都承诺的那样需要更少。几十年来，在阿根廷草原上自由自在地游牧的牛群，如今被迫圈进了美国式的大型牛栏，以便为利润更丰厚的大豆让路。传统的谷物、小扁豆、豌豆和绿豆田几乎消失殆尽。

对转基因大豆影响有深入研究的阿根廷著名农业生态学家瓦尔特·彭圭预言："如果我们继续走这条道路，这片土地恐怕在五十年内不会再出产任何东西了。"[14]

到2004年，这个国家所有农业用地的48%被用于种植大豆，其中90%—97%种植的是孟山都的转基因抗农达大豆。阿根廷成了世界上最大的毫无控制的转基因实验场。[15]

1988—2003年间，阿根廷的奶牛农场减少了一半。破天荒第一遭：牛奶不得不以比国内高得多的价格从乌拉圭进口。随着机械化的单一种植大豆的农作方式迫使数十万农民离开土地，贫困和营养不良现象大量出现。

在风平浪静的20世纪70年代纽约的大银行进入之前，阿根廷的生活水平是拉丁美洲最高的国家之一。官方公布的生活在贫困线之下的人口比例1970年仅为5%，到1998年，这个数字陡升至30%。而到了2002年，又激增至51%。以前在阿根廷闻所未闻的营养不良现象，到2003年上升到约占3700万总人口的11%—17%。[16]

在因国家拖欠债务而引发的全国性严重经济危机当中，阿根廷人发现，他们已经不能再依靠小块土地生存。这些土地已经被大片的转基因大豆所占据，甚至堵死了种植能维持生存的一般作物的出路。

在外国投资者和孟山都、嘉吉等农业综合企业巨头的支持下，阿根廷的大土地所有者有条不紊地采取行动，从无助的农民那里夺取土地，而且大多数情况下得到了国家的支持。根据法律，农民对土地拥有二十年或二十年以上的使用权，这一点无可争议。这种传统权利遭到了农业综合企业背后的新兴强大利益集团的践踏。在北部的圣地亚哥－德尔埃斯特罗的广大地区，封建式的大土地所有者开始大规模毁林开荒，以便为大量种植转基因大豆开路。

农民们突然接到通知，他们的土地已经划到了别人的名下。通常，如果他们拒绝“自愿”离开，武装团伙就会偷走他们的牛，烧毁他们的庄稼，并且威胁说，如果不按照他们的要求行事，将会面临更多的困难和挑战。转基因大豆出口的巨额利润的诱惑酿成了全国各地围绕传统农作方式的暴力骚乱。

农民们一贫如洗，背井离乡，他们逃到了大城市边缘的新贫民窟，导致了社会动乱、犯罪和自杀，难以忍受的人口拥挤又导致疾病肆虐。几年之内，超过20万名农民和小农场主被逐出自己的家园，为大型商业化农业大豆种植商让路。[17]

孟山都用欺骗手段进行征服

孟山都的勇士们仿效16世纪西班牙殖民征服者，发动了一场充满了谎言和欺骗的战役，从而征服了这片土地。由于阿根廷的国家《种子法》并不保护孟山都的抗草甘膦转基因大豆种子专利，当阿根廷农场主在下一季再次使用其种子时，从法律上说孟山都不能要求他们支付专利费。的确，阿根廷农民出于自己使用的目的再次播种这些种子，不仅符合传统，而且也是合法的。

但是，收取这种专利费或者说“技术许可费”，是孟山都市场营销方案的核心。美国和其他地方的农场主必须与孟山都签订具有约束力的合同，同意不得再次使用收获后保存的种子，并且每年要向孟山都支付新的专利费。这完全是一种新式农奴制。

持民族主义立场的阿根廷国会，拒绝通过新的法律授权孟山都通过由法院施加严厉罚款的手段来强制征收专利费。为了避开这种局面，孟山都玩起了另一个把戏。

为了在阿根廷扩展大豆革命，农民们最初以优惠条件购买所需的种子。在最初阶段，孟山都故意放弃“技术使用许可费”，以尽可能加速其转基因种子在这片土地上的扩散，特别是尽可能扩大与这些种子一起使用的、拥有专利的草甘膦农达除草剂的使用。销售抗草甘膦种子的市场营销战略背后的险恶用心是，农民们被迫购买专门与种子相匹配的孟山都除草剂。

种植转基因大豆的土地已经增加了14倍，而孟山都的抗农达大豆种子的走私现象遍布整个大草原，并进入巴西、巴拉圭、玻利维亚和乌拉圭。对于其种子非法传播的现象，孟山都公司却坐视不管[18]。孟山都的合作伙伴嘉吉公司自己就受到了非法走私转基因大豆种子的指控，说它将转基因种子与非转基因种子混在一起，从阿根廷走私到巴西。有趣的是，在巴西人们将走私进来的阿根廷转基因大豆种子与后来因吸毒而接受治疗的阿根廷球王马拉多纳联系起来，称其为“马拉多纳种子”。

最终，在1999年转基因大豆引入三年之后，孟山都公司正式要求农民们为种子支付“延期专利费”，尽管事实上这一要求并不符合阿根廷法律的规定。梅内姆政府对孟山都这种厚颜无耻的要求没有表示任何抗议，而农民们都对此不屑一顾。但是，孟山都正积极为下一次法律行动做准备。孟山都声称，收取专利费是必要的，因为它要收回用于转基因种子的“研究和开发”的投资。由此，孟山都发起了一场精心策划的公关宣传运动，目的是将自己装扮成农民们滥用和“盗窃”行为的受害者。

2004年初，孟山都紧锣密鼓地对阿根廷政府施压。孟山都宣布，如果阿根廷拒绝承认“技术许可费”，它将在进口大豆的地点诸如美国和欧盟强制收取专利费。在这两个地方，孟山都的专利都是得到承认的。这一措施意味着，阿根廷商业化农业的出口市场将受到毁灭性打击。而且，孟山都进一步威胁说，将阻止阿根廷销售所有的转基因大豆，并声称在所谓的“黑市”中销售的85%以上的大豆都是由农民们非法再次种植的。之后，阿根廷农业部部长米格尔·坎波斯宣布，政府与孟山都公司达成了协议。

阿根廷农业部拟成立一个由其管理的“技术补偿基金”。农民们不得不向粮食储运加工商或嘉吉公司等出口商支付几乎高达转基因大豆销售额1%的专利使用费。这种使用费在加工场所收取，农民们除了乖乖付钱之外毫无选择，因为他们必须加工自己的收成。然后，这笔使用费再由政府返还给孟山都公司和其他转基因种子供应商。[19]

尽管农民们提出强烈抗议，但“技术补偿基金”还是于2004年底开始实施。

到2005年初，卢拉总统领导下的巴西政府也举起了白旗，议会通过了一项法律，首次使种植转基因种子在巴西合法化。政府声称，转基因种子的使用已经扩散得如此广泛，以至于已经根本无法控制其蔓延。至此阻止转基因作物在拉丁美洲扩散的防线正在解体。到了2006年，阿根廷、巴西，加上由孟山都转基因大豆主导的美国，占据了世界大豆产量的81%以上，因而保证了世界上豆粉喂养的所有动物实际上都在食用转基因大豆。同样，这也意味着，混有豆粉的每个麦当劳汉堡包都是转基因食品，包括绝大多数豆类食品，不管人们是否意识到了这一点。[20]

由于转基因大豆革命摧毁了传统的农业生产方式，阿根廷人可以获取的食物面临着急剧的变化。而且，普遍以大豆为主的单一作物农作方式，使这个国家的人民在受到2002年发生的全国性经济萧条的影响时表现得十分脆弱。以前在困难时期，农民甚至普通城市居民可以自己种植作物来求得生存。但是，在阿根廷农业转型为工业化的商业化农业之后，其情形就完全两样了。

结果是，由于经济危机恶化，饥饿遍布这个国度。由于担心粮食危机引发骚乱，在孟山都和嘉吉、雀巢、卡夫食品等国际大豆用户的帮助下，阿根廷政府向饥饿的人群提供免费食品。因此，用大豆制成的食品被到处分发，其中伴有培育更大的国内大豆消费市场的动机。

一场全国性的推广运动开始了，它鼓励阿根廷人用大豆来替代新鲜蔬菜、肉、奶、蛋等健康食物。杜邦农业科学公司建立了一个组织，并给它起了一个听起来很健康的名字"生命蛋白"，目的是宣扬人类应食用大豆，尽管原来种植大豆的意图是作为动物饲料。作为这场推广运动的一部分，杜邦向数千名布宜诺斯艾利斯的穷人分发大豆强化食品。在所有国家当中如此众多的人口直接食用大豆，这还是破天荒的第一次。到目前为止，阿根廷人在很多方面都成了活体实验品。[21]

政府和私营公司大肆鼓吹大豆食物对健康有巨大的好处，可以代替牛奶或肉类蛋白。但是，这种宣传纯属谎言。它故意忽略了这样的事实：以大豆为基础的食物不适合人类长期食用。而且研究已经证明，与用母乳或牛奶喂养的婴儿相比，用豆奶喂养的婴儿的过敏症发生概率会大大提高。他们并没有告诉阿根廷人，未经加工的大豆和经过加工的大豆均含有一系列有毒物质。如果大豆作为人们食物中的主要成分，这些物质会损害健康并可能导致癌症。他们绝口不提，大豆含有一种抑制剂——胰蛋白酶，瑞典人的研究已经将这种物质与胃癌联系起来。[22]

在农村，大规模单一种植大豆的农作方式的后果更是可怕。靠近庞大的大豆种植园的传统农业区受到了从飞机喷洒的孟山都农达除草剂的严重影响。在洛马塞内斯，种植各类蔬菜供自己消费的农民们发现，他们的作物因喷洒除草剂而被杀死，因为农达把除了经过基因改造能够抗草甘膦的孟山都大豆之外的所有植物都杀死了。

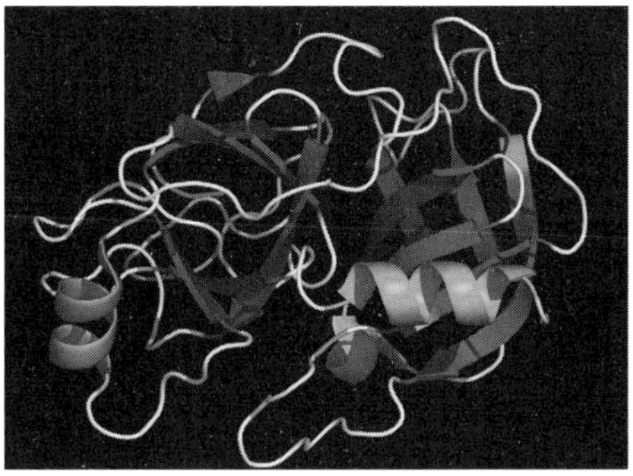

胰蛋白酶的模型。

2003 年进行的一项研究显示，这种喷洒不仅杀死了附近农民的庄稼，他们养的鸡也死掉了，其他牲畜尤其是马匹也受到了严重影响。老百姓则因除草剂出现严重恶心、腹泻、呕吐和皮肤损伤等症状。有报告称，转基因大豆种植田附近产下的动物出现严重的器官畸形，香蕉和甘薯也变得奇形怪状，湖里突然漂满死鱼。有些农户报告说，邻近的大豆田喷药之后，他们孩子的身上出现了奇怪的斑点。

对珍贵的林地的破坏更大。这些林地被推土机推掉，以便大规模种植大豆，这种状况在巴拉圭附近的查科地区和永加斯地区尤为严重。森林的破坏给当地居民带来了急剧增加的医疗问题，包括黑热病，这是一种通过沙地苍蝇传播的寄生虫病，治疗费用极其昂贵，而且会留下严重的疤痕和其他畸形。在恩特雷里奥斯省，约 48 万公顷森林到 2003 年被全部夷为平地，而到这个时候，政府才终于颁布毁林禁令。

1996 年，为了说服疑虑重重的阿根廷农民使用孟山都的抗农达大豆种子，这家公司大张旗鼓地宣称这是一种能创造奇迹的作物，声称其转基因大豆经过了基因改造，可以抗御孟山都的农达除草剂。

这家公司向农民们保证，与种植普通大豆相比，他们将因此而大大减少除草剂和化学植保处理的使用量。由于农达实际上杀死了孟山都转基因大豆附近生长的其他所有植物，因此只需要一种而不是几种除草剂——至少孟山都的公关宣传是这么说的。信誓旦旦的承诺还包括提高产量、降低成本、让绝望的农民们过上好日子等。毫不奇怪，这些宣传得到了积极的响应。

事实证明，这些承诺纯属子虚乌有。抗农达大豆作物的产量要比传统大豆作物平均低5%—15%。而且，需要使用的除草剂要多得多，农民们发现，新长出来的有毒杂草需要使用比以前多两倍的喷洒量才能清除。美国农业部1997年以来的统计数字显示，抗农达大豆种植面积的扩大，导致草甘膦的使用量增加了72%。[23]

根据农药行动网络组织的资料，科学家们估计，为了获得抗除草剂属性而经过基因工程改造的植物，实际上将导致除草剂的使用量增加两倍。由于农民们知道他们的作物可以经受住或抗御这些除草剂，农民们往往更加放心大胆地使用除草剂。而对于用含有农达除草剂的大豆原豆喂牛所产生的对健康的不利影响，孟山都公司从来没有进行过严谨的、可验证的独立试验。对于人食用后的不利影响，就更不用说了。化学药剂使用量的增加导致了比使用非转基因种子更高的成本。[24]

但等到阿根廷的农民们认识到这一点的时候，为时已晚。到2004年，转基因大豆已经在阿根廷全国扩散开来，使用的种子都需要依靠孟山都的农达农药。我们再也无法想象出比这更完美的束缚农民的手法了！

然而，阿根廷并不是转基因农作物计划所针对的唯一国度。阿根廷的例子只不过是一个历经几十年形成的全球计划的第一阶段，这个计划其规模之大绝对令人震惊和害怕。

“基因革命”指向非洲

事情的缘起是在几年前，当时中国邀请了非洲40多个国家的首脑齐聚北京，讨论如何开展经贸合作，这对非洲而言千载难逢。眼见中非合作快马加鞭，华盛顿为了遏制这一势头，决定以推广转基因作物为武器来控制非洲。于是，孟山都、盖茨基金会和洛克菲勒基金会发动了新的攻势。

早在欧盟食品安全局关于转基因的腐败曝光之前，孟山都就已经出招了，那就是创办非洲绿色革命联盟（AGRA），目的是在非洲推广转基因种子和农用化学制品。在非洲各国政府中，尽管有些政府对转基因并不了解，也有不少腐败现象，但是仍有不少声音批评联盟是白人推行新殖民主义的工具。为了避嫌，联盟专门聘请了联合国前秘书长安南当董事会主席。[25]

在联盟背后撑腰的，是洛克菲勒基金会和盖茨基金会。2006 年，洛克菲勒基金会投资 5000 万美元，作为联盟启动资金；盖茨基金会也出资 1.5 亿美元，这是盖茨基金会当年在全球最大的单笔资助。联盟标榜自己的宗旨是增加粮食产量，但采用的是有百害而无一益的工业化生产方式，包括肆无忌惮地使用杀虫剂、推广种植转基因作物。除此之外，它们不忘给非洲科学家和农民灌输上述理念，以便在整个非洲大陆推广该模式。尽管他们刻意保持低调，并把转基因改名为“生物技术”来瞒天过海，但指责孟山都利用联盟推广转基因的批评声始终不绝于耳。

非洲绿色革命联盟，虽然冠以非洲头衔，但实际上只是洛克菲勒基金会的走卒，是实现“基因革命”的一步棋。这一点只要看看联盟的董事会成员便一目了然，除了董事会主席科菲·安南，其余董事几乎清一色来自洛克菲勒基金会和盖茨基金会，像斯特拉夫·马希依瓦、西尔维亚·马修斯、拉吉夫·沙赫、纳迪亚·什马沃尼恩、罗伊·斯坦纳、加里·滕尼森、阿金乌密·阿德西纳。

联盟虽然是新成立的，但显然受到了洛克菲勒基金会的青睐。[26]几十年来，洛克菲勒家族一直奉行人种改良战略，联盟的设置与此有何关系，本书也有详述。洛克菲勒基金会 1984 年开始水稻基因组的研究，一直把推广转基因作物作为其战略的核心，但总体而言收获甚微。迄今为止，南非是唯一允许合法种植转基因作物的非洲国家，在马卡哈西尼平原种植了转基因棉花。2003 年，布基纳法索批准进行转基因作物试种。2005年，安南的祖国加纳起草了《生物安全法案》，不少高官支持深入研究转基因作物。

除了孟山都之流，美国政府也冲锋在前。继欧盟之后，美国政府在全球推广转基因的下一个目标就是非洲，那里土地肥沃，是理想的种植地点。为了实现这一目标，转基因的幕后黑手为非洲定制了众多与基因和生物安全相关的项目，包括赴美接受基因工程培训，参与国际开发署和世界银行出资的生物安全项目，以及对非洲本土粮食作物进行转基因研究等。尽管这样，很多非洲政府依然担忧转基因可能带来的不良后果。

非洲版的“绿色革命”?

用非洲绿色革命联盟来命名，可见洛克菲勒基金会的良苦用心。20世纪60年代，洛克菲勒基金会先后在墨西哥和印度推行“绿色革命”，目的是凭借搞石油垄断的经验，对全球农业进行产业化垄断。于是，就有了洛克菲勒大学的诺曼·博洛格投身墨西哥农业，研发神奇的半矮秆小麦。不过，随之而来的是大规模机械化耕种，以及化肥和杀虫剂的泛滥。最重要的是，墨西哥农业从此被阿丹米公司、嘉吉公司所控制的全球粮食市场牢牢掌控，而这些垄断巨头与洛克菲勒家族的关系非同一般。

现在，洛克菲勒及其同伙打着非洲绿色革命联盟的旗号，动用各种关系来推广转基因，一心想用农业产业化来改造非洲。创办联盟其实只是铺垫，最初虽然只字不提转基因，却一直在基础设施等领域为大规模推广转基因做准备。

在南非，孟山都不仅在种子行业站稳了脚跟，而且还费尽心思地创办了一个项目，名为“希望的种子”。这是针对小面积耕种的农民量身定制的一套“绿色革命”套餐，当然，目的是推销孟山都的转基因种子。同样，作为造成转基因灾难的“四大金刚”之一，瑞士的先正达公司也没闲着，投资数百万美元在内罗毕修建了一个新的温室设施，研发具有抗虫功能的转基因玉米。

非洲绿色革命联盟成立之初，盖茨基金会的负责人就多次强调，不会借助该联盟推广转基因。事实上，非洲绿色革命联盟、盖茨基金会、孟山都三者之间的关系那叫一个“铁”。盖茨基金会一直都是孟山都的大股东，非洲绿色革命联盟也持有孟山都 50 万股股票。[27] 截至 2011 年，盖茨基金会给非洲绿色革命联盟至少 2.64 亿美元，并专门请了孟山都前高管罗伯特·霍尔施来执掌门户，研发“农达”的正是此人。[28]

这个铁三角就是所谓“新绿色革命”战略的关键。更恰当地讲，非洲绿色革命联盟应当被称为“非洲转基因革命联盟”。

人种改良计划居心叵测

与精心塑造的慈善形象不同，比尔·盖茨和他的盖茨基金会针对非洲有明确的人种改良计划，孟山都的转基因种子在其中的角色不可或缺。

2009 年 5 月，在纽约洛克菲勒大学校长的家里，盖茨和洛克菲勒等少数亿万富翁一同创建了一个“秘密好人俱乐部”。据报道，该俱乐部的目的是推动人种改良，换言之，就是采取一系列的措施来减少人口。[29]

要知道，盖茨基金会的主席，也就是盖茨的父亲威廉·盖茨，曾任洛克菲勒资助的美国计划生育协会的负责人，该协会脱胎于美国优生学会。[30]

在加利福尼亚长滩举行的 2010 年 TED 大会上（TED 代表技术 Technology、娱乐 Entertainment、设计 Design），比尔·盖茨发表了名为《创新让排放为零！》的演讲。他提出，到 2050 年要将人类二氧化碳的排放量减少到零，这显然有悖科学。大约讲到 4 分半钟时，盖茨十分激动地说道：“问题是世界上有这么多人口，目前已达 68 亿，可能要突破 90 亿。如果我们现在能在新疫苗、健康保健、生殖健康上有所突破，将来就能把人口减少 10%—15%。”[31]

为什么孟山都和盖茨如此重视非洲绿色革命联盟？有人道出了真相："与欧洲国家相比，非洲政府大都比较弱势，劝说它们接受转基因比较容易，而且当地公众对于转基因威胁的意识比较淡薄，民主呼声也没那么高。"[32]

据估计，就算仅用有机方法耕种，一点也不使用化肥，非洲大陆就能养活100亿人口。非洲一旦落入转基因的虎口，转基因背后强大的利益集团无疑是赢家，它们将向控制全球种子的目标迈出一大步。

关于孟山都和美国主导的商业化农业在非洲的巨大利益，英国食品集团负责人帕特里克·马尔瓦尼讲得非常清楚："在这些商业化农业企业的眼中，发展中国家小户耕种的农民除了凭借廉价劳动力生产低成本的粮食，最大的用处就是为转基因种子提供庞大的市场……小户耕种农民的生态种植方式，能够保证粮食体系的多元化和勃勃生机……但是，要想让农业商业化发挥作用，就必须把这些农民变成粮食大亨的农奴。"[33]

第九章

落井下石：

美国在伊拉克播撒“民主的种子”

Iraq Gets American Seeds of Democracy

2003 年美国占领伊拉克后，开始在伊拉克全国推广其转基因农作物。伊拉克农民要选择种植转基因农作物，就必须与持有专利的美国种子公司签订技术许可协议，任何留存种子和再次播种都是违法的。在这种法律体系的保护下，伊拉克逐渐被改造为转基因作物的大实验室，孟山都、杜邦公司等已控制了伊拉克的粮食生产和市场。

美国式的经济休克疗法

随着 2003 年 3 月美国占领伊拉克，这个国家的政治经济状况发生了天翻地覆的变化。伊拉克的土地不仅由大约 13 万美国部队和一小批与五角大楼联系密切、唯利是图的财富冒险家占领，它的经济也处在美国占领者的全面控制之下。

对于占领伊拉克这件事，小布什解释说："我们在伊拉克的原因，就是为了播撒'民主的种子'，这样它就会在那里生根开花，并扩展到整个极权主义地区。"当小布什讲到播撒"民主的种子"时，很少有人意识到，他脑子里想的是孟山都的转基因种子。

那么对伊拉克经济的控制由五角大楼来实施也就不足为奇了。2003 年 5 月，保罗·布雷默三世被任命为新成立的联军驻伊临时管理当局行政长官，这个占领机构披着一层薄薄的面纱。布雷默曾任美国国务院的反恐官员，后来成了前国务卿亨利·基辛格的咨询公司——基辛格合伙公司的执行董事，这家公司的影响力巨大。

从许多方面看，美军占领下的伊拉克比阿根廷更适合将整个国家的农业体系纳入转基因商业化农业的统治范围之内，美军的占领发挥了重要作用。美国占领当局直接给了伊拉克农民"一份他们无法拒绝的要约"，就像《教父》里面所说的："要么拿着我们的转基因种子，要么去死。"

对于被占领的伊拉克的所有民事活动，布雷默事实上拥有生杀大权。尤其特殊的是，他不是向通常负责重建工作的美国国务院汇报工作，而是直接向五角大楼里的国防部前部长拉姆斯菲尔德的办公室报告。

作为联军驻伊临时管理当局的首脑，布雷默迅速行动，草拟了一系列管治伊拉克的法令。当时，伊拉克既没有宪法，也没有根据宪法合法产生的政府。美国占领当局制定了整整100项法令，于2004年4月生效。[1] 整体来看，这100项由美国强制实施的新法律（正式名称是命令）将确保伊拉克经济按照美国强加的自由市场经济模式的思路进行改造，与国际货币基金组织和华盛顿在1990年后强加给苏联和随后俄罗斯的经济模式非常相似。

拉姆斯菲尔德领导的五角大楼的计划制定者给布雷默下达的指令是，强加一种“休克疗法”，把以国有经济为中心的整个伊拉克经济改变为一个彻底的自由市场私营经济。布雷默在一个月内实施的经济变革比在三十年里强迫拉丁美洲债务国实行的变革还要猛烈。

布雷默的第一个行动是解雇了50万名国家工作人员，其中大多数是士兵，还有医生、护士、教师、出版商和印刷商。接下来，他打开了这个国家的边界，毫无限制地接纳进口：既不用履行什么边检手段，也不用交什么税费。在布雷默2003年5月到巴格达之后两周，他就宣布伊拉克“敞开国门做生意”。他没有说是谁的生意，但这一点随后越来越清晰。

保罗·布雷默。

被入侵之前，伊拉克除了石油以外的经济领域由大约两百家国有公司主导，它们生产从水泥、纸张到洗衣机等所有商品。2003年6月，布雷默宣布，这些国有企业将立即私有化。他说：“将缺乏效率的国有企业转交到私人手中，对伊拉克经济复苏来说至关重要。”[2]伊拉克的私有化计划是自苏联解体以来最大规模的国有资产清仓大甩卖。

联军驻伊临时管理当局《第 37 号命令》降低了伊拉克的公司税率，从大约 40% 降到可怜的 15%。没有了税收收入，政府将无法在任何方面发挥大的作用。《第 39 号命令》允许外国企业 100% 地拥有除了自然资源之外的伊拉克资产。这确保了外国企业可以在这个国家不受限制地开展商业活动。投资者可以将其在伊拉克赚到的利润 100% 地从这个国家拿走。既不要求他们追加投资，也不对他们课税。这些法令的受益者，显然不是伊拉克的经济和人民。

根据《第 39 号命令》，外国公司可以签订有效期长达四十年的租约合同。《第 40 号命令》则以同样优惠的条件欢迎外国银行进入伊拉克。与允许外国人全盘接管伊拉克经济相对应的是，唯一保留下来的萨达姆时期的法律是那些限制工会和集体谈判的法规。

一夜之间，伊拉克从世界上最孤立的国家变成了最自由、最开放的市场。由于其经济和银行体系受到战争的毁灭性破坏，加上美国带头实行的长达十年的经济封锁，伊拉克人根本无力购买私有化的国有公司。外国跨国公司是在布雷默宏大的经济复苏计划当中唯一可能受益的角色。

这些新法律被强加给了一个惨遭征服和摧残的国家，除了搞点军事上的破坏和打击侵略者的游击战之外，它不可能进行其他的反抗。为了使伊拉克对外国投资者具有吸引力，这一整套的 100 项新法令通过美国政府的占领机构即联军驻伊临时管理当局实施，它将所有伊拉克经济的各种权利和控制权都交给了跨国公司。

不仅如此，制定这些法律的目的是对这个国家的粮食生产体系进行前所未有的最激进的改造铺平道路。在布雷默的统治之下，伊拉克即将成为基因改造或者说转基因商业化农业的样板。

布雷默的《第 81 号命令》

联军驻伊临时管理当局明确定义了这 100 项命令的法律地位。“命令”被定义为“对伊拉克人民具有约束力的指示或指令，具有惩罚性后果，或者对管制伊拉克人的方式包括伊拉克法律的变更具有直接作用”。换言之，伊拉克人接到命令：“要么照办，要么完蛋。”伊拉克以前的法律，凡是与布雷默的新“命令”相抵触的，一律废止。占领者的法律至高无上。[3]

布雷默的新法令涉及从媒体到国有企业的私有化等各个方面，深藏在其中的是《第 81 号命令》，即“专利、工业设计、未披露信息、集成电路和植物新品种法”。《第 81 号命令》规定：

> 11.“第 12 条”经修订如下：“专利应赋予所有者以下权利：如果专利主体是一种产品，有权禁止任何未获得所有者授权的人制造、利用、使用、提供销售、出售或进口该产品。”
>
> 12.“第 13 条第 1 款”经修订如下：“专利的有效期，从按本法条文申请注册存档之日起计算，至按本法条文注册生效满二十年后方可终止。”

《第 81 号命令》的另一项条款规定：“禁止农民再次使用受保护的品种或任何本章第 14 条（C）段第 1 项、第 2 项提到的品种的种子。”还有：

> 联军驻伊临时管理当局《第 81 号命令》对伊拉克的专利和工业设计法作了修订，以保护与某种产品或某种制造工艺相关的任何技术领域的新创意。这些修订允许在伊拉克的企业或在伊拉克属于签约方的相关条约成员国的企业在伊拉克注册专利。修订赋予了专利权人以下权利：阻止任何未获得专利所有者授权的人利用受到专利保护的产品或工艺，从专利在伊拉克注册之日起为期二十年。修

订还允许个人和企业对工业设计进行注册。[4]

借用浅显易懂的语言来说就是，《第 81 号命令》赋予植物新品种专利权人在伊拉克农业中独享二十年的种子的绝对权利，而这些专利的所有者恰恰都是外国大型跨国公司。尽管表面上看来，这是一个公平合理的商业条款，对外国企业的知识产权予以补偿，但实际上这是对伊拉克主权的侵犯。像许多国家一样，伊拉克从未承认过植物之类的生命形式可以获得商业专利的原则。这种专利之前由美国或其他国家的专利机构授予孟山都、杜邦等公司。事实上，《第 81 号命令》的主要目的是修订伊拉克的专利法，以便承认外国专利，不管根据伊拉克的法律这种专利是否合法。表面上，它似乎给了伊拉克农民拒绝购买孟山都种子或其他专利种子、种植本地传统种子的选择权。实际上，它产生了完全相反的作用，《第 81 号命令》的起草者也充分意识到了这一点。

这些受保护的植物新品种，都是转基因或者说经过基因改造的植物。选择种植这种种子的伊拉克农民，需要与持有专利的种子公司签订协议，规定他们将支付某种“技术费”，并且每年为种植这种专利种子支付许可使用费。任何试图将孟山都或其他公司的专利种子保留一部分以便在下个作物种植季节再次播种的伊拉克农民，都将受到种子供应商的重罚。在美国，孟山都公司要求获得相当于被盗用种子成本 120 倍的惩罚性损害赔偿，后来法院的裁决驳回了这一请求。于是在这种局面下，伊拉克农民没有成为萨达姆·侯赛因的奴隶，却成了跨国转基因种子巨头的奴仆。

《第 81 号命令》的核心是植物新品种保护（PVP）条款。根据该条款，留存种子和再次播种是非法的。农民们使用受专利保护的种子（甚至是“类似的”种子），将受到重罚，甚至坐牢。然而，受到保护的植物新品种，并不是那些在伊拉克农田上经过长时间自然杂交与选育的传统种子。

相反，受到保护的是孟山都等跨国公司巨头将自己的种子和除草剂引入伊拉克市场的权利，而且它们受到了美国和伊拉克政府的充分保护。

伊拉克的种子宝库遭到破坏

历史上，伊拉克是文明摇篮美索不达米亚的一部分。在长达数千年的时间里，底格里斯河和幼发拉底河之间的肥沃河谷为农作物培育和种植创造了理想的条件。自从大约公元前 8000 年以来，伊拉克农民就一直在这片土地上耕耘，并培育出品种繁多的、如今世界上使用的几乎所有麦类品种的种子。他们通过留存部分收获作为种子并再次播种的体系做到了这一点，并通过新的播种培育出能够抗御疾病的杂交品种。

多年来，伊拉克人在位于阿布格莱布的一个国家种子库里一直保存着这些珍贵的天然种子的样本。这座城市，如今在国际上更多地是因其设有美国军方虐待犯人的监狱而闻名于世。在美国占领伊拉克及多次大规模轰炸之后，阿布格莱布那个具有历史意义、价值连城的种子库消失了，它成了伊拉克战争的又一个受害者。

不过，伊拉克的前农业部曾经采取预防措施，在邻国叙利亚建立了一个备份的种子储存库。在那里，最重要的麦类种子仍然储存在一个名为国际干旱地区农业研究中心的机构里，该机构位于叙利亚的阿勒颇。鉴于已经失去阿布格莱布的种子库，如果联军驻伊临时管理当局需要帮助的话，作为国际性的国际农业研究咨询小组种子库网络的一部分的国际干旱地区农业研究中心，原本是可以从其储备中为伊拉克人提供种子的。[5] 联军驻伊临时管理当局没有这样做。布雷默的顾问对伊拉克的粮食前景有着不同的规划，他们有自己的打算。

伊拉克农业即将被导向“现代化”和工业化，从传统的家庭式种植多种作物的农作方式，转变为面向“世界市场”而生产的美国式的商业化农业。满足饥饿的伊拉克人的粮食安全需求，对这个方案来说是无足轻重的。

按照布雷默的《第 81 号命令》，如果国际大公司开发出一种能抗御某种伊拉克害虫的种子新品种，而同时一个伊拉克农民正在种植另一种具有同样抵抗力的种子，那么这位农民留存自己的种子将是非法的。相反，他必须为使用孟山都的转基因种子支付某种专利使用费。

按照总部设在日内瓦的世界贸易组织（一个由美国政府和孟山都等私营农业综合企业巨头主导的机构）的规则，美国的法院和国际法院有权实施这样的植物新品种保护法律。

20 世纪 90 年代后期，美国的一家生物技术公司——太阳基因公司被授予了一种油酸含量很高的向日葵的专利。不仅仅其基因结构被授予了专利，高油酸含量这种特性本身也被授予了专利，公司声称拥有这种权利。太阳基因公司通告所有其他向日葵品种的培育者说，如果他们开发“高油酸含量”的品种，就被认为是对这一专利权的侵犯。

“专利的授予，涵盖了一个物种的所有基因工程新品种……可能将我们在农场和花园里种植的所有东西交由一个发明者控制。”国际植物基因资源研究院总干事杰弗里·霍丁博士说：“只要大笔一挥，无数农民和科学家的研究成果就可能仅仅因为一次经济劫持式的法律行为而宣告无效。”[6] 经济劫持，正是布雷默和孟山都试图按照《第 81 号命令》在伊拉克干的勾当。

对农民的种子品种实行全面控制，在伊拉克新颁布的专利法之下将成为可能。在复杂的法律术语掩盖之下，联军驻伊临时管理当局的《第 81 号命令》实际上将伊拉克未来的粮食命运转交到了全球性跨国私人公司手中，这绝不是大多数伊拉克人所希望的解放。

以《第 81 号命令》颁布的植物专利法，与其他国家的知识产权法律不同，它们不是通过主权国家政府之间的谈判或与世贸组织的谈判达成的，而是由华盛顿在毫无抵抗的情况下强加给伊拉克的。根据华盛顿内部消息透露，《第 81 号命令》中有关植物的具体细节是由世界领先的转基因种子和转基因作物供应商孟山都公司替美国政府起草的。

无种可种

从字面上看，似乎只有伊拉克农民选择从国际种子公司购买的那些种子，才归属美国新强加给伊拉克的专利法管辖。实际上，伊拉克正在被改造成一个巨大的实验室，以便在孟山都、杜邦和陶氏化学等转基因种子和化学品巨头的控制之下进行粮食产品的开发。

经过伊拉克战争的磨难，劫后余生的大多数伊拉克农民如果还想继续种地的话，就不得不转向他们国家的农业部，寻求得到新种子。这就为布雷默控制伊拉克人的粮食供应打开了方便之门。

在十多年的时间里，伊拉克农民还承受着以美英为首的、对急需的农业设备的禁运。另外，战前伊拉克还遭受了连续三年的严重旱灾，这些天灾使伊拉克麦类作物的种植急剧减少。多年的战争和经济制裁已经摧毁了伊拉克的农业。到 2003 年，粮食产量已经下降为不到第一次美伊战争之前的 1990 年产量的一半。到了 2003 年，大部分伊拉克人依赖联合国石油换食品的粮食配给生存。

在使伊拉克粮食生产“现代化”的名义下，美国国际开发署和美国对伊拉克农业重建和开发规划机构参与对传统的伊拉克农业的改造当中。当时起关键作用的、由华盛顿任命的伊拉克农业“太上皇”是丹尼尔·阿姆斯特茨，他曾是美国农业部的官员和大型粮食联合企业嘉吉公司的副总裁。阿姆斯特茨是关贸总协定谈判乌拉圭回合期间拟定美国在农业方面的主张的关键人物之一，乌拉圭回合谈判导致 1995 年世界贸易组织的建立。

《第 81 号命令》名义上的目的是“确保伊拉克得到优质的种子，并为伊拉克参与世界贸易组织提供方便”。当然，“优质”是由占领当局定义的。加入世贸组织意味着伊拉克必须开放市场，使其法律符合主导世贸组织政策的强大工业和金融利益集团制定的规则。

《第 81 号命令》一发布，美国国际开发署便开始通过美国农业部提供数千吨“高质量、合格的小麦种子”，这些种子来自美国，并得到了补贴，被分发给困境中的伊拉克农民，这在一开始几乎是免费的。根据对转基因种子和植物专利持批判态度的非政府组织——谷物（GRAIN）的一份报告，美国国际开发署拒绝允许独立的科学家确定这种种子是否是转基因种子。自然，一旦证明是转基因小麦种子，在一两个种植季之内，伊拉克农民将会发现自己如果要生存下去，就不得不向外国种子公司支付专利费。谷物的报告揭穿了《第81号命令》的意图：

> 联军驻伊临时管理当局已经使伊拉克农民在收获后将按法律注册的新品种的种子留存并再次使用成为非法。伊拉克人也许可以继续使用和留存他们的传统种子和经过多年战争和旱灾后留下的种子，但这不在统治者规定的重建日程当中。这项法令的意图是为在伊拉克建立新的种子市场提供条件，在那里，跨国公司可以销售它们的种子——无论是否经过基因改造，农民将不得不在每个作物种植季节重新购买这些种子。[7]

虽然从历史上看，伊拉克曾禁止私人拥有生物资源，但美国强加的新专利法引入了一种对种子的垄断权利制度，这种权利，没有任何伊拉克农民有资源通过开发而得到。

实际上，布雷默将有关“植物新品种保护”的新章节纳入到了伊拉克以前的专利法当中。据说，这是为了提供对“植物新品种的保护”。植物新品种保护作为一种知识产权，事实上是植物品种的专利，它给予了那些声称发现或开发了新品种的植物培育者对植物的排他性权利。

“植物新品种保护”中的保护，与保护自然资源毫无关系，而是“保护私人培育者的商业利益”。乔治·奥威尔也说不出什么更好的话了。在美国制定的法令之下，“植物新品种保护”实际上意味着植物品种的毁灭。

“难道让他们吃……意大利面食？”

按照规划，美国国务院与美国农业部一起努力（该部已经在伊拉克北部设立了56块“小麦作物推广实验田”），目的是“介绍和展示经过改良的小麦种子的价值”。这个项目由得克萨斯农工大学国际农业办公室替美国政府进行管理，该办公室在伊拉克各地利用约300公顷实验田，向农民们传授如何种植大麦、鹰嘴豆、小扁豆以及小麦等作物的“高产品种”。[8]

这个投资1.07亿美元的美国国际开发署农业重建项目，定下了在第一年使3万个伊拉克农场产量翻番的目标。其指导思想是说服心存疑虑的伊拉克农民相信，只有使用这种新的“神奇种子”，才能获得大丰收。与十年前美国农民的情况一样，身处绝境而又心怀收获大量粮食的希望，让伊拉克农民钻进了外国种子公司的圈套。

碰巧的是，得克萨斯农工大学的农业项目也将自己描绘为“利用生物技术（或者说转基因技术）方面公认的世界领先者”。用了它的新种子、新的化学制剂——杀虫剂、除草剂、杀真菌剂等——便会随之而来，这些都是由孟山都、嘉吉、陶氏化学等大公司卖给伊拉克人的。

亚利桑那州《菲尼克斯商业杂志》报道说：“一家亚利桑那州的农业研究公司正在提供小麦种子，供伊拉克农民使用，他们期望大幅增加本国出产的粮食供应。”这家公司名为“全球小麦公司”（WWWC），通过与包括得克萨斯农工大学在内的三所大学合作，它将“提供约450千克小麦种子，供巴格达以北的伊拉克农民使用”[9]。

据全球种子行业信息的中心网站SeedQuest介绍，在开发谷类作物种子中“拥有专有权的品种”（被授予专利并为某个特定公司所拥有的品种）方面，全球小麦公司是领先者。[10] 以上提到的这些种子属于《第81号命令》中那种受到保护的转基因种子。根据全球小麦公司的说法，任何希望种植它的某种种子的“客户”（或者说农民，人们曾经这样称呼他们），都要“为每个品种支付许可费”。这家公司自称为“W3”，与亚利桑那大学Bio5生命科学研究所建立了正式的合作关系，而Bio5研究所自称为“生物研究水平最高的车库*”[11]，这听起来十分古怪。

更令人不可思议的是，《菲尼克斯商业杂志》上的文章说：“为了支持伊拉克，共开发了六种小麦种子。三种品种将用于让农民种植用于制作通心粉的小麦；另外三个品种将用于种植制作面包的小麦。”[12]这意味着，2004年后美国在伊拉克发展的谷类作物中有一半是为了出口。确实，意大利面食对于伊拉克人的饮食来说是完全陌生的外来食品，这表明，布雷默颁布《第81号命令》的目的与其说是给饱受战争创伤、饥肠辘辘的2500万伊拉克人生产粮食，不如说是建立将转基因种子用于粮食生产并向全球市场出口的工业化农业产业。

此外，投资1.07亿美元的美国国际开发署农业重建项目，其目的是让伊拉克政府失去对粮食生产的控制权。“我们的想法是，让这里成为完全自由的市场。”美国国际开发署伊拉克重建办公室农业专家道格·普尔如是说。[13]

美国国际开发署的目的反映了美国和世界贸易组织的政策，这一目的是帮助伊拉克新政府逐步取消农业补贴。“农业部长在这方面干得相当漂亮。”普尔说。他宣称，国有企业如美索不达米亚种子公司等“需要拆分和私有化”[14]。但他并没有提到，在饱受战火摧残的伊拉克谁会有钱买得起这样一家国有种子公司，只有像孟山都这样有钱的外国农业综合企业巨头才有可能成为买主。

为了便于从外国种子巨头那里引进受专利保护的转基因种子，伊拉克农业部以“补贴价”分销这些转基因种子。一旦农民们开始使用转基因种子，按照《第81号命令》的“植物专利保护”新规定，他们将被迫每年从这家公司购买新种子。在将“自由市场”引入这个国家的旗号下，伊拉克农民逐渐成了外国跨国种子公司的奴隶。

在2004年12月的一次访谈中，在美国受过教育的伊拉克临时政府

---

* “车库”，在美国代指高技术创新企业的发源地。——译者注

农业部部长萨乌桑·阿里·马吉德·谢里菲声称："我们希望伊拉克农民具有竞争力，所以我们决定对农药、化肥、良种等投入给予补贴。我们减少了其他补贴，我们必须要有竞争力。"[15]

换言之，原本用于伊拉克贫困农民购买新种子的钱，被专用于从孟山都等外国跨国公司购买转基因"良种"。

与此同时，美国商品出口商垂涎欲滴，盯住了新的市场机会。"伊拉克曾是美国农产品重要的商品市场，20世纪80年代的销售额接近10亿美元。"2003年，小布什政府的农业部前部长安·维妮曼在农业媒体研讨会上如是说。在到华盛顿任职之前，她曾与孟山都公司有密切联系。照她的说法，"它有可能再次成为重要的商业市场"。[16]

维妮曼忘了说的是，在20世纪80年代后期的两伊战争期间，里根政府和老布什政府以美国农业部商品信贷公司的出口项目的名义，偷偷卖给萨达姆统治下的伊拉克各种常规武器和化学武器。这一丑闻涉及美国纳税人的数十亿美元，牵涉到了前国务卿亨利·基辛格、国家安全顾问布伦特·斯考克罗夫特和意大利劳动国民银行的亚特兰大分行。[17]

根据美国稻米协会副主席约翰·金的说法，在20世纪80年代末，1991年海湾战争之前的伊拉克是美国最大的稻米市场。"美国稻米行业打算在向伊拉克提供稻米方面再次发挥主要作用。"约翰·金对美国国会众议院农业委员会如是说，"由于目前美国稻米行业面临挑战……再次进入伊拉克市场，在具有附加价值的产品销售方面将产生巨大影响"。[18]

约翰·金补充说："联军2003年对伊拉克的解放，给伊拉克人民带来了自由。[19]贸易的恢复也给美国稻米行业带来了希望。"他没有提到的是，2003年，大部分美国稻米是基因控制的转基因稻米。2004年春，当布雷默的联军驻伊临时管理当局颁布《第81号命令》时，激进的年轻教士萨德尔的支持者抗议美国宪兵查封了他们的报纸 *Al Hawza*，联军驻伊临时管理当局指控 *Al Hawza* 发表可能"构成真正暴力威胁"的"虚假文章"。例如，联军驻伊临时管理当局引用了一篇文章，它指称布雷默在"奉行让伊拉克人民挨饿的政策，让他们成天忙于采购面包，这样他们就没工夫要求得到政治自由和个人自由”[20]。

考虑到《第 81 号命令》出笼的背景，出现这样的文章不足为奇。同样毫不奇怪的是，考虑到整个转基因计划的大赌注，布雷默的联军驻伊临时管理当局自然要竭力平息这种对其粮食政策的批判。

伊拉克、美国与颐指气使的国际货币基金组织

2004 年 11 月 21 日，在如何处理伊拉克政府所欠大约 390 亿美元外债（主要是欠工业化国家的）这个问题上，由债权国政府组成的巴黎俱乐部的主要代表发布了一份公告。那些外债是萨达姆统治下伊拉克拖欠的大约 1200 亿美元外债的一部分。尽管萨达姆政权已被推翻，华盛顿起初并不打算宣布把这些旧债一笔勾销。

在美国的伊拉克债务特别谈判代表詹姆斯·贝克的强大压力下，参与巴黎俱乐部的各国政府才就 390 亿美元的伊拉克国家债务达成了新的协议。贝克绝对是个谈判高手。通过向最高法院上诉，他策划了 2001 年小布什的成功当选。他还是布什家族最亲近的顾问之一。

在随后与经合组织盟国极为高明的讨价还价当中，美国政府成功施压，高高兴兴地将伊拉克所欠巴黎俱乐部债权国的旧债一笔勾销。原因很简单：这些债务大部分是欠俄罗斯、法国、日本、德国和其他国家的。美国在总债务中只占很少的 22 亿美元。

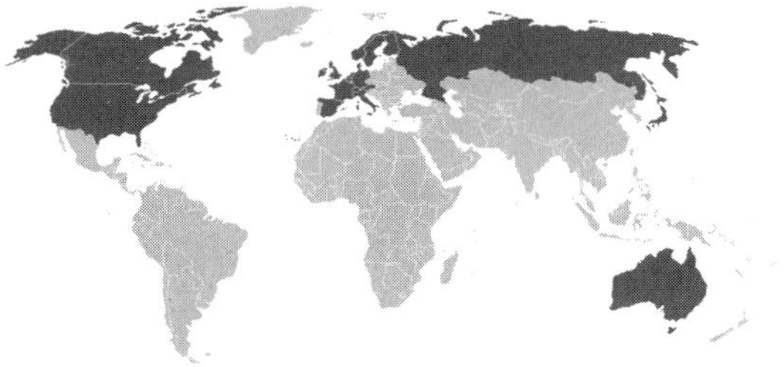

巴黎俱乐部成员国示意图（深色为成员国）。

巴黎俱乐部成员国发表了一份官方新闻公报：

各债权国的代表意识到伊拉克共和国的特殊形势及其在未来岁月里有限的偿还能力，同意作出债务处理，以确保其债务的长期可持续偿还能力。为了这一目的，他们建议本国政府作出如下特殊处理：

——立即取消部分后来发生的利息，涉及2005年1月1日时累计债务的30%。剩余债务将延期到国际货币基金组织标准计划批准之日。这次减免将勾销所欠巴黎俱乐部390亿美元总债务当中的116亿美元。

——一旦国际货币基金组织标准计划获得批准，将实施30%的债务削减。剩余债务将按二十三年期重新安排偿还计划，其中包含一个六年的宽限期。这一步骤，将再削减累计债务116亿美元，使减免比例增至60%。

——巴黎俱乐部债权国同意，在国际货币基金组织委员会对国际货币基金组织标准计划实施的三年评估完成之后，再给予最初债务总额20%的减免。[21]

伊拉克债务的减免，是与伊拉克严格遵守国际货币基金组织“标准计划”这一条件密不可分的。在债务减免过程中，作为主要占领者的美国慷慨地勾销了萨达姆欠俄罗斯、法国、中国等国家的债务，这些国家是华盛顿的对手，曾反对向伊拉克开战。这个标准计划与应用于印度尼西亚、波兰、克罗地亚、塞尔维亚、阿根廷和苏联解体后的俄罗斯的计划是一样的。它命令伊拉克将其经济主权移交给国际货币基金组织的技术官僚，而这些官僚实际上是受美国财政部和华盛顿当局有效控制的。

雪上加霜的是，在萨达姆时代伊拉克所欠的旧债是各国政府所说的“恶意债务”，即在未经人民同意下发生的、不符合人民利益的（简而言之，就是不合法的）债务，就像已经不存在的苏联的债务一样。但是美国、英国和其他巴黎俱乐部成员国并不在乎这个问题。这种债务是控制“新”伊拉克、迫使其向“自由市场”转型的有用武器。转基因种子和农业的工业化将处于这种强迫性变革的核心。

国有企业的私有化是符合“华盛顿共识”*（Washington Consensus）的国际货币基金组织计划的头等大事。自由市场企业制度也是2004年4月联军驻伊临时管理当局“100项命令”的核心。这绝非巧合。

我们可以恰如其分地将国际货币基金组织称为“全球化的警察”。自从20世纪80年代的债务危机以来，国际货币基金组织在发展中国家强制实施了债权国要求的残忍的紧缩和偿债计划。国际货币基金组织的债务条款被用来强迫各国将它们最为珍贵的经济资产拱手转让给外国利益集团，以便偿还越来越多的债务。

通常，国际货币基金组织的这些措施都得到了庞大的银行业和私人利益集团的鼎力支持。它们系统地强制实施国有企业的私有化，取消粮食、卫生和能源的公共补贴，削减公共教育开支。因此，使跨国公司得以主宰战后伊拉克的每一项政策，都由国际货币基金组织和布雷默颁布的法律来具体落实：精简国家机构、弹性的劳动队伍、开放边界、税收降至最低限度、对资本流出伊拉克不加控制、没有关税、对外国人的所有权比例不加限制。

伊拉克人民将失去成千上万的工作岗位，外国产品将把伊拉克本国的产品逐出市场，其中粮食就是一个主要目标。在强制实施的法规和外国竞争的重压之下，本地企业和家庭式农场毫无竞争的能力。

国际货币基金组织条件的受害国通常都不可避免地被迫使本国经济向出口转型，以便赚取美元来偿还债务。这样做换来的“胡萝卜”通常是国际货币基金组织发放“拯救”贷款或者说“救援”贷款的承诺。而“胡萝卜”背后的“大棒”就是发出这样一种威胁：如果债务国拒绝国际货币基金组织的条件，它将被永久列入黑名单，得不到任何国外贷款。

---

* 在20世纪末和21世纪初，在走向全球经济一体化的过程中，大多数发展中国家和东欧转型国家急需进行经济改革，以摆脱传统的内向型发展战略的影响。总的来看，从计划经济向市场经济的转变有两种办法：一种是渐进式的改革，一种是所谓的“休克疗法”。国际货币基金组织和世界银行是赞成“休克疗法”的，这两个组织的观点被称为“华盛顿共识”。——译者注

伊拉克也不例外。美国授意下的伊拉克大选，其目的就是确立一个合法的舞台，以便将伊拉克政府置于国际货币基金组织严格的控制之下。实际上，这使得国际货币基金组织处于“中立”的位置，负责监督伊拉克严格遵守布雷默的“100项命令”。这样国际货币基金组织就能够迫使伊拉克加入华盛顿的“自由市场”全球愿景。

国际货币基金组织计划在2005年1月30日伊拉克大选之后的某个时候，与伊拉克新政府达成一项特殊安排。由于减免伊拉克的大量外债需要得到国际货币基金组织点头，因此国际货币基金组织在与伊拉克领导人的谈判中处于相当有利的位置。[22]

联合国安理会第1483号决议赋予了布雷默管理被占领的伊拉克的权力，但这本应属于国际法的管辖范围。可见，布雷默的“100项命令”和经济“休克疗法”，是在完全违反国际法的情况下实行的。

随着对伊拉克私有化的抗议和针对美国在伊企业暴力活动的蔓延，掩盖这种令人难堪的事实变得迫切起来了。因此，布雷默急匆匆地返回华盛顿，与总统讨论接管伊拉克经济的新方案。其结果是组成了伊亚德·阿拉维为首的临时政府，并宣布伊拉克将在2005年1月举行大选。阿拉维，这个美国一手扶植起来的、曾经多年为中央情报局工作的门徒，将“合法地”执行非法的布雷默法令。

按照在伊拉克以“布雷默法律”而闻名的《第39号命令》，伊拉克的各个行业和所有市场将在几乎没有限制的情况下向外资开放。这些法律的制定方式，使得无论是临时政府还是随后的任何一届伊拉克政府都很难撤销或废除这些政策。

确实，布雷默用伊拉克临时宪法第26条巩固了“100项命令”，临时宪法中的第26条，确保了在主权被移交给临时政府之后，临时政府将无权改变布雷默的法律。此外，美国亲手挑选出来的亲美派被布雷默安插到了伊拉克的各个部门之中，并有权凌驾于随后的任何一届伊拉克政府所做的任何决策之上。

遍布于伊拉克各地的13.2万美国部队，坚守在2003年后建起的14

个新军事基地上，这就是上述这一点的保证。对于华盛顿在伊拉克使用播撒“民主的种子”这种冠冕堂皇的话到底意味着什么，大多数伊拉克人到了2004年底已经很清楚了。这种种子与普通伊拉克公民独立决定自己命运的能力毫无关系。

在2004年6月权力从布雷默的联军驻伊临时管理当局正式移交给以中央情报局的阿拉维为首的伊拉克临时政府之后，后者同意接受以国际货币基金组织强加的“开放”来换取债务减免。因此，2004年9月，在伊拉克中央银行行长沙巴比和财政部部长迈赫迪发给国际货币基金组织的“意向书”所附的备忘录中，这些人表达了这个美国扶植的政府“参与”国际货币基金组织的急迫心理。[23]

“新的金融部门立法将为建立现代金融体制铺平道路。”这封意向书这样吹嘘道。意向书接着写道：“三家外国银行已经获准开展业务”，而且“若干外国银行对获得伊拉克私营银行的少数股权已经表现出兴趣”。其中一家银行是伦敦的汇丰银行，这是世界最大的银行之一。[24]

强迫对伊拉克的粮食生产进行改造，使之种植拥有专利的转基因作物，这是孟山都和其他转基因巨头所作所为的最突出的例子之一。通过这些方式，它们将转基因作物强加给了不情愿和不知情的世界人民。

第十章

沆瀣一气：
毁灭的种子播下“人间乐园”

Planting the “Garden of Earthly Delights”

由于美国政府对权势集团的强力支持，转基因农作物已经逐渐控制了美国的食物链。从全球范围内看，转基因大豆占全球大豆种植量的56%，转基因棉花占到28%，而且这种比例还在上升。尽管没有证据表明转基因作物能够增加产量且完全安全，但由于少数农业寡头企业与政府的勾结，转基因农作物依然在美国和全球蔓延。

美国农业综合企业独步天下

让转基因作物成为世界农业市场居主导地位的基本作物的下一步计划，就是建立一个凌驾于各国政府之上的新执法机构。这个新机构于1995年在日内瓦粉墨登场，被称为世界贸易组织（WTO）。

1986年9月，在洛克菲勒基金会发起基因工程水稻项目之后的两年，美国的农业综合大企业在一个全新的国际贸易体制（即关贸总协定乌拉圭回合）背后发挥了相当大的影响力。

这是长达约三十年不懈努力所达到的顶峰，同时也是这些努力自然而然的结果。这项计划开始于20世纪50年代的哈佛大学，属于由洛克菲勒基金会资助的项目，由瓦西里·列昂惕夫设计，并在“纵向整合”的口号下，由哈佛商学院教授雷·戈德堡和约翰·戴维斯逐步实施。

经过三十年的努力，在摧毁美国农业部门中实现垄断和实行纵向整合的障碍、清除卫生监管规章和安全标准之后，新兴的庞大农业综合企业接下来采取行动，要求建立一个超越国家的、不经选举产生的新机构，落实其私下制定的全球性计划，以便大展拳脚。

随后经过大约九年争论不休的关贸总协定讨论之后，1995年，一个新的国际组织——世界贸易组织——诞生了，它的英文缩写是WTO。

WTO的总部设在瑞士日内瓦——一个看似中立、风景如画、平和宁静的地方。然而，在这个假象背后，WTO一点也不平静和中立。作为全球自由贸易的执法者，WTO 充当了国际警察的角色。它的一个主要宗旨就是帮助每年价值上万亿美元的全球商业化农业贸易“攻城略地”，为扩张私营农业综合企业巨头利益的计划服务。出于这一目的，WTO 被设计为一个超越国家的实体、凌驾于各国法律之上、不必对其机构之外的任何公共机构负责。

位于瑞士日内瓦的 WTO 总部。

对于违反已经达成一致的贸易规则，关贸总协定没有任何可强制实施的制裁和惩罚措施。相反，新成立的 WTO 则拥有这种惩罚手段。对于违反其规则的成员国，它具备对违规者处以巨额罚款或实施其他制裁的权力。当它终于在 1995 年成立的时候，WTO 以一种新武器的形式出现，它可以强行打开国家间的各种壁垒，这样一来就可以加速即将商业化的转基因作物的扩散。

像战后大多数自由贸易重大倡议一样，建立世界贸易组织的想法也是来自华盛顿。它是关贸总协定贸易自由化乌拉圭回合谈判的结果，这些谈判从 1986 年 9 月在乌拉圭的埃斯特角城开始，1994 年 4 月在摩洛哥的马拉喀什结束。

从关税和贸易总协定（GATT）于 1948 年初创以来，华盛顿就坚决抵制将农业包含到世界贸易谈判之中，担心任何一般的国际规则将为外国粮食进口打开美国的市场，损害美国农业的竞争力。自 20 世纪 50 年代以来，美国的农业出口一直是与冷战的地缘政治相联系的国家战略重点。

与关贸总协定以前所有的谈判回合不同，乌拉圭回合将农业贸易作为重中之重。原因很简单，到了 20 世纪 80 年代中期，由于里根政府的支持，在撤销国家管制和支持自由市场的进攻性政策的支撑下，美国的农业综合企业的力量已经很强大，足以发动一场大规模的全球性贸易攻势。

华盛顿在乌拉圭回合农业议题上的立场，是由总部位于明尼苏达州明尼阿波利斯的嘉吉公司草拟的。作为里根政府派驻关贸总协定的大使，嘉吉公司前高管丹尼尔·阿姆斯特茨起草了包括四点主张的“阿姆斯特茨方案”。[1]

事实上，这就是嘉吉的方案。嘉吉公司当时是居主导地位的美国私营农业综合企业巨头，在全球的销售额超过560亿美元，在全世界66个国家设有工厂。通过与洛克菲勒利益集团在拉丁美洲的合作，以及20世纪70年代与基辛格在“粮食浩劫”中的合作——将美国小麦销售给苏联获取巨额利润，嘉吉已经建立起一个强大的全球帝国。它对华盛顿尤其是美国农业部的政策的影响，是极其巨大的。[2]

阿姆斯特茨在关贸总协定谈判中提出的四点要求，对美国农业综合企业的利益及其不断增强的全球地位起到了独特的作用。这几点包括：在全世界禁止所有政府的农业项目和价格补贴；禁止各国为了保护本国农业生产而寻求实行进口控制；禁止政府对农业的所有出口控制，即便是在饥荒时期。嘉吉图谋控制世界的粮食出口贸易。

阿姆斯特茨的最后一点要求是在1987年7月向关贸总协定乌拉圭回合谈判的参与国提出的，它意味着关贸总协定规则将限制各国实施严格的食品安全法律的权利！对于嘉吉及其农业综合企业盟友来说，全球“自由市场”似乎比人的生命还要神圣。国家食品安全法律被美国农业综合企业视为一个主要的障碍，使它们无法不受约束地从发展中国家的低工资、低品质的工业化农场业务中牟取高额利润。而且，农业综合企业想获得不受限制地营销新的基因工程作物的能力，因此，不能允许各国对健康和安全的关注成为拦路虎。

阿姆斯特茨是农业综合企业利益的忠诚卫士。由于他忠心耿耿、任劳任怨，2003年被任命为小布什政府的农业部派驻伊拉克的特别联络员，指导如何用转基因作物将伊拉克农业改造成在美国领导下的、“以市场为导向的”出口型商业化农业（本书前一章已述及）。

美国在乌拉圭回合谈判提出的在农业方面的主要要求，集中在呼吁强制终止各国的农业出口补贴，这是针对欧洲共同体共同农业计划的一项动议。华盛顿将这一进程称为“农业贸易自由化”，这一进程的受益者将是美国农业综合企业，它们是占主导地位的玩家。这不禁让人想起19世纪70年代英国的自由贸易主张，其目的是为英国的国际贸易和金融服务，当时它们也是居于世界主导地位的玩家。

国际粮农贸易政策理事会与农业综合企业游说集团

“商业圆桌”组织是一个由美国最大的公司的高管组成的强大游说集团，嘉吉公司是这个组织的主要推动者之一。为了准备1994年的关贸总协定谈判，圆桌组织组成了一个联盟，游说美国国会接受其提出的关贸总协定农业谈判议程，而它要做到这一点易如反掌。

由于嘉吉公司及其在商业圆桌组织的朋友们为支持美国国会关键成员的竞选而投入了数百万美元，国会作出支持关贸总协定和建立新的世界贸易组织的决定变得更容易了。[3]

由于不满足于把所有鸡蛋都搁在一个篮子里，嘉吉公司还建立了另一个支持关贸总协定的游说团体——“支持世界贸易消费者”（CWT）组织。很可笑的是，这个组织不是代表消费者，而是代表了包括嘉吉公司在内的农业综合企业和跨国公司的利益，入会公司的会费为每年6.5万美元。嘉吉公司还成立了“美国贸易紧急情况委员会”，以说服国会接受新的世界贸易组织的农业议程。[4]

与嘉吉公司和其他美国农业综合企业共同努力、推动通过激进的关贸总协定农业议程的国际游说团体，是一个不太引人注意的强大组织，自称为“国际粮农贸易政策理事会”（IPC）。国际粮农贸易政策理事会创立于1987年，其目的是宣传推广农业贸易的自由化，特别是宣传推广农业综合企业的阿姆斯特茨方案。它包括了大企业的最高层管理者，他们来自嘉吉、转基因巨头先正达（当时属于诺华集团）、世界最大的食品制造商雀巢、卡夫食品、世界最大的转基因种子制造商孟山都、世界最大的转基因大豆交易商阿丹米、粮食巨头邦基、温思罗普·洛克菲勒的温洛克国际基金会、美国农业部和日本最大的贸易集团三井物产株式会社。国际粮农贸易政策理事会是一个无论是布鲁塞尔、巴黎还是别的地方的政客都不敢忽视的利益集团。

嘉吉公司、国际粮农贸易政策理事会和商业圆桌组织，都曾与米奇·坎特密切合作。坎特是克林顿政府的贸易谈判代表，后来任商业部部长。坎特把 WTO 说成与关贸总协定所达成一致的规则差不多是一回事（实际上这是谎言），因此与乌拉圭回合有关 WTO 的议案得以在美国国会获得通过。

WTO 的规则由“四国集团”（即美国、加拿大、日本和欧盟）所主导。它们举行闭门会议，为所有 134 个国家制定政策。在四国集团内部，以美国人为首的农业综合企业巨头控制了重大政策的制定。决策的确达成了共识，但这是私营农业综合企业之间的共识。

由嘉吉、阿丹米、杜邦、雀巢、联合利华、孟山都和其他农业综合企业起草的《WTO 农业协定》，明确地表达了自己的意图，就是瓦解各国法律，保护农业综合企业巨头的强大定价权。

到了 1994 年，随着世界贸易组织即将粉墨登场，华盛顿的政策变成全面支持将开发转基因植物列为美国的主要战略重点。克林顿政府将“生物技术”与互联网一起列为美国政府正式和非正式支持的战略重点。对米奇·坎特出任 WTO 批准进程的首席谈判代表，克林顿给予了充分支持。

当坎特于 2001 年离开华盛顿政府的时候，他因为在关贸总协定谈判期间为美国农业综合企业所做的服务而得到了回报。当时世界转基因作物和相关除草剂最积极的推广者孟山都公司任命坎特为公司董事会成员。政府与私营部门之间的旋转门运作得十分顺畅。

孟山都、杜邦、陶氏化学和其他农业化学巨头摇身一变，成了世界主要粮食作物的专利转基因种子的控制者。将新的转基因作物强加给心存疑虑的世界的时机成熟了。《WTO 农业协定》加上 WTO 强制实施的 TRIPS 规则，将成为这方面的工具。TRIPS 是“与贸易相关的知识产权协议”的英文缩略语。

WTO 和恶劣的 TRIPS

WTO 标志着世界农业全球化的重要步骤，这一全球化进程是按美国农业综合企业定义的条件进行的。WTO 规则开辟了建立粮食商品全球“市场”的法律和政治途径，它类似于一百年前在洛克菲勒的标准石油公司主导之下由石油卡特尔建立的市场。在农业综合企业出现之前，农产品从来没有被视为具有全球市场定价的一种纯粹商品。农作物与其市场一样，一直是地方性的，是人类生存和国家经济安全的基础。

华盛顿的阿姆斯特茨方案略经修改之后，成了《WTO 农业协定》的核心。“农业协定”的政策目标是创造农业综合企业认为最重要的东西——为其产品创造一个自由的、一体化的全球市场。尽管协定从言辞上也谈到了“粮食安全”，但它强行规定，这种安全只有在自由贸易体制之下才可能实现，这种规定对嘉吉、邦基、阿丹米等全球粮食贸易巨头尤其有利。

正如已经提到的，1992 年老布什政府未经公开辩论就作出裁定说，基因工程或转基因粮食或植物与普通作物和种子“实质上相同”，因此不需要进行任何特殊的政府监管。这一原则被庄严地载入 WTO 规则之中，列入《实施卫生与植物卫生检疫措施协议》（SPS）之中。“植物卫生”是个好听的科学术语，就是说它涉及植物的卫生问题，即转基因植物问题。

用各种花言巧语居心叵测地制定的《实施卫生与植物卫生检疫措施协议》规定，“旨在保护人类免受害虫和动物侵扰的食品标准和措施，很有可能被用来作为有意设置的贸易障碍”，因此，按照 WTO 规则必须加以禁止。[5]在把植物和人类的健康安全“庄严地”列入WTO标准的伪装之下，国际粮农贸易政策理事会及其强大的转基因作物利益集团所保证的却恰恰相反。WTO成员国中，几乎找不到任何政客费心去解读“植物卫生”这个可怕的术语。它们乖乖地听从农业综合企业游说集团的摆布，批准了这个协议。

一些国家出于对可能给人类和动物生命带来威胁的担忧，制定了禁止转基因生物进入人类食物链的法律，但按照WTO的《实施卫生与植物卫生措施协定》，这些法律被称为“不公平贸易做法”[6]。另外一些WTO规则则禁止各国制定要求标明转基因食品的法律，宣称它们是“贸易的技术壁垒”[7]。在WTO之下，“贸易”被认为是比公民了解自己在吃什么的知情权更值得关注的事情。对于何种贸易和谁将受益则语焉不详。

在最终导致WTO成立的国际谈判进行的同时，约175个国家也在就确保生物多样性和粮食安全的保护措施进行谈判，面对新的、基本未经大规模试验的转基因作物即将带来的大屠杀，这仍是一个优先考虑的问题。

1992年，在WTO最终协议达成一致的两年前，175个参与国签订了《联合国生物多样性公约》(CBD)。这个公约涉及转基因生物的安全转让和使用问题。

作为这一公约的延伸，许多国家，特别是发展中国家的政府感觉到，有必要制定一份明确应对转基因生物潜在风险的议定书。这个时候，转基因生物大部分尚处在试验阶段。

尽管遭到强烈抵制，特别是来自美国政府的抵制，一个正式的工作组于1996年开始草拟《生物安全议定书》。最后经过七年紧张的国际谈判，包括对来自世界各地的相关利益团体的听证，联合国138个成员国在哥伦比亚卡塔赫纳开会，希望能签订联合国《生物多样性公约》附属的《生物安全议定书》的最终文本。

但是这些国家太乐观了。包括巴西和数个亚非国家在内的发展中国家提出的要求，遭到了支持转基因生物的、有组织的强大游说团体的阻击，这些团体由政府和农业综合企业组成。在连续十天的辩论之后，代表们因支持转基因生物的国家的反对而陷入进退维谷的境地。以美国为首由一些支持转基因商业化农业的国家组成了“迈阿密集团”。作为所谓迈阿密集团的发言人的加拿大，赢得了达成一项协议的胜利。协议决定在不达成任何协议的情况下休会，并成立一个规模较小的委员会继续进行研究。这项谈判此前就曾受到以美国为首的、包括六个国家在内的迈阿密集团的牵制，它们是美国转基因政策的积极支持者加拿大、当时已经完全被孟山都和美国农业综合企业控制的阿根廷、华盛顿的另一个商业化农业自由贸易伙伴澳大利亚、两个与华盛顿关系极为密切的国家乌拉圭和智利。不同寻常的是，美国政府并没有正式出席卡塔赫纳的一系列会议。强烈支持转基因生物的克林顿政府拒绝参加，就像它拒绝签署早先的《生物多样性公约》一样。

然而，来自非官方的信息说，华盛顿的代表一手策划了整个迈阿密集团对这次谈判的破坏活动。迈阿密集团的要求很简单，它坚持将 WTO 贸易规则正式写进议定书，认为必须明确生物安全措施服从于 WTO 的贸易要求。它的论点锋芒不露，纯粹是在诡辩。它反守为攻，认为并非转基因作物的安全性未得到证明，而是《生物多样性公约》大多数缔约国对转基因生物风险的生物安全性的担忧“未得到证明”，因此，应将其视为一种“贸易壁垒”。[8] 以此为理由，迈阿密集团国家坚持，禁止不公平贸易壁垒的 WTO 规则必须优先于“生物安全议定书”。

谈判破裂了。几乎很少听到有人再提起卡塔赫纳生物安全议定书。华盛顿、WTO 以及它们背后的转基因利益集团为转基因种子在全世界不受限制地扩散扫清了道路。

WTO 的理论很简单：自由贸易——按照巨型私人农业综合集团定义的条件——将凌驾于主权国家之上，将优先于对人类或动物健康和安全的关切。“自由贸易高于一切”被其奉为圭臬。

鱼和熊掌兼得

华盛顿认为，在一个国家，只有“实质上经过改造”的产品才能贴上标记。接着他们声称，按照老布什政府1992年的裁定，他们的转基因作物与普通作物“实质上相同”，没有“实质上经过改造”，因此无需贴上标记。

然而，与此同时，美国的专利法却允许农业综合企业对其转基因生物和种子拥有专利权，其依据是将一种外来的DNA引入水稻等植物的基因组，已经对植物作出了独特的改变，或者可以说，它已经“实质上经过改造”。

华盛顿既对转基因产品作了“实质上相同”的裁决，又允许将转基因种子的新专利视为“实质上经过改造”，这样的矛盾并没有给很多美国官员带来困扰。为了推进商业化农业基因革命计划，不管提出什么样的论点，对他们来说都是可以接受的。注重逻辑上的前后一致，在华盛顿推动其基因革命的进程上并不重要。

授予植物专利的法律框架被庄严地载入到WTO保护所谓《与贸易相关的知识产权协议》（TRIPS）的规则当中。按照TRIPS的规定，所有WTO成员国都应制定保护植物专利（知识产权）的法律。这种专利将阻止除了专利权人之外的任何人制造、销售或使用这种“发明”。新的WTO规则中的这一不怎么引人注目的条文，为美国和国际上的农业综合企业大规模推进洛克菲勒基金会的基因工程战略计划打开了大门。

WTO的TRIPS规则为财大气粗、拥有庞大研发预算的农业化学跨国公司要求客户或者一个国家交纳使用其拥有专利的种子的专利费，甚至拒绝向其提供种子，创造了条件。就植物而言，其专利有效期为二十年。正如一位持批评态度的科学家所说，按照TRIPS和基因专利法，“知识就是财产。它属于大公司，农民们休想碰它一根汗毛”。[9]

有WTO和美国国务院撑腰，转基因跨国公司（孟山都、先正达等）很快就开始试探它们在向其他国家强制获取植物和其他生命形式专利方面究竟能走多远。

得克萨斯州的生物技术公司——稻米技术公司（RiceTec）决定，它将获取巴斯马蒂水稻的专利，这个水稻品种数千年来一直是印度、巴基斯坦和亚洲其他许多地区人民饮食中的主食。1998年，稻米技术公司取得了转基因巴斯马蒂水稻的专利，由于美国法律禁止给转基因食品贴上标记，稻米技术公司得以将其合法销售，并且将它标记为普通巴斯马蒂稻米。事后发现，稻米技术公司早已拿到了珍贵的巴斯马蒂稻种，这些种子被人通过可疑的手段交由在洛克菲勒基金会位于菲律宾的国际水稻研究所托管。[10]

国际水稻研究所已经对在菲律宾收集到的价值难以估量的稻种藏品进行了“安全”复制，并将其储存在美国科罗拉多州科林斯堡的一个种子库中。国际水稻研究所声称，这些种子将作为菲律宾稻农的保障性种子资源储存，但它将种子储存在科罗拉多的做法，给上述说法打上了一个大大的问号。国际水稻研究所设法让稻农们相信，将他们极其珍贵的种子品种交给国际水稻研究所，是为了他们自身的安全考虑。

在远离菲律宾的科罗拉多，国际水稻研究所将这些珍贵的种子交给了稻米技术公司的科研人员，然后这些科研人员就用其申请了专利，要是没有这些种子，稻米技术公司本来是无法获得其转基因专利的。他们知道，这是严重违法的。即便是在得克萨斯，水稻科学家也知道，巴斯马蒂水稻不会在得克萨斯克劳福德周围尘土飞扬的平原地区正常生长。[11]

巴斯马蒂水稻。

稻米技术公司与国际水稻研究所沆瀣一气，盗窃了这些种子，并申请了自己的专利。然而，根据洛克菲勒基金会所属国际水稻研究所精心制定的规定，虽然基因库的种子不能申请专利，但如果某个科学家设法做了培育工作，那么不管其结果如何，他们都可以用它申请专利。

2001 年 12 月，在一起名为“J. E. M. 农资（Ag Supply）公司诉先锋良种”的判例中，美国最高法院明文昭示了这样的原则：允许植物和其他生命形式获得专利。美国最高法院向下级法院下达了令状，对新开发的植物品种是否属于《美国法典》第 101 篇第 35 章（35U. S. C. § 101）的保护对象、国会提供的其他法定体制是否显示出常规的实用新型专利法没有涵盖植物的立法意向等作出了判定。最高法院裁定，转基因植物品种可以授予专利，这令大多数法律专家大吃一惊。[12]

从此以后，转基因农业综合集团得到了美国最高法院的支持。这一点现在可以用作强迫其他势单力薄的国家尊重美国转基因种子专利的大棒。

美国政府主要机构串通一气，在转基因革命中起到了决定性的作用，尽管从法律上和名义上它们负有保护普通美国人民公共卫生和安全的职责。2001 年 1 月 25 日《纽约时报》刊登的整版揭露报道中写道，通过美国环境保护署、农业部、食品药品管理局，孟山都对自己所属的行业拥有“惊人的”控制权。“在这个领域，美国政府的相关机构恰恰做了农业综合企业要求它们做或告诉它们做的事情。”亨利 · 米勒博士对《纽约时报》如是说。从 1979 年到 1994 年间，米勒博士在美国食品药品管理局负责生物技术问题。

具有讽刺意味的是，孟山都、先正达、杜邦等转基因植物专利的主要持有者声称，经过基因工程改造的水稻、玉米、大豆和其他作物，将解决世界饥饿问题并提高粮食的安全程度。事实上，他们千方百计获取植物新品种专利，导致了研究受到限制，遗传植物多样性减少，还导致千百年来一直是全人类共同遗产的种子的所有权落入少数人手中。这一进程极大地增加了因新的单一作物种植方式而导致植物物种总体上遭到毁灭的风险。

转基因生物的四驾马车

在势力强大的 WTO 和美英政府的倾力支持下，国际生物技术大公司利用转基因专利巩固了它们对可以想象到的所有植物的控制权。到 20 世纪 90 年代末，基因革命像飓风一样席卷世界农业。

到 2004 年，四家全球性私人公司主宰了转基因种子及其相关农用化学品的市场。

世界第一号转基因公司是总部位于密苏里州圣路易斯的孟山都公司。它是转基因种子的主要供应商和化学除草剂草甘膦（孟山都称其为农达系列除草剂）的世界最大生产商。从 20 世纪 90 年代开始，孟山都花费 80 亿美元收购种子公司，以巩固其作为世界领先除草剂生产商之一的地位。

在 1999 年 4 月 12 日《商业周刊》刊载的对孟山都的首席执行官罗伯特・夏皮罗的专访中，他对公司的战略作了定义。这就是，孟山都要实现“世界上三个最大的行业（农业、食品和健康，它们现在是分开运营的业务）的全球性融合，而目前存在着一系列将导致它们融为一体的变革”[13]。孟山都将自己视为现代的克努特大帝*，独立潮头，控制着瞬息万变的海洋。

孟山都创立于 1901 年，最初生产硫酸等工业化学品。它生产了世界上大部分的多氯联苯（PCBs），并向其他企业发放生产这种产品的许可证。后来证明，这种东西会造成严重的大脑损害、生育缺陷和癌症。

孟山都公司总部大楼。

孟山都曾参与高毒性二噁英的生产，并生产一种基于二噁英的致命毒剂——橘剂，这种毒剂曾在越南战争中

* 克努特大帝（995—1035 年），海盗民族维京人出身，1014 年成为丹麦和英国国王。——译者注

使用。正如一个专业报告所指出的：“从1962年到1970年，美国军队在越南喷洒了7200万升除草剂，其中大部分是橘剂。超过100万越南人暴露在喷洒之下，另外还有超过10万美国和盟国士兵。”詹姆斯·克拉里博士曾是埃格林空军基地化学武器分部的科研人员，他设计过除草剂喷洒箱，1979年曾就“牧场之手行动”（越南喷洒除草剂行动的名称）写过一份报告。1988年，他告诉参议员达施勒说：

> 当我们（军方科研人员）在20世纪60年代提出除草剂计划时，我们意识到了因除草剂中的二噁英污染而造成损害的可能性。我们甚至意识到，由于制造的成本和速度，“军用”配方的二噁英浓度要比“民用”配方更高。但是，由于这种材料将被用来对付“敌人”，所以我们都没有过分在乎（这一问题）。我们从未考虑到连我们自己的人员也将会受到除草剂的污染。[14]

2007年初，英国调查人员披露的英国政府内部备忘录和证据显示，孟山都公司曾向威尔士南部一个未划定隔离线、会渗漏的采石场倾倒约67种化学药品，包括橘剂派生物、二噁英和只有孟山都才能生产的多氯联苯。这个采石场没有取得接纳化学废料的许可，造成三十年后地下水和大气的污染。《卫报》报道说：“已经有证据显示，孟山都所属化学公司明知其化学物品有可能污染野生生物和人类，却仍向承包商付费，在英国的垃圾填埋场倾倒数千吨的高毒性废料。”[15]

孟山都自进入转基因领域以来，在企业的诚信或对人类健康表现出的关注方面远非完美无瑕。[16]

正在越南丛林上空播洒橘剂的美军直升机。

20世纪90年代后期出现的全球转基因四巨头当中的第二位是杜邦公司所属的先锋良种国际公司，它的总部位于艾奥瓦州的约翰斯顿。先锋良种标榜自己是“向全世界农民提供先进植物基因产品的领先开发商和供应商”，活跃于70个国家。

先锋良种是一家建立于20世纪30年代的公司，由后来成为洛克菲勒在“绿色革命”中的合作者亨利·华莱士创立，它于1999年为总部位于特拉华州的化学巨头杜邦公司所收购。由于拥有庞大的原生胚芽收藏和知识产权，先锋良种国际公司被认为是世界最大的拥有专利的种子库。先锋良种的市场主导地位主要源于其玉米种子。

自20世纪80年代以来，先锋良种一直在向植物基因组学领域挺进。1999年10月，杜邦公司完成了对先锋良种价值77亿美元的收购，建立了一个种子－化工综合企业，目的是使其成为化学工业转型中的主要发动机，这种转型是由依赖石油转向通过基因工程提供原料。[17]

第三个转基因巨头是总部设在印第安纳州印第安纳波利斯的陶氏益农公司，这是一家营业额为34亿美元的种子和农用化学综合企业，活跃于66个国家。陶氏益农公司成立于1997年，当时陶氏化学公司收购了制药商礼来公司在陶氏益农公司中的股权。陶氏化学公司是世界第二大化学公司，年营业额超过240亿美元，业务遍及168个国家。[18]

像其在转基因商业化农业领域的盟友孟山都、杜邦等公司一样，陶氏化学公司在环境和公共健康方面有着糟糕的记录。

陶氏化学公司位于密歇根州米德兰全球总部的工厂，曾经污染了整个地区，包括蒂塔巴沃西河冲积平原，二噁英蔓延到了平流层。密歇根州环境质量局所做的检测发现，在米德兰所提取的34个土壤样本中，有29个样本二噁英含量高于该州确定的卫生标准。[19]一些样本的二噁英含量接近清洁标准的100倍。该州警告米德兰的居民说：“不要让孩子在土地上玩耍。接触土壤后，要清洗手和身体暴露于外的部位。不要吃产自自己园子里的任何未经清洗的食物。不要参与任何其他可能导致土壤入口的活动……”[20]

二噁英是迄今为止经研究发现的毒性最强的化合物之一，极小的剂量就能对生命造成损害，专家已经将其与子宫内膜异位、免疫系统受损、糖尿病、神经中毒、生育缺陷、生育力下降、睾丸萎缩、生殖机能障碍、癌症等联系起来。根据一份科学报告，二噁英会影响胰岛素、甲状腺、类固醇荷尔蒙，威胁所有人类新生儿的发育。[21]

陶氏化学公司是臭名昭著的凝固汽油的发明者，这种汽油最初用来对付越南的平民。这种胶冻状化学物一旦喷溅到人身上就会燃烧。1972年拍摄的一张广为人知的照片令人触目惊心：一个赤裸的小姑娘奔跑在越南的小路上极其痛苦地尖叫着，汽油弹的威力于是引起了全世界的注意。时任陶氏化学公司总裁的赫伯特·D. 多恩将凝固汽油弹描述为“一种拯救生命的好武器……一种战略武器，对于我们正在运用的战术很有用，又不会过多地牺牲美国人的生命”[22]。

陶氏益农公司将其在转基因方面的角色描述为“提供创新性的植保、种子、生物技术解决方案，服务于世界不断增加的人口”。2003年，在“贝茨诉陶氏益农”的案件中，得克萨斯西部的29位农场主走上法庭，指控陶氏益农公司制造的除草剂——双氯磺草胺（Strongarm）严重毁坏了他们的花生作物，而许诺杀死的杂草却没有杀死。按照得克萨斯《贸易欺诈行为法》，这些农场主起诉陶氏益农公司进行虚假广告宣传、违反担保责任和有欺诈性贸易行为。陶氏益农公司在联邦地区法院赢得了对农场主不利的公开宣判，该法院的司法宣判是：《联邦杀虫剂、杀菌剂和灭鼠剂法》（FIFRA）优先于农场主按照州法律所提出的主张。该案上诉到最高法院，就像该案中法庭对法律作出的解释一样，美国政府站在了陶氏益农公司一边。[23]

转基因四驾马车中的第四驾马车，是总部位于瑞士巴塞尔的先正达公司，它在2000年由诺华和阿斯利康两家公司的农业事业部合并而成。两个事业部合并后，组成了营业额达68亿美元的农业和化学公司。它在2005年宣称自己将成为世界最大的农业化学公司和第三大种子公司。尽管总部设在瑞士，但先正达从许多方面来看是一家由英国人控制的公司，其董事长和许多董事均来自英国的阿斯利康公司一方。先正达故意保持低调，以免“打草惊蛇”，引起其美国竞争对手的警觉，它是世界第二大农用化学品生产商和第三大种子生产商。

德国农民戈特弗里德·格洛克纳，他的奶牛在吃了转基因玉米之后大量死亡。

先正达公司于2004年违心地成了主要媒体关注的对象。当时，德国黑森州北部的农民戈特弗里德·格洛克纳发现了这样的证据：为了喂养他的牛，他从1997年开始种植先正达Bt-176转基因玉米，而这正是他的牛纷纷死亡、牛奶生产遭到破坏、农田被毒化的原因。先正达的Bt-176玉米经过了基因改造，目的是使其在生长的过程中产生一种苏云金芽孢杆菌的毒素。他们声称，这种毒素能杀死一种破坏性很大的害虫——欧洲玉米螟。[24]

格洛克纳是德国第一个获准使用先正达Bt-176玉米的农民，其用途是动物饲料。他对自己的经历做了详细的记录。起初他相信，自己正在发起一场通过转基因实现的农业革命。但最终事实却证明，他的经历是世界上对先正达Bt-176玉米的影响所做的为期最长的实验之一，几乎长达五年。其结果对转基因的支持者来说并不令人鼓舞。

不过，对转基因功效的试验并非格洛克纳原来的意图。他想要的是转基因作物用来喂牛的好处，同时消除欧洲玉米螟这种害虫给庄稼带来的损失。通常，这种害虫会使作物收成减少20%。

第一年，即1997年，格洛克纳十分谨慎。他只种了一小块Bt-176玉米实验田。效果非常好：整整齐齐、绿油油的玉米苗“像士兵那样威风凛凛”。他回忆道：“作为一个地地道道的农民，看到长势喜人、毫无虫害的作物，丰收在望，我简直着了迷。”第二年，即1998年，他将先正达Bt-176玉米的种植面积扩大到5公顷，并与该公司在德国的代表汉斯-特奥·雅赫曼密切合作。到了2000年，格洛克纳将转基因试验扩展到约10公顷的全部田地。每一季收获之后，他都逐步增加用于喂牛的Bt-176玉米饲料量，并细心地记下牛奶产量和可能产生的副作用。头三年，没有任何增加转基因作物饲料量而引起的副作用。[25]

然而，当他在饲料中增加了产自他田里的先正达纯转基因玉米的剂量，以为肯定能提高产奶量时，一场噩梦袭来了。

上过大学的农民格洛克纳对一位奥地利记者说，当他看到他的牛剧烈腹泻，排出胶状白色粪便时，他惊呆了。从它们身上挤出的牛奶中含有血丝，这种情况在乳汁分泌中从未听说过。一些母牛突然停止产奶。接着，五头牛犊在 2001 年 5 月到 8 月间先后死去，这是极其令人震惊的事情。

格洛克纳最终几乎损失了自己全部的 70 头母牛。先正达拒绝对此承担任何责任，他们坚持认为，根据他们自己的试验这些母牛能够分解掉 Bt-176 玉米中的苏云金芽孢杆菌毒素。

尽管先正达拒绝承担任何责任，但格洛克纳坚决要求对自己农田里的土壤、储存的玉米及母牛进行独立的科学分析，并且得到了这方面的帮助。一个实验室反馈的结果确认了格洛克纳的看法，先正达的 Bt-176 转基因玉米就是“罪魁祸首”。这一结果显示，格洛克纳 2000 年收获的 Bt-176 玉米中，每千克的毒素含量为 8.3 微克。2004 年 6 月，著名的瑞士联邦技术研究院地球植物学研究所（位于苏黎世）的安格莉卡·希尔贝克教授发现，在格洛克纳的 Bt-176 玉米样本中，Bt 素“被发现以活性形式存在，极其稳定”。但对于这一令人震惊的结果，先正达公司则矢口否认。[26] 格洛克纳的独立试验结果与先正达关于其在北卡罗来纳的研究中心“在饲料样本中没有发现任何 Bt 毒素”的说法完全矛盾。[27]

2005 年，又是这个先正达采取了大胆的行动，获得了转基因“终结者”专利的主要份额。先正达申请了可以使公司有效垄断关键基因序列的专利，这些基因序列对培育水稻以及几十种其他植物物种至关重要。先正达对水稻基因组的热情来自水稻与玉蜀黍、麦类以及香蕉等其他物种的主要基因的相似性（即 DNA 或蛋白质序列），这种基因相似性被称为“同源”。先正达一方面向广大研究人员捐赠水稻种质 *，免费提供信

* 种质是通过生殖细胞从一个世代传到另一个世代并构成遗传性状生理基础的物质。——译者注

息；另一方面它又与另一个组织一道企图垄断水稻资源。

先正达与水稻和专利之间有争议的关系，还包括其对转基因“黄金水稻”的参与，以及先正达基金会在国际农业研究咨询小组中的成员资格。[28]

转基因生物与五角大楼的交易

在转基因方面的四大全球性玩家当中，有三个是在美国，这种情况很引人关注。但更令人关注的是，在长达几十年的时间里，在提供军用化学品方面，它们与五角大楼绑在一起，包括向美国军方提供在越南使用的凝固汽油和臭名昭著的植物落叶剂——橘剂。

三家美国公司以前对待公众对其化学品的关注的方式，绝对不能令人信服，更难以让人相信它们已经得到了公众的广泛授权，通过对世界至关重要的粮食基因专利的排他性控制，来主宰人类食物链的卫生与安全。

2001 年初，新西兰《调查》杂志刊登了一个令人大吃一惊的发现。在题为《陶氏化学公司卑鄙的小秘密——在新西兰城镇发现橘剂倾倒》的文章中，新普利茅斯的伊冯瓦特金斯陶氏镇化工厂的一位前高级职员确认了居民们最感到担心的事情：这座城镇的部分地区就建在含有越战致命落叶剂——橘剂的有毒废料的倾倒场地之上。“我们把它埋到了新普利茅斯的地下。”这位职员承认。这篇文章接着写道：“如果说还需要更多的证据来证明剩余的橘剂已经被倒在了新普利茅斯的话，那么当地居民在怀勒卡溪附近的河滩上找到了一桶这样的化学物。”陶氏化学公司将这一秘密保守了二十年。[29] 因受橘剂影响在越南感染上疾病的平民受害者和退伍军人在越战结束三十年后仍向美国政府提起诉讼。

1990 年，退役海军上将朱姆沃尔特被任命负责进行一项调查，了解美国政府对橘剂造成本国士兵和平民的中毒情况是否知情。朱姆沃尔特的报告称：“从1962年到1970年，美国军队在越南喷洒了7200万升除草剂，其中大部分是橘剂。超过100万越南人与10万美国和盟军部队，暴露于这种喷洒之下。”[30]

到了2005年，在推广转基因农业种子和除草剂方面起领军作用的这三家美国公司已经形成了自己的论据，反对政府对他们的研究或研究所产生的转基因种子进行监管，声称只有信任他们，才是监管转基因安全问题的最可靠和最有效的方式。

三家橘剂制造商之一的孟山都公司的历史揭示了这家公司在违背诚信和损害人类生命方面设定的犯罪标准有多么高。

基思·帕金斯描述了孟山都在越南的记录：

> 孟山都公司是主要供应商。孟山都生产的橘剂所含二噁英要比陶氏化学公司生产的橘剂高很多倍，陶氏化学公司是用于越南的橘剂的另一家主要供应商。二噁英是人类已知的最剧毒的化学物之一。允许的含量是以万亿分之几计算的，理想的含量是零。孟山都生产的橘剂含有2,3,7,8-四氯二苯二噁英（TCDD），与其他的二噁英相比，它更具致命性。美国国内使用的三氯苯酚（2,4,5-T）的二噁英含量在百万分之零点零五左右，而运往越南的高达百万分之五十，也就是说，比正常值高1000倍。
>
> 孟山都参与生产的三氯苯酚被二噁英污染了，可以追溯到20世纪40年代后期。很快，生产工人就开始患上皮疹等病症，上下肢、关节和身体其他部位莫名其妙地疼痛、虚弱、暴躁易怒、性欲丧失……孟山都公司的内部备忘录显示，孟山都对这些问题都心知肚明，只不过将其掩盖起来了。

帕金斯得出结论说：

> 孟山都公司制造的很多种产品都被二噁英污染了，包括使用很广泛的家用杀菌剂来苏尔。当一家法院判决要求孟山都对造成的

> 损害作出1600万美元的惩罚性赔偿时，孟山都掩盖事实的企图被揭露出来了。据透露，孟山都曾恐吓雇员，让他们保持沉默，还篡改证据，向美国环境保护署提交假数据和假样本。美国环境保护署条法司的卡特·詹金斯的调查，对其系统性的欺诈罪行作了跟踪记录。[31]

喷洒橘剂的做法到1971年才停止，在喷洒的地区，约有5万越南儿童天生就是“令人恐怖的畸形儿”[32]。在当时，对孟山都的化学品事业部来说，这是十分赚钱的买卖。[33]

1999年，加拿大广播公司电视台播出了对美国政府环境保护署的环境化学家卡特·詹金斯博士所做的一次采访。在谈到孟山都面对美国老兵因暴露于橘剂受到二噁英毒害而提起的诉讼时，詹金斯指出：“孟山都非常担心受到越战老兵起诉的影响。因此，他们对这些诉讼十分担忧。在越战老兵起诉的过程中，孟山都发布新闻稿说，他们的研究表明，二噁英根本就不是致癌的原因。”

> 这些研究的经费是孟山都给的，其目的是拒绝对越战老兵所患癌症及他们的孩子生育缺陷给予赔偿。当你因暴露于二噁英而起诉一家化学公司时，你在法庭里是赢不了的……我是个化学家，从1979年开始就在环境保护署做环境科学研究。我能看到孟山都聘请的那些科学家所做的事实报告。至于我对这些研究的评价，我会用这么一个字眼——受到了操控。他们设计的实验得出了他们想要的结果。被假定为未受二噁英影响的人口，实际上受到了影响。某些关键性的癌症病例也由于伪造的理由而被排除在孟山都的研究之外。[34]

由于公开了这些事实，詹金斯被调到了环保局的另一个部门，而且受到了两年多的骚扰。

在历经多年漫长而艰辛的诉讼之后，1984年孟山都、陶氏化学和其他橘剂制造商向一个美军老兵基金会支付了1.8亿美元。但他们拒绝认罪。十多年以后，对于受橘剂毒害的越南人，这些公司连一个子儿也没给。

2004年，小布什政府取消了一个已经达成协议的美国与越南合作项目，该项目打算对橘剂的长期遗传影响做调查。孟山都绝不想让橘剂成为一个话题，让世界公众将它与全球最大的转基因粮食作物的供应商联系在一起，这家供应商声称，生产这种作物的目的是向世界上饥饿的人们提供粮食。与某些正直的政治家不同，孟山都从来没有为其行为作出过公开道歉。

将转基因魔鬼放出瓶子

到了20世纪90年代中期，在WTO和华盛顿的支持下，又是这些基因巨头——孟山都、陶氏化学、杜邦、先正达以及另外一小批公司——把它们的专利种子撒到了这个世界上。

1996年，孟山都将满满一个集装箱的大豆从美国运到了欧洲。它没有贴上标签，欧盟边检后来才发现它装的是孟山都转基因大豆——与孟山都在阿根廷推广的是同一种大豆。它没有被打上任何标记就进入了食品连锁店。1997年底，欧盟以暂时停止转基因作物的商业化作为回应。[35]

2003年伊拉克战争之后，小布什总统将转基因种子的扩散作为重中之重。这个时候，以孟山都为首的企业联盟已经开始以惊人的速度传播其专利种子。小布什的首要目标是，迫使欧盟解除1997年对转基因种子商业化的禁令，以便为转基因种子的大规模入侵打开下一个主要市场。

到2004年，根据洛克菲勒基金会资助的农业生物技术应用获取服务组织的一份报告，与一年前相比，全世界转基因作物的种植已经大幅增加了20%，这是自1996年以来呈两位数增长的第九个年份，据记载是第二高的年增长率。有17个国家的800万农民种植转基因作物。他们当中有90%是在贫穷的发展中国家，这正是洛克菲勒基金会的基因革命的根本目的。[36]继世界转基因作物领头羊美国之后，阿根廷、加拿大和巴西成了世界上几个最大的转基因粮食生产国，比其他国家规模要大得多。

农业生物技术应用获取服务组织还提到，转基因大豆占全世界种植的所有大豆的56%，转基因玉米占所有玉米的14%，转基因棉花占世界棉花产量的28%，转基因芥花籽（可以用来压榨菜油）则占全世界油菜籽产量的19%。[37]对人类饮食而言，芥花籽油是一种有毒物质，它在加拿大作为一种转基因产品得到了发展。在那里，在带有浓厚爱国主义色彩的市场营销氛围中，它被贴上了"加拿大芥花籽油"（Canola）的标记。[38]

在美国，由于政府的大力推动、不用贴标签和农业综合企业在农业生产中所占的主导地位，转基因作物实质上已经控制了美国人的食物链。2004年，美国种植的所有大豆中，85%以上是转基因作物，种子大部分来自孟山都公司。美国收获的所有玉米当中，有45%是转基因玉米。[39]玉米和大豆是美国农业中最重要的动物饲料，这意味着这个国家的几乎全部肉类生产以及肉类出口都已经依赖于转基因动物饲料。对于自己在吃些什么，美国人很少能说出个所以然来，也没人费心告诉他们这些，尤其是那些受命保护公民健康和福利的政府机构。

用于种植转基因生物的大片田地不断扩展，导致邻近的非转基因作物受到严重污染：仅仅六年后美国的所有农田中约有67%受到了基因工程种子的转基因污染。

魔鬼从瓶子里放出来了。

这不是一个可以用任何已知的科学方式扭转的进程。由梅伊博士领导的一个由享誉国际的科学家组成的小组写了一份136页的报告，对全世界所有对转基因影响的研究进行了回顾和评估。报告对转基因植物未经试验就在世界扩散是否明智提出发人深省的见解。"安全方面最大的问题是与被引入到转基因作物中的转基因及其产品有关，因为它们对于生态系统、对于动物和人类的食物链来说是全新的东西。"这份评估报告警告说[40]，"含有来自苏云金芽孢杆菌的Bt毒素的粮食作物和非粮食作物，约占目前全世界种植的所有转基因作物的25%。据发现在食物链上它对老鼠、蝴蝶和脉翅目昆虫有害。Bt毒素还对鞘翅目昆虫（甲壳虫、象鼻虫和捻翅虫）产生不良影响，这个昆虫目共有约28600种，远远多于其他任何昆虫目。Bt植物通过根系将这种毒素排到土壤当中，对土壤生态和肥力可能有很大影响。”[41]

包括阿帕德·普斯陶伊博士在内的这个科学家小组接着写道：“Bt毒素对人类可能是实际的和潜在的变应原。在田间工作暴露于Bt喷洒的工人患变态性皮肤过敏，产生IgE和IgG抗体。一个科学家团队已经提醒人们，不要将Bt作物供人类食用。他们证明，源于Bt的重组Cry1 Ac原毒素是一种烈性的系统性和黏液性免疫源，其烈性像霍乱毒素一样。一种造成人类机体部分组织严重坏死的Bt毒株造成老鼠因临床中毒综合征而在8个小时内死亡。在喂养试验中，Bt蛋白和Bt土豆都对老鼠有害，损坏了它们的回肠（小肠的一部分）。老鼠显示出异常的线粒体，在排列肠道表面有退化和细胞绒毛（显微镜下细胞表面的伸出物）破损的迹象。”[42]

在这方面，独立科学小组的报告说：

> 由于Bt（苏云金芽孢杆菌）和炭疽芽孢杆菌（bacillus anthracis，生物武器中使用的炭疽细菌）相互密切相关，并且与一种造成粮食毒化的常见土壤杆菌蜡状芽孢杆菌（bacillus cereus）密切相关，它们可以随时进行携带毒素基因的胞质遗传体（包含复制遗传来源的循环性DNA分子，它们使独立于染色体的复制成为可能）的交换。如果炭疽芽孢杆菌通过水平基因转移从Bt作物中拾得Bt基因，可能产生具有不可预见特性的炭疽芽孢杆菌的新菌株。[43]

对生命形式的使用许可

正如它们竭力保证实行一种无监管的体制一样，转基因种子企业联盟强加给人们严格的使用许可和技术协议，保证每年孟山都和其他生物技术种子公司都能从使用其种子的农民那里收取专利费。这些私营公司并不是与政府作对，它们只是想让政府制定服务于其私利的规则。

像其他基因种子公司一样，孟山都要求农民签订“技术使用协议”，逼迫农民每年为使用其“技术”，即转基因种子付费。

随着独立的种子供应商迅速被孟山都、杜邦、陶氏化学、先正达、嘉吉或其他农业综合企业吞并，农民们越来越陷入了对孟山都或其他转基因种子供应商的依赖。美国农民是最先体验到这种新式农奴制的农民群体之一。

由于 2001 年美国最高法院的裁定，像孟山都这样的转基因公司可以威胁美国农民，使他们成为“种子农奴”。孟山都对不付费的惩罚是法庭判决中最严厉的惩罚性违法损害赔偿。它还确保了能够举行对自己友善的法庭听证会。以下条文已经被写进了其主合同当中：任何针对公司的诉讼均在圣路易斯开庭。在那里，陪审员都知道，孟山都是当地的大雇主。

孟山都和其他转基因种子公司要求农民每年为新种子付费。农民们被禁止再次使用从前些年收获后留下的种子。孟山都不惜雇用私人侦探机构平克顿侦探社的侦探对农民进行侦查，看看他们是否留用了旧种子和是否为新种子付费。在美国一些地区，这家公司还发布广告说，如果谁告发农民用了孟山都以前的种子，将得到免费的皮夹克。[44]

尤其值得注意的是，四大转基因农业种子供应商——孟山都、先正达、陶氏化学和杜邦——过去和现在一直都是大型化工公司。究其原因，四家公司都如出一辙：在它们进入种子基因工程行业之前，原本都从事制造杀虫剂和除草剂等化学品。

20 世纪 90 年代初，这些除草剂巨头改头换面成了“生命科学”公司。它们收购了当时已有的大大小小的种子公司。它们还与运输商和粮食加工商结成联盟，稳居全球商业化农业纵向整合链条的核心地位。这毫无疑问正是哈佛商学院的戈德堡 - 戴维斯纵向整合论的样板。

到了2004年，两家农业综合企业巨头——孟山都和杜邦的先锋良种——控制了世界上大多数的私营种子公司。这些主要的转基因农业综合企业奉行三步走的战略。首先，它们收购或者兼并了大多数大型种子公司，以便获得种子种质的控制权。其次，它们设法取得大批基因工程技术以及转基因种子新品种的专利。最后，它们要求任何购买其种子的农民必须首先签订协议，禁止农民留用种子，从而迫使他们每年再次购买新种子。从孟山都的事例来看，这就使得一家公司在美国获得了对作物种子销售和使用前所未有的控制权，完全不受美国政府反垄断规定的限制。[45]

尤其狡猾的是，开发出来进行市场营销的转基因种子能够抗御本公司的特殊除草剂。孟山都的抗农达转基因大豆已经经过明显的基因改造，以便能够抗御该公司拥有专利的特殊除草剂草甘膦，这种除草剂也以品牌名称“农达”进行营销，它们是为抗农达大豆“准备好的”。这确保了签约购买孟山都转基因种子的农民同时也必须购买孟山都的除草剂。农达除草剂之所以这样开发出来，就是为了让它不能用在非转基因大豆植物上。实际上，转基因种子是为匹配孟山都现有的草甘膦除草剂“量身定做”出来的。

至于转基因生物在食物链中如此泛滥是否安全，或者说是否值当，则不在商业化农业化学和种子巨头的考虑之内。孟山都公司发言人菲尔·安吉尔直截了当地说：“不应强求孟山都许诺生物技术食品安全。我们的兴趣是尽可能多地卖出转基因产品。对其安全性作出答复是美国食品药品管理局的事情。”[46]

他完全明白，美国食品药品管理局早就应孟山都的要求，剥下了独立监管转基因种子安全的伪装。政府已经同意让转基因种子公司进行行业“自律”。这意味着，安吉尔的话是一种相互推诿、彻头彻尾的谎言和公开的欺骗，同时又表明了私营商业化农业转基因巨头与美国政府之间已经形成的不伦关系。

谎言、见鬼的谎言和孟山都的谎言

洛克菲勒基金会为转基因作物扩散的媒体营销和宣传做了精心铺垫。其主要论点之一就是声称，面对因过度耕作而逐渐耗竭的世界上最好的土壤和未来几十年的全球人口增长，需要有一种为全球提供粮食的崭新方法。

吹响“基因革命”号角的洛克菲勒基金会总裁戈登·康韦。

洛克菲勒基金会总裁戈登·康韦发出了进行“第二次绿色革命”的公开号召，他称之为“基因革命”。他坚持认为，需要转基因作物“在未来三十年提高粮食产量……以便应对人口增长”，他预测“到2020年，世界还会多出20亿张嘴吃饭”。康韦进一步认为，转基因作物可以解决如何在有限的土地上增加作物产量的问题，“避免杀虫剂和过度使用化肥的问题”[47]。

这套精心编织的转基因作物说辞，被联合国粮农组织、世界银行、国际货币基金组织和转基因种子的其他主要倡导者拾了起来，特别是种子企业集团，它们就像捡到了宝贝一样，以此来证明它们事业的合理性。如果你反对转基因作物的传播，你实际上就是在支持对全世界穷人的种族灭绝。至少，这是转基因游说集团传达的信息，对此它们毫不隐晦。

至于转基因作物是不是具有大幅提高作物单位面积产量的前景，也存在极大争议。尽管转基因农业综合企业以及成了其金钱俘虏的大学研究人员通力合作，但已经有证据被泄露给了新闻界，这些证据表明，那些转基因作物的产量本身也并不像有人称颂得那样高。

澳大利亚“农民关注网络”在2004年11月的一份报告得出结论认为，从种植转基因芥花籽的情况来看，“没有证据表明转基因芥花籽作物的产量更高，但却有证据表明它们的产量更低。尽管孟山都公司声称抗农达芥花籽的产量能提高40%，但在它的网站上公布的在澳大利亚的试验结果披露，它比全国平均产量低17%。拜耳作物科学公司的试验田也完全无法与非转基因品种相比”。[48]

英国的土壤协会于2002年发表了一份题为《令人狐疑的种子》的报告。报告依据的是对已经使用转基因作物的美国农民的广泛研究结果。这份报告是一份现存少见的独立评估报告，它的结论是：与其说大大提高了农民的作物产量，不如说“转基因大豆和玉米使情况恶化了”[49]。

这项研究以长达六年的转基因作物种植经验为依据。它表明，人们有真正的理由对农民越来越依赖于转基因作物的现状保持警惕。这份研究报告报道了艾奥瓦大学经济学家迈克尔·达菲的分析结果。达菲发现，如果将所有的生产要素都考虑进来，那么“耐除草剂的转基因大豆每亩要比非转基因大豆亏更多的钱”[50]。

在阿根廷和巴西，一些研究已经确认出现了抗草甘膦的“超级杂草”，这些杂草不受施用正常剂量的孟山都农达草甘膦除草剂的影响。为了对付这种威胁到孟山都抗农达转基因大豆收成的破坏性杂草，必须补充施用其他除草剂。巴西南部就有一个例子。在那里，阿根廷的转基因种子被非法走私进来，并且出现了一种杂草，不管用多大剂量的草甘膦（在巴西称为corda-de-viola）都无法杀死它。只有施用杜邦的豆威除草剂，这种杂草才会死掉。在脆弱的转基因大豆农田里，这种现象如此常见，以致出现了一个新的细分市场，杜邦和其他除草剂制造商对这种作为草甘膦的化学补充剂进行设计、申请专利和大规模生产。事实证明，转基因行业声称将大大降低对除草剂的需求量的说法是错误的。[51]

美国种植的转基因Bt玉米的结果也好不到哪里去。在一项有关Bt玉米的经济性的详尽分析中，艾奥瓦州的西北科学与环境政策研究中心的查尔斯·本布鲁克博士利用美国农业部的官方数据发现，“从1996年到2001年，为了种植Bt玉米，美国农民因价格溢价至少多支付了6.59亿美元，而收获量只提高了2.76亿蒲式耳（约701万吨）——从经济收益来说值5.67亿美元。由于种植Bt玉蜀黍（玉米），农民的赢利状况为净亏损 9200 万美元——每公顷约 3.3 美元”[52]。

这项研究得出结论说，农民收入流失的另一个主要因素是，农民们因购买种子而必须支付给孟山都、杜邦和其他转基因种子公司很高的费用。一项重要的成本便是种子大企业收取的“技术费”，它表面上的理由是为了弥补高额的研发成本。

种子占普通玉米生产成本的 10%。由于增加了技术费，转基因种子要贵得多。这项研究得出结论说，由于技术费，“转基因种子要比非转基因种子多支出 25%—40%。以 Bt 玉米为例，技术费通常为每公顷约 20—25 美元，比非转基因品种约高出 30%—35%。有时，转基因种子技术费甚至高达每公顷约 75 美元。抗农达大豆的技术费达到每公顷约 15 美元”[53]。此外，合同禁止农民在来年种植时再次使用一部分他们自己的种子，否则就要面对重罚的风险，这又增加了成本。

孟山都和生物技术种子巨头认为，更高的产量足以弥补成本的增加。产量更高，曾被认为是种植转基因种子的一个主要益处。然而，《令人狐疑的种子》这份研究报告的结论是，孟山都的抗农达大豆和抗农达芥花籽的平均产量要比非转基因品种低；尽管转基因 Bt 玉米总体上有所增产，但不足以弥补整个种植期较高的生产成本。[54]

转基因作物需要的化肥要少得多（这是一种为了赢得主张保护生态的转基因反对者的支持而提出的论点）的说法，与研究结果也存在矛盾。事实上，上述研究发现，抗农达大豆、玉米和芥花籽“在大多数情况下导致了农用化学品使用量的增加”，也就是说，与同样一些作物的普通品种相比，单位面积要使用更多的杀虫剂和除草剂。[55]

这项研究得出结论说：“虽然有些种植转基因作物的农民能够减少生产成本或用转基因作物提高产量，但对大多数生产者而言，所有的节省似乎都已经被各种技术费用、较低的市场价格，以及某些转基因作物较低的产量和较大的农用化学品使用量所抵消。”[56]

很多其他的研究结果也确认，与非转基因作物相比，转基因作物在种植一两季之后，需要的化学除草剂和杀虫剂不是更少，而是往往用得更多了。甚至连美国农业部也承认，广告上关于转基因的说法与实际情况没有关联，“生物技术在目前的应用，不大可能……最大限度提高产量。如果要提高产量，还必须实现更根本的科学突破”。[57]

查尔斯·本布鲁克博士依据美国农业部官方数据进行的研究显示，杀虫剂的使用量远远不是减少了，“美国自 1996 年以来种植了约 2.2 亿公顷的转基因玉米、大豆和棉花，导致杀虫剂的使用量增加了 2.23 万吨”。[58]

对于农药使用量的增加，人们提到的主要原因是用于“耐除草剂”的除草剂使用量的“大量增加”，耐除草剂即转基因作物，尤其是大豆，这与已经在巴西和阿根廷的转基因大豆田得到确认的结果相类似。与常规植物品种相比，种植相同面积的转基因作物，除草剂使用量大大增加。“耐除草剂”植物的基因经过修改，就是为了确保那些种植这些作物的人别无选择，只能同时使用这些公司生产的除草剂。

美国种植转基因作物已经有好多年了，在全美各地农民们意想不到地发现，出现了耐除草剂的杂草，这使得除了用像孟山都的农达等专门用于转基因作物的除草剂之外，还要辅助使用其他的除草剂。[59] 以转基因玉米为例，杂草的蔓延已经使人们必须使用化学除草剂莠去津（atrazine）作为控制杂草的补充，这是一种现有毒性最强的除草剂。许多独立的农作物科学家和农民预言，出现超级杂草和耐 Bt 害虫的危险就在眼前，它们会威胁到整个收成。

人们似乎越来越清楚，赞成转基因种子在农业中广泛商业化应用的说辞纯粹是一大堆科学欺诈和公司谎言。

转基因大豆与婴幼儿死亡有关？

从俄罗斯科学界传来了另一项试验，其结果遭到了转基因农业综合企业游说团体的神奇宣传机器的攻击和贬低。

2006年1月，伦敦广受推崇的报纸《独立报》刊载了一则题为《未出生婴儿会受到转基因的危害》的报道。[60]文章报道了伊琳娜·埃尔玛科娃博士的研究结果，她是俄罗斯科学院高级神经活动和神经生理学研究所的科学家。

埃尔玛科娃的研究发现，食用转基因大豆食物的老鼠，其幼鼠有一半以上在出生头三个星期内死亡，是食用正常食物的母鼠所生小鼠的死亡率的6倍。体重严重不足的情况也高达6倍。

埃尔玛科娃博士给母鼠的食物里加了孟山都转基因大豆的大豆粉，从它们受孕之前的两周开始，直到整个妊娠、生育和哺乳期。另外一些则加入非转基因大豆，还有一组老鼠的食物里不添加任何大豆。

这位俄罗斯科学家惊奇地发现，食用转基因大豆食物的老鼠的幼崽中，有36%体重不足，而另外两个组别的老鼠则为6%。更令人震惊的是，食用转基因食物的母鼠生下的幼崽当中，竟然有高达55.6%在出生后三个星期内死去，而在那些喂养常规大豆的母鼠的后代当中这个比例为9%，不喂任何大豆的母鼠生下的幼崽则为6.8%。“老鼠的形态学和生物化学结构与人很类似，这使得这种结果很让人担心。”埃尔玛科娃博士说，“这些结果指出了母亲及其婴儿面临的风险”。[61]

孟山都和其他转基因生物公司抨击了埃尔玛科娃博士的可信性，同时有意思的是，它们故意回避在其他实验室重复这个简单实验以便进一步证实或驳斥埃尔玛科娃博士的实验结果。孟山都公关部门只是复述了公司的咒语。孟山都英国公司的企业事务主管托尼·库姆斯对新闻界说：“来自已经发表的、经过同行评审的、独立进行的大量科研证据说明，老鼠以及已研究的任何其他动物物种食用抗农达大豆是安全的。”

根据俄罗斯人研究出的结果，其潜在的危害性如此严重，以致美国环境医学科学院要求美国国立卫生研究院马上着手支持一项独立的后续研究。[62]

非洲的假冒“神奇甘薯”

在孟山都更大的宣传动作中，有一项是向非洲的肯尼亚农业研究所（KARI）捐献一种转基因抗病毒甘薯。该研究所得到了世界银行和孟山都的资金支持。

肯尼亚农业研究所的弗洛伦丝·旺布古博士被孟山都和美国国际开发署安排到世界各地演讲游说。她到处散布说，孟山都的转基因甘薯解决了非洲的饥饿问题。转基因甘薯是由旺布古开发的，当时她正在圣路易斯的孟山都公司总部从事一个得到美国国际开发署、农业生物技术应用获取服务组织和世界银行支持的项目。旺布古声称，转基因甘薯能将每公顷的甘薯产量从 4 吨提高到 10 吨。[63] 2001 年，美国国际开发署通过高调的宣传对这个项目给予支持，目的是向心存疑虑的非洲人民推广转基因作物。自称为“资本主义工具”的美国财经杂志《福布斯》宣布，旺布古是全世界 15 位将“重塑未来”的人物之一。[64]

然而，这个“重塑未来”的项目遭到了灾难性的失败。事实证明，转基因甘薯容易受到病毒攻击。其产量也被证明要低于当地普通的甘薯，而不是像旺布古预言的那样要高出 250%。[65] 肯尼亚农业研究所及其赞助企业都企图维护这种谎言，但英国萨塞克斯大学发展研究所的艾伦·德格拉西博士揭露说，旺布古和孟山都公司使用统计上的小把戏来论证他们的产量。

德格拉西说：“对转基因甘薯的统计，使用了肯尼亚甘薯平均产量中的较低数字来描绘出一幅停滞不前的画面。”一篇早先发表的文章说是每公顷 6 吨——没有提到数据出处——接着它被随后的分析沿用。然而，德格拉西注意到，“联合国粮农组织的统计数字是 9.7 吨，官方统计报告是 10.4 吨”。[66] 世界银行和孟山都公司无视这些批评，又继续在逾十二年的时间里对旺布古的研究提供资助。她俨然成了它们在非洲宣传使用转基因作物的“招牌人物”。

面对这种状况，套用已故美国幽默大师和社会批评家马克·吐温的

话说："谎言有三种：谎言、见鬼的谎言和孟山都的谎言……" *

没过多久，在 20 世纪 90 年代末美国生物技术股市牛气十足的一片莺歌燕舞中，随着转基因壁垒的纷纷倒塌，孟山都、先正达等种子巨头疯狂地推行它们主宰全世界种子供应的计划。这使得它们的"圣主"洛克菲勒基金会迫不得已在 1999 年亲自出面进行干预，目的是将这些迫不及待的农业综合企业巨头从它们的不择手段中挽救回来。

* "There are three kinds of lies: Lies, Damned Lies, and Statistics"（谎言有三种：谎言、见鬼的谎言和统计数字）原本是 19 世纪中叶英国首相迪斯雷利的一句名言，后因马克·吐温引用而在美国家喻户晓。它意指即使是准确的数字，也可能被用来论证不准确的论点。——译者注

第十一章

步步紧逼：“终结者”、“背叛者”与避孕玉米

Terminators, Traitors, Spermicidal Corn

从 20 世纪 80 年代末开始，世界基因种子巨头研制出新的、能够产生不育种子的技术，这种技术被称为“终结者”技术，使得所有使用该项技术的农民只有年年向种业公司购买新种子才能维持新的生产。随着现代基因技术的快速发展，几家跨国种子公司在美国政府和世界贸易组织的支持下，越来越主动地开发各种技术手段来保护自身的垄断经济利益。

“进两步，再退一步……”

到 20 世纪 80 年代末，依靠世界贸易组织新的影响力和白宫的全力支持，基因种业巨头陶醉于接管世界粮食供应的可能性。种业巨头们都在紧锣密鼓地研究一项新技术，该项技术能够让他们出售不能繁殖的种子。种子公司将他们的创新命名为 GURT（Genetic Use Restriction Technologies），这是“基因利用限制技术”的缩写。

这项技术很快以“终结者”种子之名为世人所知，这个名字由阿诺德·施瓦辛格主演的充满暴力和死亡的好莱坞电影引申而来。正如一位转基因生物终结者技术的支持者所言，这种种子是为“阻止缺德的农民侵害企业利益”而研发的，因为那些“缺德的农民”可能会无偿循环使用专利种子。尽管世界上绝大部分的农民都因为太穷而负担不起孟山都公司的转基因生物许可费和其他种子费用，而且他们几千年来一直都是循环使用种子的。

德尔塔派因兰（Delta & Pine Land）（以下简称“德派兰”），一家位于美国密西西比州斯科特的美国生物科技公司，是 1998 年世界上拥有商业棉花种子最多的公司。在美国农业部的财政支持下，它同美国政府一起获得了一项联合专利——基因利用限制技术（GURT），或称终结者技术。这项美国专利号为 NO.5723765 的联合专利，名为“植物基因表达控制技术”，它能够让专利的所有者和受许可者通过有选择性地对植物

DNA 排序培养不育种子，从而杀死自己的胚胎。这项专利适用于所有物种的植物和种子。[1]

这也就意味着，农民如果在收获时留存种子以备下一年使用，这些作物的种子是不会生长发芽的。豌豆、西红柿、胡椒、小麦、水稻或玉米等作物基本上都会变成种子坟场。正如一位评论家所言："只要这些人大笔一挥，人类将不可挽回地打破播种—收获—再播种—再收获的循环，这个循环支持着地球上的大部分生命。没有种子，就没有粮食……除非你去买更多的种子。"[2]

一年以后，孟山都公司宣布准备收购德派兰公司。他们将目光死死地盯住了终结者专利。它知道这项专利不仅适用于棉花种子，同样适用于其他一切种子。

终结者技术看来是实现控制世界粮食生产的农业综合企业梦想的最理想的答案。它们不再需要雇用收费昂贵的侦探去监视农户是否在重复使用孟山都的种子，也不需要向告密者提供什么免费的皮夹克。

终结者玉米、大豆或棉花种子经过基因改造，到收获季节后便"自杀"。植入的基因在种子成熟前产生一种毒素，从而使得每个种子的植物胚胎都会自我毁灭。因此，终结者技术能够自动防止农民为来年的耕种而保留或重复使用种子。尤其在那些不情愿对这样的专利权进行有效保护的发展中国家，这项技术是一种实施孟山都或其他转基因生物专利权、收取专利费的巧妙途径。

由跨国基因技术公司于 20 世纪 90 年代末出资重点研发的第二种技术——T-Gurts，与终结者技术密切相关，是它的第二代。T-Gurts，即"特性水平上的基因利用限制技术"，根据应用基因技术的植物特征而得了"背叛者"这个诨名。这是个双关词，其中不乏批评之意*。

背叛者技术同时控制植物的繁殖能力和基因性状。德派兰公司和美国农业部在它们的美国专利申请书中指出该技术是一种"对外部化学诱

---

* 背叛者（Traitor）这个名字来源于"特性"（trait），因而既可以表示与植物特性有关，又指出这种技术其实"背叛"了植物的"特性"，故而一语双关。——译者注

变剂的诱变产生反应的基因启动因子"，称为"基因开关"。基因启动因子可与某个基因相连，并被植入植物中。在激活基因启动因子的化学诱变剂的直接作用下，基因能够被有选择性地表达（即被激活）。

正式的专利申请书中继续写道，植物的生长可以由施用或停止施用化学诱变剂控制。当施用诱导剂时，阻遏因子被激活，附着在干扰基因上的启动因子被抑制，干扰蛋白不被激活，植物因而可以正常生长。如果没有化学诱变剂，基因开关被关闭，可被抑制的启动因子没有得到抑制，因此启动了干扰蛋白，植物生长因此受到干扰。[3]

转基因作物，比如水稻或玉米，只有在使用了由孟山都、先正达或其他拥有特定背叛者种子专利权的公司那里获得的特定化合物后，方能抵御病虫害。试图从"非法"种子市场购买种子的农民们是不可能获得用以"打开（基因开关）"农作物抑制基因所需的特定化合物的。

背叛者技术为孟山都和其他公司提供了开辟可出售其农业化学品的全新垄断市场的契机。此外，背叛者的成本比生产那些复杂的终结者种子来得便宜。另外，一个很少得到宣传报道的事实是，背叛者技术使研发那些只有"打开"才能生长或结果的转基因植物成为可能。

一项研究显示，新成立的先正达公司新近获得的 11 项专利"允许对基本农作物进行基因改造使其成为易生病作物（除非使用化学品进行处理）；控制作物的繁育能力；控制花期；控制出芽期；控制作物成熟期等"[4]。

到 2000 年，先正达是全球转基因生物企业中对终结者技术情有独钟的公司。然而，孟山都公司决定改变这一局面。[5]

根据美国农业部和德派兰公司之间有关终结者技术的合作协议，德派兰公司享有独家许可权，而美国农业部将从使用这项技术的商业产品中获得大约相当于净销售额 5% 的使用费。美国农业部和德派兰公司还在世界上其他 78 个国家申请了专利。美国农业部的官方背景为专利申请提供了强大的支持，这是私人小型公司在海外所无法得到的。德派兰公司在新闻发布会中表示，这项技术"前景广阔，可以为销售作物的转基因技术打开相当大的全球种子市场，而目前在这些市场中，种子都是被留存下来，并在随后的种植季节被再次使用”[6]。

事实上，农民购买的优质种子只能播种一次，所收获的种子是不育的、劣质的、非优选的，农民必须再次购买种子或从出售这些种子的公司购买能保持特定性状的化学品。[7]

美国政府为其批准基因利用限制技术专利的行为进行辩解，美其名曰“技术保护体系”（TPS）：

> 因为这种留存种子的做法，企业往往不愿意为作物研发进行投资；仅仅一年的销售收入是无法补偿这些公司在改良品种方面进行的多年投资的。技术保护体系将为用于育种或对作物进行基因改造的投资提供保障。这一体系将通过减少擅自复种和销售种子引致的潜在销售损失而实现这一点。[8]

同时，德派兰公司在一份披露了详情但未引起广泛关注的声明中宣布，该公司研发终结者技术的最初原因是打算将种子销售给在印度、巴基斯坦和中国等地种植水稻和小麦的农民。

一旦终结者和背叛者技术落入转基因农业综合企业巨头手中，其后果是难以预料的。有史以来第一次，有三家到四家私人跨国种子公司向全世界的农民就使用它们的种子作出了强行规定。有几种主要作物一般不使用杂交种子，包括小麦、水稻、大豆和棉花。农民往往为这些作物留种，好几年内，有的地方甚至更长时间内都不会再向种子公司购买新种子。[9]

终结者技术在企图将粮食作为武器的一个或几个国家的手中成为生物战中“好得令人难以置信”的工具。种子公司在向美国提交的专利申请中宣称：“全球估计有 14 亿农民在储存种子，其中 1 亿在拉丁美洲，3 亿在非洲，10 亿在亚洲。他们生产了全世界 15%—20% 的粮食。”[10]

"守护天使"拯救了转基因生物工程

大型私人跨国种子公司凭借终结者技术控制种子的潜在威胁引发了民众的抗议，这对整个基因革命的未来构成了威胁。牧师在周日布道时谈论终结者技术的道德影响；农民们组织各种抗议活动；各国政府就基因技术的最新进展举行公开听证会。整个欧盟的民众因为终结者技术的威胁及其对食品安全的影响，也因为美国及其他专利机构决定向孟山都和先正达授予多种不同的终结者技术独家专利而公开反对转基因生物。

1998 年 5 月，针对日益明显的滥用"终结者自杀种子"行为所引发的广泛且日益增长的抗议，出现了新情况。6 个月前在终结者基因技术方面获得一项专利的孟山都公司宣布将收购德派兰公司。这一举措将使孟山都公司成为终结者基因技术领域无可置疑的领先者。

计划中的收购消息引发了孟山都公司的公共关系灾难。全世界的报纸头条将此事描述为一家私人公司控制全世界农民的种子供应的野心，而事实也恰恰如此。

对终结者种子的负面宣传使得转基因食品招致的反对日益增多，这引发了转基因生物全球计划的"守护天使"的戏剧性干预。

1999 年 9 月，洛克菲勒基金会主席戈登·康韦采取了极不寻常的行动，要求亲自在孟山都董事会上发言。他向孟山都明确指出，目前孟山都最重要的事情是不要再坚持研发终结者种子技术或使其商业化。[11]

孟山都对康韦的建议言听计从。1999 年 10 月 4 日，孟山都的首席执行官罗伯特·夏皮罗召开了记者招待会，在会上他宣布公司已经决定停止终结者技术的商业化进程。当月，夏皮罗在致洛克菲勒基金会主席康韦的一封公开信中再次声明了他的立场。他说："我们公开承诺不会将不育种子技术（如被称为'终结者'）的不育种子技术商业化。我们这样做是基于您以及许多其他专家和利益相关者的意见。"全球媒体将这视为理性和社会公平的重大胜利。实际上，这是孟山都公司和洛克菲勒基金会的康韦共同设下的一场精明的战术骗局。

对于不怕麻烦仔细研读这一篇美文的人来说，孟山都实际上没有放弃任何事情。孟山都的夏皮罗并没有表示今后会放弃或拒绝研发终结者，只表示将在一段不明确的时间内暂停终结者技术的“商业化”。一般认为终结者技术的商业化还需多年的研发，最早也要在2007年才有可能，因此，孟山都所作的这一声明几乎不会使其失去任何利益，却可在公共关系方面获益颇多。

夏皮罗在公开声明中明确表示，他不会放弃终结者技术，这项技术在控制种子供应方面将不战而胜。他声明：“孟山都拥有基因保护技术手段的专利，这一技术不会使种子不育，并已研究了另一种技术，这项技术能够避免激活增殖生物科技特性的特定基因。”[12] 他指的是背叛者技术。夏皮罗还补充说：“我们目前尚未在这些技术的研发上投入资源。”[13]

但是，他强调，“我们不排除在将来出于基因保护或农业经济方面的利益，进行这些技术的研发和应用”。声明发表后不久，孟山都宣布已叫停了收购德派兰公司的计划。一切似乎都预示了终结者技术的终结。[14]

先正达公司在同一时间也宣布暂停终结者技术的商业化，但又补充说仍将继续背叛者技术的研发。关于终结者技术的热议结束了，有关终结者技术的报刊头条也已经淡出人们的视野，欺骗已经奏效。

值得注意的是，当洛克菲勒基金会的康韦和孟山都公司有关暂停终结者技术的声明成为报刊头条新闻的时候，德派兰公司在终结者技术上的合伙人——美国农业部，却没有作出这样的承诺。这确实很奇怪，因为对美国农业部来说，跟着基因巨头们一起宣布暂停终结者技术是再简单和方便不过的事情了。然而，舆论并没有注意到这一点，因为孟山都的新闻成了头条消息。

在1998年6月的一次采访中，美国农业部发言人威拉德·费尔普斯宣布了美国政府对终结者种子的政策。他解释说，美国农业部希望“在更广泛的领域内向种子公司授予许可并使其迅速地获得”这项技术。

他还补充说，政府的目标是"增加美国种子公司所拥有的专有种子的价值，并在第二和第三世界国家开辟新的市场"。美国农业部没有隐瞒这些原由。它希望终结者种子进入发展中国家，在那里，洛克菲勒基金会自1984年的水稻基因组项目开始，就已经将其转基因生物战略的核心放在转基因作物的最终扩散上。[15]

费尔普斯道出了一个众所周知的事实。以第二世界和第三世界国家的农业为目标的终结者技术正在获得来自美国政府的全力支持。这使得孟山都、杜邦及其他种业巨头可以"安全地"在目标发展中国家销售它们的转基因种子。主要负责与德派兰公司一同研发终结者技术的美国农业部的微生物学家梅尔文·奥利弗公开承认："我们的主要兴趣在于保护美国的技术。我们的任务是保护美国的农业，并使我们在面对外国竞争时具有竞争力。没有这一点，我们就没有办法保护这项技术（专利种子）。"[16]

美国农业部和德派兰公司在78个国家申请了终结者技术专利。美国农业部公开承认（这或许不够审慎），终结者种子的目标是发展中国家的人民和农民，这恰好也是洛克菲勒基金会推广转基因生物的长期目标。

1974年，亨利·基辛格的《国家安全研究备忘录第200号》的发展中国家人口控制政策、洛克菲勒基金会对在目标发展中国家推行基因技术的支持，以及开发准许私人跨国公司拥有主要的关键种子品种专利权的技术三者之间的一致性在越来越多善于思考的大众面前逐渐明朗。第三世界国家的专利法意识淡薄，甚至根本就没有专利法，所以孟山都的研发正在成为特洛伊木马，以便西方转基因种子巨头通过终结者技术实际掌控第三世界的粮食供应。

当种子公司继续完善它们的终结者、背叛者及相关技术时，1999年10月的洛克菲勒－孟山都公开暂停（终结者技术商业化）公告是精心策划的阴谋，其目的是转移大众的视线。

同时，正如洛克菲勒基金会意识到的，为了占领巨大的种子市场，并让使用转基因专利种子成为不可逆转的事实，当务之急是在全世界推广转基因种子。在某些案例中，当地农民指控孟山都之流将转基因种子非法走私进巴西、波兰等国家，以便它们今后声称农民“非法”使用了其专利种子，进而要求这些农民支付专利使用费。

孟山都真是聪明绝顶。在巴西，孟山都把走私转基因大豆变成维护自己利益的手段，与转基因大豆非法生产者一同向卢拉政府施压，以迫使其将这些作物合法化。一旦转基因大豆在巴西合法，孟山都又开始着手终结“黑市”。在政府向将其农作物注册为种植转基因大豆的农民颁布豁免之后，孟山都与生产商组织和大豆压榨商、合作社及出口商达成了协议，强迫巴西农民支付专利使用费。[17]

洛克菲勒基金会的康韦清醒地认识到，孟山都在推广终结者技术方面的猛烈攻势正在危害利用粮食供应控制全球的整个战略，这个战略正处于最脆弱的阶段。1999 年，转基因种子在美国种子市场上只占据很少的份额。除了偶有例外，例如在阿根廷，它们在发展中国家的市场份额也是很少的。欧盟禁止或暂停向转基因作物颁发许可证。巴西、墨西哥和许多非洲国家严禁进口或种植转基因产品。如果孟山都公司坚持公开研发终结者技术，洛克菲勒基金会及其合作伙伴与政治盟友的整个基因革命计划就将处于脱轨倾覆的危险之中。

如果全世界面对转基因种子可能带来的恶果幡然醒悟的话，就会在灾难发生之前奋起反抗。无论如何，这正是洛克菲勒基金会所做的罕见的公开干预的原因。为了拯救整个计划，洛克菲勒基金会实际上对孟山都进行了十分严厉的警告，而孟山都对此心领神会。

但是，1999 年以后终结者技术的研发工作从未停歇过。

当孟山都公司于 1999 年底放弃与德派兰公司的合并谈判时，德派兰公司与美国农业部仍在继续完善终结者和背叛者技术的整个计划。在一次新闻采访中，德派兰公司的副总裁哈里・柯林斯在《农业、工业生物科技律师函》杂志上对他的转基因生物行业的同仁们宣布：“我们一直在开展技术保护体系（TPS 或终结者技术）的工作。我们从未放慢过步伐。我们正在向使其商业化这一目标前进。我们从未真正退却过。”[18]

1999年后，他们的合作伙伴美国农业部也没有放弃之前的主张。2001年，美国农业部农业研究服务署的网页上写道："美国农业部没有计划将技术保护体系引入任何种质中……我们介入此事是为了帮助研发技术，而不是帮助企业使用技术保护体系。"——这就好比说，"我们的手是干净的"[19]。

事实并非如此。

美国农业部接着说，它"致力于使（终结者）技术获得尽可能广泛的应用，这样，其带来的好处将会使整个社会都受益……农业研究服务署有意就这一独特的基因控制发现在其他方面的应用展开研究……当新的应用进展到适当的开发阶段时，这项技术就会转交给企业进行商业使用"[20]。这意味着终结者技术在美国政府一手扶持下蓬勃发展。

2001年8月，美国农业部宣布它已与其伙伴德派兰公司签署了一项许可协议，准许该公司将终结者技术商业化并用于其棉花种子。这次，公众保持了沉默。关于此事的争论正在从公众的视线中消失。几天后，2001年的"9·11事件"彻底淹没了美国农业部的声明。突然间，世界平添了新的烦恼。

有关终结者技术的新闻报道平息后，孟山都自2003年6月起将终结者技术重新包装成为"生态增益"的技术。孟山都不再强调种子的控制方面，而是开始强调转基因种子的可控性，可以避免通过诸如借由风或花粉等途径的传播对非转基因作物造成污染，从而推广终结者或基因利用限制技术。2004年2月，孟山都的罗杰·克鲁格与德派兰公司的哈里·柯林斯一起为国际种子联盟创办的杂志写了一篇论文，该机构是一个行业保护联盟。他们的文章不理会所有对终结者或基因利用限制种子的危险的"猜测"，宣称："基因利用限制技术有潜力使农民受益，无论土地的面积大小，还是处于何种经济或地理区域。"这次他们将终结者或基因利用限制技术解释为针对植物污染问题的"可行的技术解决方案"。

“把它从他们血淋淋的喉咙里塞下去……”

对终结者种子的抗议浪潮一朝从世界报刊的头条上消失，主要的基因种子公司与美国政府一唱一和，开始使用越来越多的强制策略，强迫世界人民，特别是发展中国家的人民吞下转基因种子这枚苦果。它们采用贿赂、胁迫及将转基因种子非法走私到他国等手段“传播转基因生物的福音”。

2002年，美国国务院命令其所有的援助机构充当世界警察。这些机构都接受一个政府机构——美国国际开发署的指导，一旦受援国对进口转基因粮食有抵触，它们要立即向美国国际开发署汇报。它们接到命令收集文件，以确定当地政府反对转基因生物的态度是出于“贸易还是政治动机”。如果它们认为是出于贸易动机，美国政府将诉诸世界贸易组织或以世界贸易组织的制裁威胁受援国家，这些威胁通常对贫穷国家十分奏效。[21]

为帮助孟山都、杜邦及其他美国种业巨头推销转基因种子，美国国务院和美国农业部联手以紧急灾害援助的形式提供经过基因改造的美国剩余商品。这种行为受到国际救援组织的谴责，因为这一行为在向孟山都及其盟友打开市场的同时破坏了该国的农业经济。欧盟对美国政府“将粮食援助当作处理剩余物资的措施”提出正式抗议。[22]华盛顿对此却不予理会。

2003年初，印度政府拒绝进口1000吨美国大豆－玉米混合物，因为它可能含有对人类健康产生威胁的转基因食品，而且也没有经过充分的测试。由美国粮食援助机构——美国援外合作社和天主教救济服务会提供的此次进口因而未获批准。美国国际开发署把这一事件当作不足挂齿的小事，继续推行其计划。[23]

长期以来，国际救援机构的做法是在国际市场上购买粮食，如果可能，从受援国或邻近国家的农民手中购买。而美国国际开发署通常要求设立在美国的粮食援助组织只能采用由美国国际开发署提供的粮食，即美国的转基因粮食。实际上，美国是唯一坚持将本国剩余粮食用于粮食捐赠的国家。

2002 年 10 月，伦敦的《卫报》报道指出，美国政府向南部非洲的六个遭受严重旱灾的国家提供了价值 2.66 亿美元的紧急灾荒援助。然而，尽管在市场上能够买到足够的传统玉米，美国政府仍然只提供库存的剩余转基因玉米。[24] 在非洲的那些受灾地区，玉米是主食。赞比亚、马拉维和津巴布韦基于潜在的健康危害，都拒绝接受转基因玉米。欧盟及其他粮食援助捐赠国向受援国家提供现金让受援国在国际粮食市场上购买粮食，这正是灾荒时通常采用的国际惯例。华盛顿则另有打算，即不惜以任何方式，尽可能远和尽可能广地推广转基因种子。

当美国国际开发署署长安德鲁·纳齐奥斯遭到新闻界质疑时，他厉声回应道："挨饿的人不会把这些粮食当作种子来种地。他们早就把这些粮食吃光了。"[25] 获得转基因种子的农民当然会为下一季而播种，但他们并不知道所得到的种子的成分，而且种子没有贴上转基因生物的标签。孟山都、杜邦或其他任何一家种业巨头事后才会提醒那些农民，说它们的种子是转基因种子，留种是不能收获的。联合国曾就此事声称，包括玉米在内用于援助的 16 万吨非转基因粮食被分发给了邻近的肯尼亚等多个国家。[26]

在谈到美国国际开发署对赞比亚施压迫使其接受转基因玉米的灾害援助时，农业经济学家和前美国国家科学院农学部执行主席查尔斯·本布鲁克博士回答说："并不缺少可以提供给赞比亚的非转基因粮食，利用赞比亚人民的需要，用生物科技来增加'政绩'是不道德的，事实上也是厚颜无耻的。"[27]

2001 年，两个由华盛顿主导的组织——国际货币基金组织和世界银行，要求马拉维出售其国家紧急粮食储备以偿还该国将于 2002 年到期的外债。可以预见，处在严重干旱中的马拉维无法向饥饿的人民提供粮食。美国国际开发署向该国运送了 25 万吨剩余的转基因玉米。英国首相的科技顾问戴维·金教授谴责美国迫使非洲接受转基因技术的行为，并将其称为“大规模人体试验”。国际行动援助组织（一家英国的援助机构）批评说：“农民陷入一种恶性循环，对少数几个跨国种业巨头的专利种子的依赖与日俱增。”[28]

这正是美国的如意算盘。

2003年6月，小布什在欧洲八国峰会上，利用他作为美国总统的巨大影响力来支持这个计划。他说道：

> 我们在欧洲的伙伴出于毫无事实依据的和缺乏科学证据的担忧，已经封杀了所有的新生物作物。这导致许多非洲国家拒绝在生物科技上投资，担心它们的产品被欧洲市场拒之门外。[29]

小布什对欧盟施加压力，要求解除1997年批准的针对转基因植物的禁令。南部非洲有着世界上最肥沃的土壤、充足的水源和温和的气候，像孟山都和嘉吉这样的农业综合企业都对此垂涎已久，希望利用它们那一套工厂式的工业化农业和转基因作物耕种方式来开发其潜力。挡在它们路上的是那里的几千万贫苦人民。

然而，在新千年伊始，非洲并不是在世界范围内大规模繁育转基因种子的唯一目标。孟山都、杜邦、先正达和其他大型基因种子企业使用类似的胁迫、贿赂及其他非法手段，把它们的种子运送到波兰、印度尼西亚，甚至更远的地方。在印度尼西亚，孟山都为了绕开对新转基因作物的审查而贿赂了该国的一位高级官员，为此孟山都被迫承认有罪并支付了5万美元罚金。法院记录显示，这次贿赂是由孟山都美国总部授意的。[30]

在波兰这个拥有欧洲最肥沃土地之一的国家，孟山都和其他大型农业综合企业非法播种转基因种子。在巴西，孟山都被控非法走私并大量种植转基因大豆，因为种植数量巨大，该国政府被迫于2005年初解除了对转基因作物的禁令，并声明控制转基因生物蔓延的努力是徒劳的。基因革命正在以一切可能的方式向前推进。[31]

一种非常特别的玉米

转基因生物种子一旦被种植，它们会不受地域限制，迅速蔓延。终有一日，利用世界贸易组织制裁机制的威胁，跨国转基因种子公司将主宰地球上大部分农业区域的种子供应，随心所欲地给予或剥夺生存资源。在情报用语中，这种能力被称作是"战略性剥夺"。潜在的敌人或对手可能被剥夺战略性资源，例如能源、粮食；或者以剥夺相威胁，除非他们同意由那些控制资源的人提出的某些政策要求。

那么，问题来了，致力于减少全球人口的洛克菲勒基金会、福特基金会和美国权势集团的大人物们的长期战略愿景将如何实现呢？答案很快就会揭晓。

在圣地亚哥，一家小型的私人生物科技公司艾培赛特（Epicyte）公司于 2001 年 9 月召开了一场记者招待会。会上，该公司骄傲地宣布了其最新的研究成果。该公司报告说，它已经成功地创造了转基因玉米的终极版本——避孕玉米。为了制造这种玉米，该公司从患有罕见的免疫型不孕症的妇女身上收集抗体，利用基因工程技术将这些基因植入可生产玉米作物的普通玉米种子内。[32]

"我们有一个温室，里面种满了用于生产抗精子抗体的玉米。"艾培赛特公司的总裁米奇・海因吹嘘道。[33]

这个重大发现公布后并未引起世界主要媒体的重视。当时，艾培赛特公司已经通过美国三大农业综合企业基因种子巨头之一的陶氏益农公司，与陶氏化学公司签署了战略性合作研究和许可协议。陶氏化学公司曾经是那些用在越南的橘剂的生产商。当时，它们宣称合资经营的目的在于将艾培赛特公司的技术突破与陶氏益农公司在"农作物基因工程方面的实力"集合在一起。艾培赛特公司即将投产的抗体正被转化入玉米中。艾培赛特公司和陶氏集团已达成一项为期四年的计划，研究转基因植物中对抗体的表达、稳定性和积累有所影响的因素。[34]

艾培赛特公司也与诺华农业开发院（先正达）与巴尔的摩的瑞普罗

特克（ReProtech）公司已经签署了合作意向书，研究其他可用于避孕的基于抗体的微生物。[35]

2002年10月6日，美国哥伦比亚广播公司报道，在开发终结者技术方面态度十分积极的美国政府机构——美国农业部，在全美各处资助了32块实验田用于通过各种作物生产药物和药物化合物。美国政府的实验田包括艾培赛特公司的杀精玉米技术。未公开的真相是，美国农业部还通过其诸多生物研究实验室（如马里兰州的埃奇伍德化学和生物中心）向美国国防部的科学家提供田间实验的结果。[36]

以前生产用于避孕的抗体需要价值高达4亿美元绝对无菌的特殊发酵条件的昂贵设施，并以仓鼠的卵巢菌作为抗原。艾培赛特公司声称，它仅需要约40公顷玉米地来种植特殊的转基因杀精玉米，便能产生大量可作为抗体的杀精剂，成本减少了90%，仅需要几百万美元。[37]

当时，艾培赛特公司在简要公告中将杀精玉米标榜为对世界"人口过剩"问题的贡献，并预计杀精玉米可于2006年或2007年面市。

新闻发布会后，关于艾培赛特公司在创造可能杀灭人类精子的杀精玉米这一突破的讨论便销声匿迹了。该公司于2004年5月由北卡罗来纳州皮茨伯勒的一家私人生物科技公司——拜奥莱克斯（Biolex）接管。拜奥莱克斯因而获得了艾培赛特制药公司。[38]媒体上再没有出现有关杀精玉米研发的报道，这个主题从此就从人们的视线中消失了。

但是有传闻说，杀精玉米的研究仍然在秘密进行着，因为害怕这种使男人食用后造成不育的玉米一旦面市会引起政治上的轩然大波。由于在未经许可的情况下在墨西哥玉米种子财富的核心地区瓦哈卡州推广基因工程玉米，墨西哥农民已经举行了声势浩大的抗议。[39]

不难想象，这是玉米惹的祸。玉米是大多数墨西哥人的主食，现在玉米染上了艾培赛特公司的杀精抗体。"来点一份杀精玉米的玉米棒吗？还是杀手玉米煎饼，先生？"或者再来一碗玉米片？家乐氏玉米片公司的创始人曾在一百年前与约翰·D. 洛克菲勒一起创立了美国优生学会。

事实已越来越清楚，从终结者自杀种子到杀精玉米，美国强大的精英集团为什么支持将经过转基因改造的种子引入世界食物链放在战略优先地位。这些精英拥有巨大的财富，而且由于小布什政府的减税政策，它们基本上不用交税。这批精英不仅包括洛克菲勒基金会、福特基金会及与美国富有家族有瓜葛的其他基金会，还包括美国国务院、国家安全委员会、农业部，以及国际货币基金组织、世界银行与世界卫生组织和联合国粮农组织等联合国机构在内的这些引领政策的小圈子。

破伤风、洛克菲勒和世界卫生组织

洛克菲勒基金会的伙计们煞费苦心，想通过在全世界繁育转基因种子以解决世界的饥饿问题。只是他们设定的方法是基于"供方"而非"需方"。他们想通过人类生殖过程本身来对人口加以控制。

那些对他们的意图持怀疑态度的人，只需看看这个基金会与联合国世界卫生组织在墨西哥、尼加拉瓜、菲律宾和其他更为贫困的发展中国家所干的勾当，就一目了然了。洛克菲勒基金会在那些地区被逮个正着。

基金会私底下资助了世界卫生组织的一个名为"生殖健康"项目，这个项目开发出一种新型破伤风疫苗。这可不是洛克菲勒基金会的人一时心血来潮，他们也不敢说对其所资助的项目的真相一无所知。他们自 1972 年开始就与世界卫生组织的研究人员合作，开发出一种新的双重疫苗，基金会同时还资助其他生物技术领域的研究，其中包括基因工程作物。[40]

20 世纪 90 年代早期，根据全球疫苗研究院的报告，世界卫生组织监督了在尼加拉瓜、墨西哥和菲律宾进行的大规模破伤风疫苗接种行动。墨西哥促进生命委员会，一个由信奉罗马天主教的非神职人员组成的组织，对世界卫生组织项目背后的动机产生了怀疑，并决定测试多瓶疫苗。他们发现瓶中含有人绒毛膜促性腺激素。对于为保护人类免遭因身体被锈钉刺伤或接触到土壤中的某种特定细菌而发作的破伤风疫苗来说，这是一种奇怪的成分。破伤风本身是一种相当罕见的疾病。[41]

同样令人不可思议的是，人绒毛膜促性腺激素是维持妊娠所需的天然激素。然而，它与破伤风类毒素抗原载体混合的时候会激发针对人绒毛膜促性腺激素的抗体，使女性无法维持妊娠，这是一种隐蔽形式的流产。有关加入了少量人绒毛膜促性腺激素的疫苗的类似报告也发生在菲律宾和尼加拉瓜。[42]

墨西哥促进生命委员会组织还确认了世界卫生组织疫苗项目的其他几个匪夷所思的事实。破伤风疫苗只给15—45岁间的育龄妇女注射，没有给男性或儿童注射。[43]此外，疫苗在数月内分三次注射，以此确保妇女的人绒毛膜促性腺激素维持足够高的剂量，尽管一次破伤风疫苗注射至少在十年内有效。人绒毛膜促性腺激素的出现是明显的疫苗污染。人绒毛膜促性腺激素并不是该疫苗的成分。任何接种破伤风疫苗的妇女都不知道该疫苗含有堕胎药剂。显然，这正是世界卫生组织的意图。

墨西哥促进生命委员会顺藤摸瓜了解到，为开发使用人绒毛膜促性腺激素的抗生育破伤风疫苗及其他疫苗，洛克菲勒基金会与约翰三世的人口理事会、世界银行、联合国开发计划署和福特基金会等其他机构已与世界卫生组织“同舟共济”足足二十多年。[44]

那些参与资助世界卫生组织研究项目的“其他机构”还包括全印度医学研究所和数所大学，如瑞典的乌普萨拉大学、芬兰的赫尔辛基大学和美国的俄亥俄州立大学。这个名单还包括美国政府，它是通过美国国立卫生研究院所属国家儿童健康与人类发育研究所参与进来的。这家美国政府机构为一些抗生育疫苗试验提供了人绒毛膜促性腺激素。[45]

1988年6月11日，英国医学期刊《柳叶刀》在一篇题为《世界卫生组织避孕疫苗的临床试验》的文章中，确认了墨西哥促进生命委员会的发现。为什么破伤风类毒素抗原成了“载体”？据该项目的一位科学家塔尔沃说，使用人绒毛膜促性腺激素抗体是为了开发一种成功的抗生育疫苗，因为人体不会攻击自身产生的人绒毛膜促性腺激素，人体必须被“欺骗”才会将人绒毛膜促性腺激素作为入侵的敌人。[46]

到1993年中期，世界卫生组织从其并不充裕的研究资金中已向被委婉地称为“生殖健康”的研究项目总计投入3.65亿美元，包括在破伤风疫苗中植入人绒毛膜促性腺激素。世界卫生组织官员拒绝回答为什么接种疫苗的妇女被发现带有抗人绒毛膜促性腺激素抗体这类显而易见的问题。一开始他们对此矢口否认，后来他们则苍白无力地回答说人体绒毛膜促性腺激素事件“微不足道”。[47]

他们宣称这些指控是“捍卫生命权的组织和天主教机构”提出的，好像这就意味着某些致命的偏见，以此来摆脱墨西哥促进生命委员会的揭发。如果你无法否认信息本身，至少要设法使他人相信传递这个信息的人不可靠。

值得注意的是，又有四个用于菲律宾妇女的破伤风疫苗样品被送至马尼拉的圣路加路德教医疗中心。在那里，四个样品在检测后均对人绒毛膜促性腺激素呈阳性反应。世界卫生组织官员即刻推卸责任。世界卫生组织宣称，人绒毛膜促性腺激素来自生产过程。

该疫苗由加拿大康诺特实验室有限公司和澳大利亚 Intervex and CSL 实验室生产。作为世界最大的疫苗生产商之一的康诺特公司，是法国制药企业罗纳普朗克集团的子公司。在其他研究项目中，康诺特生产一种基因工程版本的人类免疫缺陷病毒（HIV）。

显然，人口控制和转基因作物是大幅减少世界人口这个整体战略的一部分。这个整体战略以“解决世界饥饿问题”的名义公之于众，实际上却是五角大楼所称的生物战的一种精明体现。

暗藏的转基因生物计划浮出水面

美国和英国政府对在全球推广转基因种子的大力支持，事实上，这一行为就是在执行自20世纪30年代以来洛克菲勒基金会一直秉持并执行的几十年政策，后者当时资助了纳粹的优生学研究，即大规模减少人口，以及盎格鲁－撒克逊白人精英对有色人种的控制。在这个圈子的一些人看来，战争作为减少人口的手段，不仅代价高昂，而且效率低下。

1925 年，英国的温斯顿·邱吉尔（一位不折不扣的种族主义者）写道：政府的可取之处在于有能力“系统地准备瘟疫并深思熟虑地施放到人和牲畜中……用枯叶病摧毁农作物，用炭疽杀死马和牛……”对生物战的潜力大加赞扬。那时是 1925 年。[48]

这个观点在美国军方高层的讨论中也有所反映。美国航空理论、研究和教育学院的空军中校罗伯特·P. 卡德莱茨，在其 20 世纪 90 年代出版的一本名为《未来战场》的书中讨论了转基因作物的生物战潜力。他指出，基于转基因生物的生物武器是“本轻利厚”的大规模杀伤武器。他写道：“与其他大规模杀伤武器相比，生物武器是廉价的。美国国会科技评价局的最新报告测算，生物武器库的成本仅为 1000 万美元……这与开发一种核武器至少需要 2 亿美元形成鲜明对照。”[49]

卡德莱茨接着说道：“以地方病或自然疾病事件作为掩护使用生物武器，使得攻击者更可能找到否认（使用生物武器）的理由。在这种情况下，使用生物武器的可能性比使用核武器的可能性要大。”[50]

据生物武器和转基因作物研究项目（即“阳光工程”）报告称：“美国、英国、俄罗斯和德国的研究人员通过经基因改造的生物武器制剂，开发了新的致命（毒剂）品系……基因工程可被用于扩充传统的生物武器库……细菌不仅能够对抗生素或疫苗产生抵抗力，而且可能变得更具毒性，从而使得防范和治疗变得更加困难。”[51]

回到 20 世纪 80 年代，美国五角大楼悄然开始生物技术的军事应用。那时，洛克菲勒基金会正在推行其大型基因工程水稻项目，启动基因革命。考虑到苏联的威胁，美军研究人员开始在高度机密的研究中使用新的基因工程技术。这些项目之一是研究一种经过基因修饰的精制鸦片类制剂，只需要很少的剂量就会使人嗜睡、焦虑、顺从或暂时失明。

更为明显的是，在终结者技术、转基因生物杀精剂和其他基因革命进展的背景下，小布什政府拒绝禁止进一步研发生物武器，同时也拒绝签署旨在控制全球温室气体和二氧化碳排放的《京都议定书》[52]。生物武器协议是华盛顿单方面拒绝签署的一系列重要条约之一。但是，媒体恭顺地将注意力转移到小布什拒签《京都议定书》一事上，基本忽略了政府拒绝在禁止生物和有毒武器方面展开协作这一重大事件。

2001 年 1 月，小布什就职后的第一件事就是宣布他拒绝支持具有法律约束力的《禁止生物和有毒武器公约》(BTWC)，导致国际会谈失败。他对此没有说明任何理由。2004 年，英国医学会的研究得出了结论。它援引“基因武器技术”取得的进步，指出世界也许离制造出“杀死特定种族的可怕生物武器”只有几年的时间。[53]

斯坦福大学的生物物理学家史蒂文·布洛克教授有着多年在五角大楼和政府从事生物学机密研究的亲身经历。他指出：“我们不禁要说，任何心智正常的人都绝不会使用这些东西。”但是，布洛克补充说：“并不是每一个人都心智正常……”[54]

第十二章

趁火打劫：

禽流感恐慌和转基因鸡

Avian Flu Panic and GMO Chickens

利用人类对禽流感疾病的恐惧，五家美国公司和一家与白宫有联系的泰国公司正在推行世界鸡肉生产工业化的举措，并试图实现将肉鸡群体作为第一个转基因动物群体的目标。由于肉鸡是人类最重要的禽肉蛋白来源，这种控制行为产生的垄断利润是不可估量的。

总统拉了兄弟一把

2005年11月1日，小布什总统前往位于马里兰州贝塞斯达的美国国立卫生研究院，召开了一场不同寻常的高调记者会，宣布了一项长达381页的计划，官方称为“大规模流感战略计划”。在此之前，在2003年5月的总统记者会上，总统宣布他有意向WTO提出申请，以采取行动打破欧盟暂停对转基因生物审批。因此，这个计划在很多方面都不同寻常，意义重大。

美国国立卫生研究院的这次记者会可不是小布什一次普通的露面。它意味着即将有大事发生。在记者会上总统被几乎半数内阁成员簇拥着，包括国务卿康多莉扎·赖斯，以及国土安全部部长、农业部部长、卫生部部长和交通运输部部长，有趣的是退伍军人事务部部长也位列其中。为了强调这件事非同小可，白宫还邀请了世界卫生组织总干事专程从瑞士日内瓦飞抵参加。

总统开始讲道：“此刻，在美国或世界上没有大规模的流感发生。以史为鉴的话，我们有理由担忧。20世纪，我们的国家和全世界三次遭到大规模流感的袭击，都是因为鸟类携带的病毒所致……”

小布什就迫在眉睫的危险向美国人民讲道：“科学家和医生不能告诉我们下一次流感将在何时袭击何地，情况将有多严重，但大多数人都一致认为，近期我们可能面对又一次大规模的流行病。科学界越来越担忧一种名为H5N1，或称禽流感的新型流感病毒……”

总统接着警告说：

> 此时此刻，我们还没有证据显示大规模流行病即将来袭。东南亚的大多数患者都接触了受感染的鸟类。当禽流感病毒从亚洲扩散到欧洲时，还没有报告说美国的鸟类、动物或人受到感染。即使病毒最终在美国本土的鸟类中出现，这也并不意味着我国人民将受到感染。禽流感主要还是动物疫情。到现在为止，除非人们直接、持续接触受感染的鸟类，他们就不大可能罹患禽流感。[1]

小布什然后呼吁国会立即通过一项金额为71亿美元的应急资金议案以应对可能的危险。这是小布什政府发动“先发制人战争”的一次演习，只是这次针对的是禽流感。像其他的先发制人战争一样，这一次也有多重目的。

总统的应急措施列表中最重要的是要求国会再拨款10亿美元，以便采购在加利福尼亚开发的一种叫作达菲的药品。

达菲被华盛顿方面及世界卫生组织誉为唯一能够有效减轻一般或季节性流感症状的药物，并且也被认为“可能”减轻禽流感症状的药品。瑞士大型制药企业罗氏持有制造达菲的唯一许可。鉴于美国日渐增多的恐慌事件和国际媒体对致命的H5N1型禽流感及“高风险”的人—人交叉感染的警告，罗氏的订单已经排到数月之后。

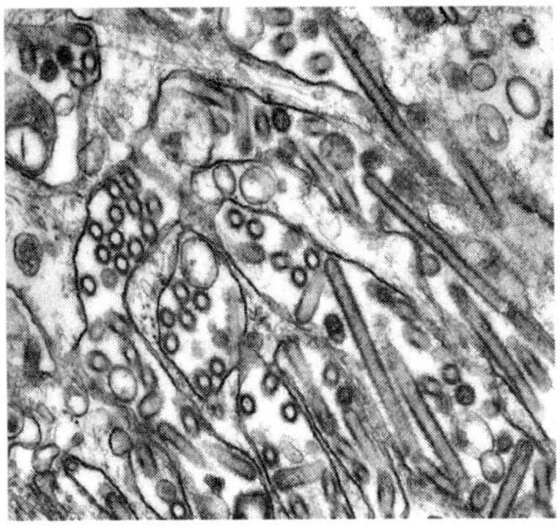

H5N1病毒的电子显微镜照片。

小布什总统忘了讲的是，达菲由一家名为吉利德科学公司的加利福尼亚生物科技公司研发并持有专利。这家美国上市公司在对达菲日益增长的市场需求时，采取了相对兴趣中一直很低调的姿态，这可能是因为总统的亲密朋友唐纳德·拉姆斯菲尔德的缘故。在他成为小布什政府的国防部部长前，自 1997 年起便担任吉利德科学公司的董事会主席。他直至 2001 年初仍担任此职，那年他成为美国国防部部长。根据 1997 年 1 月 3 日公司新闻发布会透露，拉姆斯菲尔德自 1988 年就进入了吉利德科学公司的董事会。[2]

2004 年 11 月，就在拉姆斯菲尔德任国防部部长期间，他的主管卫生事务的部长助理发布了一项关于禽流感的指令。文件中说："……奥司他韦（即达菲）将被用于预防和治疗疾病。有证据显示，H5N1 对奥司他韦敏感。然而，达菲在世界范围内的供应极其有限，它的使用将得到优先考虑。"[3] 2004 年，五角大楼的指令对世界各国政府都纷纷抢购达菲作出了重大贡献。

未经证实的报道说，在拉姆斯菲尔德任国防部部长期间，他还额外购买了他的老东家吉利德科学公司价值 1800 万美元的股票。这使他即使不是吉利德科学公司的最大股东，也是最大的股东之一。当惊慌的世界人民争先恐后地购买对禽流感的疗效仍不确定的药品时，他就能躺在床上从专利权使用费和股票升值中大赚一笔了。[4]

这种现象与哈利伯顿公司的腐败类似，该公司的前任 CEO 是美国前副总统迪克·切尼。切尼的哈利伯顿公司在伊拉克和其他地区获得了价值数十亿美元的美国建筑承包合同。[5]

自 2004 年以来，美国政府就加快了资助研制针对 H5N1 禽流感病毒的疫苗的工作。位于美国宾夕法尼亚州斯威夫特沃特的赛诺菲巴斯德公司是世界第三大制药巨头法国赛诺菲－安万特制药集团的子公司，它利用 2004 年盛行于东南亚的 H5N1 禽流感病毒，减活分离制造出了疫苗。赛诺菲巴斯德公司得到了美国政府下属的国立卫生研究院国家过敏与传染病研究所（NIAID）的合同，于 2004 年 5 月开始生产 H5N1 禽流感病毒的疫苗。

2007 年 4 月，尽管在一年前，美国食品药品管理局发现赛诺菲巴斯德公司生产的流感病毒疫苗遭到了污染，但还是批准了该公司的 H5N1 禽流感病毒疫苗投入使用。美国食品药品管理局批准的 H5N1 禽流感病毒疫苗显然对人—人接触暴发的禽流感没有什么真正的效用。在宣布批准这一疫苗时，美国食品药品管理局声称："一旦禽流感暴发，间隔 28 日两次注射该疫苗将提供'有限的'保护。研究中，注射了该疫苗的人群中有 45% 获得了针对该病毒的免疫力。"

目前，H5N1 禽流感病毒还没有变异成可以通过人—人接触方便地进行传播的形式。这难道是赛诺菲巴斯德公司以及其他与美国政府签订了合同的实验室的研究人员所努力的方向？如果真是这样的话，那这显然属于高度机密的研究。有信誉的英国杂志《新科学家》对此评论道："如果 H5N1 禽流感病毒确实发生了变异，那么还不清楚目前开发出来的疫苗是否能对大规模传播的病毒有效。生产商可以针对那样的病毒重新开发一种疫苗，但是按照目前的生产方法，这需要好几个月的时间。"

这份杂志注意到，针对赛诺菲巴斯德公司的疫苗的研究是由美国国立卫生研究院进行的，属于美国政府应对大规模流感暴发的工作的一部分。由此产生的问题就是美国政府是准备"应对"还是"制造"一场大规模流感暴发？这种 H5N1 禽流感病毒疫苗既然无法阻止禽流感的大规模暴发，那么美国政府又为什么要花费纳税人数亿美元的血汗钱来囤积这种疫苗呢？

禽流感恐慌会不会又是一场最终目的尚不明确的五角大楼的大骗局呢？

基辛格和生物战

回到 20 世纪 70 年代中期，由纳尔逊·洛克菲勒一手栽培、在理查德·尼克松属下担任国家安全顾问的亨利·基辛格掌控着美国的外交政策，其中包括美国、英国、德国和其他北大西洋公约组织成员参与的绝密的第三世界国家人口削减战略——《国家安全研究备忘录第 200

号》计划。根据 1975 年美国国会的记录，基辛格选中美国中央情报局来研发生物武器。[6] 在这些新的人造生物武器中，有远比禽流感更致命的病菌。[7]

到 1968 年，当基辛格要求并得到将“人造生物剂”运用到细菌战和人口控制中的最新情报时，美国政府特别癌症病毒项目的研究人员刚刚合成了突变重组流感病毒。在这个项目中，流感和副流感病毒与速效白血病病毒进行重新组合，以生产出可能的传播癌症的武器，以便通过打喷嚏传染流感的方式传播癌症。据艾滋病研究者伦纳德·霍罗威茨博士说，这些研究人员还收集了鸟类癌症（恶性肉瘤）病毒，并将其接种给人类和猴子以确定其致癌性。[8]

与之相关的研究还有美国政府的研究人员用辐射增强禽类病毒的致癌性。这些令人难以置信的科学事实经官方的新闻检查而禁止公布。2003 年突然暴发的、据认为可能致命的禽流感病毒新菌株的全球性恐慌，必须引起我们的高度重视。

农业综合企业从禽流感恐慌中获益

不止是国防部部长拉姆斯菲尔德成为美国、英国及其他国家对达菲进行政府采购和储备的直接受益者，禽流感恐慌还被用于增强类似于阿肯色州的泰森食品股份有限公司这样的工厂化家禽农场和农业综合企业在全球的统治地位。

奇怪的是，全球农业综合企业巨头拥有的庞大的、不卫生的和拥挤不堪的工厂化养鸡场并没有被当作可能的 H5N1 病毒孵化器或来源而加以彻底检查。相反，那些至多养了 10—20 只鸡的小型家庭养鸡户，特别是亚洲鸡农成了禽流感恐慌中的众矢之的。

像泰森食品股份有限公司、裴顿农场有限公司和康尼格拉禽类公司这样的大型美国养鸡工厂展开了宣传活动，虚假地宣称，因为它们的鸡是在封闭的设施中饲养的，所以它们的鸡与亚洲养鸡场里那些四处放养的鸡相比要更安全一些。

作为由哈佛主导、约翰·戴维斯教授和雷·戈德堡教授一手推动的农业综合企业纵向整合计划的组成部分，美国家禽业成为农业工业化或“工厂化农场”的首批目标。[9]

到 2003 年第一例亚洲 H5N1 禽流感病毒公开报道的时候，美国的工业化养鸡和屠宰已经发展到由五家大型跨国农业综合企业主宰鸡肉生产和加工的地步。

事实上，根据业内期刊《WATT 美国家禽》指出，到 2003 年为止，有五家公司在美国家禽生产中处于压倒性的统治地位，它们的经营活动都是垂直纵向整合的。[10]

这五家公司分别是世界最大的泰森食品股份有限公司、金吉公司、朝圣者荣耀公司、康尼格拉禽类公司和裴顿农场有限公司。2007 年 1 月，朝圣者荣耀公司收购了金吉公司，从而成为全球最大的养鸡农业综合企业巨头。这五家公司每周生产 1.68 亿千克即食鸡肉，相当于大约美国即食家禽产量的 56%。2005 年，美国工厂化养鸡场生产了 90 亿只“嫩鸡”或肉鸡，即 217.7 亿千克鸡肉。仅泰森食品股份有限公司的所在地阿肯色州就生产了 28.64 亿千克鸡肉。[11]

它们是在恶劣的卫生和安全条件下生产鸡肉的。

2005 年 1 月，美国政府审计办公室向美国参议院提交的报告《肉禽业的安全性》中的结论认为，美国的肉禽加工厂有“所有行业中最高的工伤率和致病率”。它引述（工人们的）工作环境充满了“危险化学品、血腥和粪便，加上空气流通不良和高温难耐”。工人通常面对危险的环境、巨大的噪声，必须在狭窄空间内使用锋利的工具和操作危险的机械。[12]

另一份报告来自一个非营利性组织“万岁！美国”，它对美国工厂化农场环境的调查指出，“由于基因选择、饲料以及无法在工厂化农场里走动或运动，现在的鸡比以前长得更大而且更快”。它援引美国农业部的一项研究指出："20 世纪 40 年代，肉鸡一般需要 12 周才能达到上市体重约 2 千克，然而，由于工业化生产方法的非自然因素，它们现在只要 6 周就可达到这个重量并被宰杀。"[13]

在庞大的工厂化农场中集中圈养，使用催生长素引发了大量的健康问题，由于使用激素和疫苗注射以加快生长，导致肌肉的生长超过了骨头的发育，鸡通常患上腿部和骨骼疾病，影响了它们的行走能力。不能走路，它们就得蹲在条件糟糕的窝里，导致胸部水肿或者跗关节灼伤。鸡的器官跟不上它们的高生长率，造成心肺衰竭或机能障碍，导致身体内体液过多，甚至死亡。[14]

确实，在美国，鸡并没有被列入联邦《动物福利法案》的保护范围。针对农场里的鸡应该如何安置、饲养或对待，联邦政府没有设立规章或标准。据越来越多的动物健康专家称，诸如 H5N1 这样的可怕的新型疾病和病毒的真正来源是工厂化农场，而非亚洲的小型散养鸡禽业。

转基因鸡的世界?

仅泰森食品一家企业每周便可加工 1.55 亿磅（约 7030.6 万千克）鸡肉，几乎是与其最接近的对手产量的三倍。泰森食品 2006 年的年收入是 260 亿美元。在禽流感恐慌的高峰期 2005 年第三季度结束时，泰森食品的收入上涨了 49%，其鸡肉利润增长了 40%。[15]泰森食品及其一小撮家禽农业综合企业的国际联盟从禽流感恐慌中获利甚丰。

美国鸡肉加工巨头在千禧年来临之际雄心勃勃，力求将世界鸡肉生产全球化。禽流感似乎是上天或地狱恰好为实现这一宏伟大业而送来的一份大礼。

那些公司的一个明确目标就是巨大的亚洲家禽市场。亚洲各国政府不堪世界卫生组织和国际社会的双重压力，迫使农民对鸡进行圈养，小农户因此而破产，像泰森食品这样的大型农业综合企业或亚洲最大的农业综合企业和养鸡公司、总部设在泰国的正大集团，则呈现出蓬勃发展的态势。

一个从事转基因生物问题研究的组织——谷物（GRAIN）在2006年2月发表的一份详细报告中揭露出“几乎在禽流感暴发的每个地方都有”泰国正大集团和其他工厂化养鸡场。[16]远至2006年初土耳其安纳托利亚、保加利亚和克罗地亚暴发的禽流感，其传播路线都与从泰国、柬埔寨或亚洲别处的正大集团家禽工厂运输加工好的禽肉的航空或铁路运输线相同，而正大集团的加工场所过分拥挤的空间及不卫生的封闭条件为疾病的暴发提供了理想的繁殖条件。

谷物（GRAIN）的报告指出：

> 近几十年来，亚洲家禽生产的转型是惊人的。在东南亚国家，如泰国、印度尼西亚和越南等大规模禽流感暴发的集中地，仅三十年时间鸡肉产量从1971年大约30万吨增长到2001年的244万吨，猛增了8倍。中国的鸡肉产量在20世纪90年代增加了两倍，每年超过900万吨。[17]

几乎所有新增长的家禽生产都来自集中于大城市周边并被整合进跨国生产体系的工厂化农场里。对于像H5N1型这种可能带来人流感暴发的高致病性禽流感来说，这里才是理想的温床。

越南农民在给家禽注射禽流感疫苗。

令人不安的是，美联社2008年6月3日报道：“当地官员星期二宣布，由于在禽流感病毒检测中呈阳性，泰森食品公司开始在阿拉斯加西北部扑杀了大约1.5万只鸡，并进行深埋处理。”

一份由一个加拿大某组织发表的题为《超越工厂化农场》的报告，详细描绘了源自巨大的工业化养鸡中心疾病可能传播的路径：

> 泰国和越南等高度发达的工业化家禽业在过去十年间剧烈扩张。大型家禽公司饲养了数百万只家禽，孵化幼鸡以供应其他集约化饲养场，向尼日利亚（最近报道的非洲第一例高致病性禽流感暴发国）这样的国家出口活鸡和蛋、生产并出口饲料，这些饲料的成分中往往包含垃圾（即粪肥）。
>
> ……
>
> 可能含有活体病毒的粪肥在周围农田中传播，或者作为肥料出口，并通过溢流最终达到野生鸟类觅食和栖息的地表水中。甚至在鱼类养殖场的饲料配方中也找到了鸡粪肥，它们在那里被直接倒入水体环境中。在亚洲、土耳其和尼日利亚，成为高致病性禽流感牺牲品的野生鸟类和家禽看来已经直接暴露于源自工厂化农场体系的高致病性禽流感病毒。在亚洲，一群野鸭死于高致病性禽流感——一个位于偏远湖泊旁的鱼类养殖场使用工厂化农场里的家禽垃圾制成饲料，野鸭在那个湖泊中接触到了疾病。在土耳其发生的大规模扑杀庭院鸡和三个孩子的死亡，都缘于附近一家工厂化农场降价向当地农民出售患病和即将死亡的禽类。尼日利亚拥有一个规模庞大但管理糟糕的工厂化家禽产业，它的鸡苗来源于亚洲某国的工厂化农场。[18]

候鸟迁徙专家指出，为了过冬，鸟类在深秋由北半球向阳光充足的南半球迁徙。禽流感的暴发沿着自东向西的路线蔓延，而非从北至南。当世界卫生组织的官员和美国政府的疾病预防与控制中心四处散布对自由飞翔的鸟类的恐惧时，他们却故意忽略了这个显而易见的事实。[19]

亚洲最大的工厂化家禽养殖企业集团泰国正大集团可不是一家普通的第三世界小公司。到 2005 年，它已在包括中国在内的 20 多个国家以正大集团的名义开展业务，雇佣了 80000 名员工。[20]

集团创办人谢国民是一个喜欢斗鸡和游艇的亿万富翁，根本不像艰苦奋斗的第三世界商人。他于1964年开始创业，从当时由纳尔逊·洛克菲勒投资的世界最大的养鸡公司美国康涅狄格州的爱拨益加农场学到了垂直纵向整合的理念。谢国民与其生意伙伴——小布什总统的弟弟尼尔·布什及曾任泰国外交部副部长的执行副总裁吴汉泉一道，作为精英被选中参加戴维·洛克菲勒三边关系委员会。[21]

到2006年初，五家美国公司和一家与白宫有联系的泰国公司，这六家跨国家禽农业综合企业巨头正推行使世界上大部分鸡肉生产工业化的举措，而对于地球上的大部分人，尤其是对于亚洲人来说，鸡肉是主要的肉蛋白来源。

一个鲜为人知的英国研究项目提供了鸡肉生产全球化后续阶段的线索。一旦遍布世界各地的工厂化农场投产，世界上的鸡群将很容易成为创造第一个转基因动物群体的目标。[22]

在对禽流感从亚洲蔓延到欧洲的报道中，伦敦的《泰晤士报》在2005年10月29日指出，苏格兰罗斯林研究所与剑桥大学的病毒学教授劳伦斯·泰利合作的一个非常活跃的研究项目，在利用经基因工程改造过的鸡培育出可抵抗致命的H5N1病毒毒株的禽类方面即将取得重大突破。新型“转基因鸡”将小的基因物质植入鸡蛋中以生产出据称可抗御H5N1病毒的鸡。[23]

罗斯林研究所早些时候就抗禽流感转基因技术商业化的权利与佛罗里达州的生物科技公司维若金签订了合同，这是一种使特别生产的转基因鸡群产下特殊的鸡蛋的方法，这种鸡蛋的蛋白中含有人们需要的药物。[24]罗斯林研究所曾经因为他们培育的“多利羊”而闻名遐迩。

泰利对将全世界的鸡群转变为转基因鸡的前景持乐观态度。他告诉《泰晤士报》：“一旦获得监管部门的许可，我们相信只需四到五年时间便可繁育足以替代整个世界鸡群的鸡。”

在短短的二十多年的时间里，转基因科学已经使一小撮私营全球性农业综合企业（其中三家是美国公司）在全球主要粮食（如水稻、玉米、大豆，即将还有小麦）的生产中取得重要的稳固地位并获得专利权。截至 2006 年，利用人感染禽流感的恐惧，转基因生物或基因革命的玩家将目标明确定在了征服世界最重要的禽肉蛋白来源上。

很快，对人类食物链的全球控制的下一出戏即将上演。在密西西比州的斯科特，这件事发生在八月里平静的一天。这一事件的影响是惊人的。终结者技术最终落入了世界最大的转基因种子农业综合企业巨头的手中。

第十三章

登峰造极：

末日的种子与猪专利

Genetic Armageddon: Terminator and Patents on Pigs

2006年，孟山都公司提出以15亿美元现金收购拥有“终结者”技术的美国最大的棉花种子供应企业。尽管这项技术为联合国所禁止，但依然在许多国家取得了专利。在洛克菲勒基金会数十年的支持下，在四家转基因农业企业巨头的推动下，粮食控制正在逐渐成为少数权力精英控制世界的武器。

孟山都终于收购了德派兰公司

当全世界的大部分人都在享受假期时，2006 年 8 月发生的一起公司收购案为洛克菲勒基金会实施数十年来控制人类的梦想的最后阶段做好了铺垫。

2006 年 8 月 15 日，转基因农业综合企业巨头孟山都公司宣布，它已经向密西西比州斯科特的德派兰公司提出了新的报价。披露的收购价格为 15 亿美元现金。[1] 与 1999 年因大规模公众抗议而被迫放弃的秘密谈判不同，这次的收购完全没有引起注意。孟山都的第二次收购报价刚好与德派兰公司声明准备将终结者技术商业化的时机相符。

曾在 1999 年关注终结者事件的非政府组织，这次除了发布一两篇简短且无关痛痒的新闻通稿，没有作出任何回应。美国主要媒体和国际媒体以与《纽约时报》相似的标题报道了这个事件："孟山都收购美国最大的棉花种子供应商德派兰。"[2] 只是在文章的最后一句，《纽约时报》才指出德派兰公司持有"备受争议的、使种子不育的基因工程技术"。

曾经一度"仗义执言"的洛克菲勒基金会这次沉默了。1999 年，基金会主席戈登·康韦，一位亲自为基因革命命名的热情支持者，对此事进行了干预，他甚至亲自警告孟山都的董事会，告诉他们一旦德派兰公司的终结者技术专利被孟山都这样的转基因生物巨头所掌握，将会引发一场反对推广转基因生物的群众运动。[3]

这一次，具有强大影响力的洛克菲勒基金会甚至懒得发布新闻通稿，对孟山都计划中的第二次试图获取终结者技术表示反对。基金会的新闻发言人彼得·科斯蒂奥里一次在回答公开提问时简短答道："我们没有任何声明要告诉你们……洛克菲勒基金会仍反对在发展中国家使用终结者技术。"[4]虽然农民留种在全世界工业化农业中事实上仍占据重要地位，但洛克菲勒之流拒绝在全球范围内反对终结者技术。

对孟山都第二次报价收购终结者技术的无动于衷逐渐证实了对此事持怀疑态度的人的忧虑，他们在 1999 年就警告说孟山都的终结者梦想除了"暂时终结"外，一切照旧。孟山都不过是在进行一次"冬眠"，等待公众反对的声音逐渐变弱。

华尔街的股票交易商们满怀喜悦地庆贺这次收购，德派兰公司的股价从 8 月初的 27 美元 1 股升至超过 40 美元 1 股，数日内涨幅飙升了约 50%。

孟山都在农作物生物科技领域的竞争者杜邦和瑞士的先正达，一直在为从孟山都手中争夺更多的市场份额而明争暗斗，它们游说美国司法部进行干预，阻止劲敌孟山都收购德派兰公司。杜邦在声明中说："我们严重关注此事对农民、农业产业和最终消费者的影响。"他们的"关注"直接预示着孟山都现在控制了终结者技术在全世界范围内的专利权而产生的巨大影响，而这是得到美国政府的帮助与支持的，因为正是美国农业部与德派兰公司合作研发了终结者技术。[5]

欧洲专利局授予"终结者"专利

自从七年前孟山都第一次尝试收购德派兰公司及其终结者技术的全球专利权以来，德派兰公司一直就没闲着。它积极地拓展了其基因利用限制技术的专利权。2005 年 10 月，德派兰公司与美国农业部一道从欧盟的欧洲专利局取得了终结者技术的一项重要新专利（专利号为EP775212B）。这项专利涵盖当时欧盟的全部25个国家，包括德国、波兰、意大利和法国，这些国家是世界上最主要的粮食产区。

几天后，德派兰公司和美国政府还在加拿大为其终结者技术获得了保护（加拿大专利号为CA2196410）。终结者技术的全球商业化拓展一直没有停止过，尽管事实上在多年前联合国就在全球范围对它实施了禁令。[6]

20世纪90年代初期具有商业规模的转基因专利种子的出现，使得像孟山都、杜邦和陶氏益农公司这样的公司不仅提供农达这样的农用化学除草剂，还可以为经过基因改造的基本农业作物（如玉米、水稻、大豆和小麦）的种子申请专利。在自1983年起的二十五年中，美国政府悄悄地完善基因工程技术，使得在每个种植季节农民都不得不向种子供应商购买新种子。这些种子只能收获一季。收获后的种子将会“自杀”而无法再用于播种。

曾经有人大声疾呼，称这个专利为“自杀”种子，它对印度或巴西这样的发展中国家的贫苦农民构成了威胁，因为这些农民传统上保存种子以备来年播种。

2006年1月，在西班牙格拉纳达举行的联合国环境规划署国际《生物多样性公约》工作组第四次会议上，一群来自秘鲁的农民为表达他们对推广终结者种子技术的关注，递交了一份请愿书：

> 作为传统的土生土长的农民，我们联合起来以保卫我们的维持生计的方式，它依赖于把从收成中获得的种子作为下一个耕作周期使用的种子的主要来源。这一留种传统支撑了安第斯山脉和亚马孙河流域的生物多样性和生计方式。由本地妇女传承的使生物多样性和生计方式变为可能的传统知识和创新系统，以及崇尚丰富的生活及其延续之恩的本地文化和精神上的价值是留种传统的基础。

他们要求禁止终结者技术国际化的请愿书的几个论据很有说服力。或许其中最重要的一点是对成百上千种植物和农作物的生物多样性所构成的威胁。他们说：

> 无论是驯化（作物）还是野生植物，安第斯山脉和亚马孙河流域的生物多样性，正在受到来自终结者作物基因流入导致的污染所威胁，而且因为终结者种子的第二代不可能100%不育，风险就进一步加大了。保存了被污染的种子以备再次播种的本地农民可能会发觉一定比例的种子没有发芽，这可能导致大量减产。这些被污染的种子可能导致农民对他们自己的种子储备失去信心，拒绝接受传统品种，逐渐依赖于购买使用终结者技术的品种，这样能够至少保证一次发芽期内的发芽率。同样，通过终结者基因流动而将外部基因引入未经培育的品种中，可能不可逆转地改变本地农民传统上作为重要药材和食物来源的野生品种。作为马铃薯原产地的中心，秘鲁有超过2000个品种的马铃薯，并被视为保存了世界生物多样性70%的12个生物多样性的国家之一。生物多样性构成了世界粮食安全、各国主权和集社权的基础。把终结者技术推广到秘鲁本地农业体系中，会使本地农民被迫放弃他们作为生物多样性管理员的传统角色，这样做也会威胁现在和未来的全球粮食安全。鉴于马铃薯的终结者品种最近已经获得专利（先正达，美国专利号6700039，2004年3月），将基因利用限制技术推广到秘鲁意味着将会给马铃薯原产地中心带来无法弥补的污染的巨大风险。[7]

秘鲁农民还强调，终结者技术对农民之间交流知识和宝贵经验的传统做法构成了威胁：

> 安第斯山脉和亚马孙河流域本地人民的传统知识和创新系统以留种和植物育种人员之间的种子交换为核心，尤其是在拉雷斯地区

> 的加钦、乔基坎查、拉雷斯和瓦加瓦斯的社区里盛行的每周一次的易货贸易市场里的大量作物和种子交换可以证明这一点。通过破坏用于集体交换和培育的可繁育种子的可得性，终结者技术肯定会对这些知识体系产生具体影响。人与气候复杂多变的安第斯山脉和亚马孙河流域之间形成了适应性的交互过程，这一过程使得高度专门化的本地知识体系不断演进，充满了活力。终结者技术引进的结果无疑会使这一过程瘫痪。[8]

事实上，基因利用限制技术，更通俗地被称为终结者种子，对北美、西欧、日本以及孟山都及其转基因农业综合企业伙伴的精英企业联盟进入的任何地方的粮食安全都构成了威胁。[9]

然而，很少有人意识到，致命的终结者种子的扩散可能已经不经意地作为自然灾害的结果被释放出来了。

2005年8月，德派兰公司的两个温室被龙卷风摧毁，另有11个温室严重受损。该公司当时正在这些温室里测试终结者种子。公司拒绝向公众透露被毁温室里是否在进行终结者技术实验，以及如果可能造成生物安全风险的话，那么这种风险将有多大。这次事件表明，即使看起来安全的有形防护措施也是十分脆弱的。这一事件很可能已经将终结者技术污染之祸释放到地球上来，虽然还需假以数年才能得出结论。[10]

四处贩卖毁灭的种子

终结者技术协议的签订奠定了孟山都在几乎每个农用种子品种的绝对霸主地位。在收购德派兰公司前一年，孟山都已经为收购亏损的加利福尼亚转基因种子巨头圣尼斯种子公司支付了超过14亿美元。当时该公司正在积极申请水果和蔬菜转基因种子的专利，在销售蔬菜水果植物种子方面处于世界领先地位。

圣尼斯种子公司当时吹嘘说："如果你要了一份沙拉，你就要了圣尼斯的产品。"[11] 孟山都收购圣尼斯种子公司时，圣尼斯种子公司控制着全美 40% 以上的蔬菜种子销售量以及世界蔬菜种子销售量的 20%。美国超级市场货架上 55% 的生菜、75% 的番茄和 85% 的辣椒，以及相当份额的菠菜、菜花、黄瓜和豌豆等，都是由该公司提供的转基因产品。它的种子主要通过大型连锁超市销售，被从事传统农业和有机农业生产的农民广泛使用。[12]

这次收购使孟山都超过了竞争对手杜邦（先锋种子），成为世界上最大的种子公司，在蔬菜水果领域排名第一，在农作物方面位列第二，它还是世界第三大农用化学品公司。当 2007 年最终收购德派兰公司时，孟山都正在向一个方向努力——完全控制地球上绝大部分植物的农用种子。然而它并不满足于此。它正在启动一项备受争议的有关动物"种子"的基因工程项目，并为此申请专利。

猪和牛精子的专利权？

2005 年 8 月，德国的研究者披露了孟山都公司的一项欧洲专利申请，这为世人敲响了新的警钟——私营农业综合企业巨头试图对这个星球的整个食品供应链加以控制、取得专利，并进行许可经营。

孟山都已经向世界知识产权组织递交了国际专利申请，声称通过基因工程研发出一种方法可以鉴别猪的特定基因，当然，基因来自由孟山都持有专利的、经由基因改造过的公猪的精液。[13]

孟山都的发言人克里斯·霍纳宣称，公司只是想保护包括识别猪的特定基因的方法和使用一种专门授精装置在内的有选择性的繁育技术，这似乎是一种猪优生学。"我们只谈论这个方法本身。"霍纳强调说。[14]

专利申请中的实际措辞驳斥了霍纳的声称。除了为猪繁育方法申请专利之外，孟山都还寻求“以某个方法繁育猪崽”“使某个特定基因持续增加的猪群”“通过某个方法繁殖猪群”“通过某个方法繁殖公猪群”的专利权，以及因此而收取许可使用费的权利。[15]一旦得到批准，这些专利将授予孟山都特定家畜和特定家畜群体的知识产权。

霍纳在路透社的采访中承认道：“任何用这种繁育技术繁育的猪都将受到这些专利的保护。”孟山都想申请的专利包括鉴别在公猪身上产生预期特征的基因，繁育动物以获得这些特征，以及用专门装置以少于一般用量的精液使母猪受精。“我们已经制定出将许多这样的技术捆绑在一起的协议。”孟山都公猪分子育种专家迈克·罗浩斯说。[16]

有几种技术正被应用于对动物进行基因改造。

第一种技术是使用病毒，特别是以所谓的逆转录病毒为“载体”，把新基因物质注入细胞，因为这种病毒十分适合渗透进细胞体内。逆转录病毒是病毒的一种，它通过将自己融入宿主DNA中进行复制，并在细胞分裂时复制宿主基因物质。

第二种技术是运用胚胎干细胞。然而到目前为止，尽管多次尝试从大鼠和家畜身上获得胚胎干细胞，胚胎干细胞还是仅能从某些品种的小鼠身上分离出来。通过对整合位点加以控制，该技术使得更多的选择性修饰技术能够得到应用。例如，通过有靶向目标的修饰可以用转基因替代等效天然基因，或者“敲除”基因——通过去除或破坏使其失效。

第三种技术被称为“精子介导转移”。经基因修饰的精子被用作向卵子中注入外源DNA的载体。因为家畜和家禽的人工授精十分常见，这种方法因此很有吸引力。只要转基因行业的律师提交专利申请，这类技术可迅即获得专利。[17]

1980年美国联邦最高法院的裁决

洛克菲勒基金会数十年来在分子生物学领域不断运作，尤其对基因组测序和克隆研发的资助，已经引领如孟山都或嘉吉这样的生物科技巨头投入了大量资金进行动物基因修饰。这些公司都关注同一个目标：获得研究成果专利和许可他人使用的权利。这形成了在生命科学领域为争取专利而明争暗斗、大打出手的场面。

第一次为承认这类专利权打开大门的是美国联邦最高法院。1980年，联邦最高法院以5票对4票就“戴蒙德诉查克拉巴蒂”一案作出判决，宣布“朗朗乾坤之下，任何由人类制造的事物”都可以申请专利。这起案件是关于经过基因改造可以吃掉油污的细菌是否可以获得专利。1987年，美国专利和商标局就此发表声明指出，非自然存在的非人类的多细胞有机体原则上可以申请专利。随后就是里程碑式的被称为“哈佛鼠”的专利，它是一种通过基因工程改造而易患癌症的老鼠品种。[18]

孟山都并不是唯一试图控制整个动物基因种子链的公司。2006年7月，世界最大的农业贸易公司——明尼苏达州的嘉吉公司，一家在牛肉、猪肉、火鸡和肉鸡生产和加工上占绝对优势的企业，向美国专利和商标局提交了专利申请（专利号US 2007/0026493 A1）。这项申请名为“运用基因信息优化动物生产的系统和方法”，这个申请将其目的描述为“基于动物基因信息，优化动物生产”。[19]嘉吉与孟山都在芝加哥附近合资的瑞耐森饲养加工公司，运用先进的饲养技术和转基因技术以获得饲料、油料种子及其他作物的专利。[20]

借助种种阴险狡诈的手段、完整的理论体系和精心策划、充满谎言和歪曲的宣传活动，四大转基因农业综合企业巨头——孟山都、先正达、杜邦和陶氏化学公司，朝着亨利·基辛格梦寐以求的终极控制目标前进：“如果你控制了石油，你就控制了所有国家；如果你控制了粮食，你就控制了所有的人。”

对全球石油控制的不懈追求已经成为小布什－切尼政府的标志。但很少有人意识到对基辛格追求的第二个目标——粮食控制也已经顺利展开，而且已经发展到威胁人类未来的危险地步。在转基因农业综合企业扩张的背后，傲慢的权力精英们最有效的工具，就是他们精心打造的这样一个危险神话——“科学”就是“进步”。人们普遍将科技进步奉为圭臬，这个天真的信念成了 21 世纪头十年中控制世界粮食进程中最主要的工具之一。

第十四章

骇人听闻：

转基因玉米与大鼠的肿瘤

Cancerous rats, corruption and Terminator seeds

2012年，法国教授塞拉利尼发表文章称花了两年时间试验转基因玉米对动物的影响，发现实验结果令人震惊：实验大鼠患上了肿瘤。尽管孟山都之前的90天实验也发现了大鼠患病的迹象，但转基因行业和欧盟食品安全局却认为这在生物学意义上无足轻重。塞拉利尼的文章发表后不久，欧盟食品安全局就发表声明，以科学证据不足为由否定了其研究结果。

事实胜于雄辩

2012年9月，国际知名科学杂志《食品化学毒理学》刊登了一篇文章，作者是法国卡昂大学教授吉尔－埃里克·塞拉利尼及其团队。发表之前，业内资深科学家用了4个月对该研究进行评审，并最终予以认可。

塞氏的研究绝非业余水平，前后历时两年，实验所用大鼠达200只，其中对照组喂食非转基因玉米，其余组喂食转基因玉米。

2004年，孟山都曾对NK603转基因玉米*的安全性做过实验，结果同样发表在《食品化学毒理学》上，欧盟食品安全局（EFSA）以此为依据，在2009年对NK603给予积极评价。为了让孟山都公开实验细节，塞氏团队进行了不懈的法律斗争，获胜之后，他们依照孟山都当时的设计重新进行了实验，但评价标准更详细，记录的数值更多。

塞氏对大鼠的跟踪持续了整整两年，而孟山都的实验仅90天。事实证明，长期研究至关重要，当实验进行到4至7个月时，大鼠逐渐出现肿瘤。孟山都之前的研究虽然也发现了大鼠患病的迹象，但转基因行业和欧盟食品安全局却认为这“在生物学意义上无足轻重”。现在看来，这些迹象在生物学意义上事关重大。

---

* 转基因玉米NK603为美国孟山都公司生产。通过转基因技术，该品种对以草甘膦为主要成分的除草剂“农达”（Roundup）具有耐受性，农民在种植NK603时可不必顾虑使用“农达”。——译者注

与此前转基因食物的安全性实验相比，塞氏团队所用的大鼠数量最多，他们把每种性别的大鼠各分为十组，“其中三组喂食不同剂量的转基因玉米（该做法属于首次，与 90 天常规实验中采用两种剂量的做法不同），不喝‘农达’污染的饮水；三组喂以转基因玉米，加以不同剂量的‘农达’饮水；三组仅在饮用水中加入不同剂量的‘农达’，但剂量均低于饮用水规定的安全标准。作为对照，最后一个组喂以不加‘农达’的饮水和非转基因玉米”[1]。

研究结果让人震惊！

作者在结论中指出：

> 与对照组相比，实验组雌鼠患乳腺肿瘤的概率更高、时间更早，不但死亡率是对照组的 2—3 倍，而且死亡更早；脑垂体是雌鼠第二个容易出现问题的器官。上述变化均与荷尔蒙有关，病理特征也十分吻合，显然转基因玉米和“农达”影响了大鼠体内的荷尔蒙。实验组雄鼠发生肝充血和坏死的概率是对照组的 2.5—5.5 倍，重症肾脏的发病概率也是对照组的 1.3—2.3 倍，这些病理结果在仪器检测下一清二楚。实验组雄鼠的肿瘤在体表清晰可见，其体积是对照组的 4 倍……[2]

研究还表明：

> 从实验开始到第 24 个月，实验组 50%—80% 的雌鼠患肿瘤，平均每只 3 个，对照组的比例为 30%。得病概率最高的，是喂食经“农达”处理的转基因玉米的那组，80% 的雌鼠产生肿瘤，平均每只 3 个。[3]

但在实验的前 90 天，上述迹象并不明显，而 90 天恰恰是孟山都等企业迄今实验的最长时间。显而易见，长期实验对食品安全至关重要，这也恰恰是为什么转基因行业有意忽略这一点。

令人吃惊的结果不止这些，他们还发现：

> 即便仅在饮用水中添加“农达”，哪怕浓度很低，大鼠也极易患乳腺肿瘤。“农达”是复合配方的广谱除草剂，会破坏合成雌激素必需的芳香酶（参见理查德等人 2005 年的著述），还会干扰细胞对性激素的正常反应（参见加斯尼尔等人 2009 年的著述）。此外，“农达”对雌性激素的干扰作用明显，对雄性也同样（参见罗马诺等人 2010 年的著述）。实验组中大鼠类固醇的水平发生了改变，尤其是雌性脑垂体紊乱现象显著。[4]

由于孟山都有专利和商业特许，大多数转基因种子必须配套使用“农达”，“农达”自然成了世界上最畅销的除草剂。也就是说，这些种子的基因“改造”，只是为了产生对“农达”的耐受性。有项科学研究说得更通俗易懂，“农作物进行转基因，其目的是要么能耐受除草剂，要么能抗虫，要么就两者都有”[5]。

进一步讲，“抗‘农达’作物（如孟山都的 NK603 玉米），其基因改组的目的就是对草甘膦不敏感。草甘膦这种化学物质一经与‘农达’配方中的佐剂混合，就生成了强力除草剂……如果转基因作物使用‘农达’一类以草甘膦为主的除草剂……这些作物在生长期内就会吸收并累积‘农达’的残余……在检测中无疑会发现草甘膦及其代谢产物 AMPA（也有毒性）。鉴于 80% 的转基因作物都对‘农达’具有抗药性，如果人类食用转基因作物，必然会吸收这些残留毒物”[6]。

除了草甘膦，孟山都一直拒绝公开“农达”的完整化学配方，声称这是“商业秘密”。然而独立科学分析表明，草甘膦一旦和孟山都神秘配方中的化学物质相结合，就会产生剧毒，毒害人类的胚胎细胞，而且发生毒害作用所需剂量极低。[7]

二十年前，美国总统乔治·布什大笔一挥，转基因种子就在美国畅行无阻了，甚至还明文规定政府不做安全性检测。批准之前，总统唯一做的就是召开了一次闭门会议，与会的是世界上最大的转基因公司孟山都的高管们。至今，对转基因食物安全性进行过长期研究的，塞拉利尼是第一位，这让人匪夷所思。导致这种现状的就是众所周知的“实质性等同”教条，也就是所谓的“未闻不良效果、未见不良效果……”换言之，只要看不见恶魔，世间便无恶魔，欧盟委员会对此教条亦步亦趋。

欧盟食品安全局穿上了皇帝的新装

塞氏的研究结果一经面世，如同在科学界引爆了一枚核弹。人们才恍然大悟，原来欧盟对转基因的所谓“科学”把关，仅仅是不加质疑地接受孟山都等转基因企业的实验结果。欧盟委员会对转基因的监管如此放任自流，寓言故事真的变成了现实，孟山都这只狐狸竟然负责管理起了鸡舍。

一夜之间，全世界的目光聚焦塞拉利尼的研究结果，欧盟委员会和下属的食品安全局前所未有地成了众矢之的，它们对整个事件的反应能写成阿加莎·克里斯蒂*的谋杀小说，只不过内容为千夫所指。当然，这不是小说，而是活生生的阴谋（是的，善良的人们，现实中真的是有阴谋……），且这个阴谋绝非一己之力能为，为虎作伥的还有孟山都之流的转基因垄断企业、相关欧盟委员、欧盟食品安全局转基因评审团成员、偏听偏信的主流媒体以及西班牙和荷兰等欧盟成员国。

欧盟食品安全局位于布鲁塞尔，负责监管食品安全，该局建议批准孟山都的NK603转基因玉米时，非但自己没有事先进行实验，也没有要求展开相关的独立研究，现在因为塞拉利尼的研究结果站到了风口浪尖上。该局公开承认，评估依靠的是“申请方（即孟山都）提供的信息、欧盟成员国的相关评价以及西班牙生物安全委员会的建议”。该局还承认，孟山都对大鼠的实验仅为期90天，而塞氏的研究指出，食用转基因玉米的大鼠大规模出现肿瘤和死亡是在90天以后。[8]

---

* 英国著名女侦探小说家，代表作《尼罗河上的惨案》。——译者注

该局引用的西班牙方面的报告，既不能令人信服，也绝非独立研究。报告中说：“依据现有科学知识，通过分析孟山都提供的数据，西班牙生物安全委员会支持在欧盟推广 NK603 玉米……”提供科学评估的除了西班牙还有荷兰，它们甚至先为孟山都的转基因种子申请了专利。[9]

“（孟山都）所提供的实验数据充足，没有安全方面的问题。”这是 2009 年欧盟食品安全局批准 NK603 时的结论，并且还煞有介事地用科学语言进行了包装：“欧盟食品安全局转基因评审团认为，NK603 玉米在安全性上和普通玉米并无两样。该玉米及加工产品对人畜健康无任何不良作用。”[10]

2012 年 9 月，也就是欧盟推广孟山都转基因玉米三年后，塞拉利尼向世人展示了一组触目惊心的照片，孟山都的转基因玉米如同恶魔一样，导致实验大鼠患上肿瘤，不但比例极高，而且提前死亡的情况很普遍。

在涉及确保公众不受转基因作物及配套除草剂侵害的问题上，欧盟委员会一直信誓旦旦：

> 欧盟和美国批准食品入市，并不一定需要提前在动物身上进行安全测试。专家认为，在某些情况下，只需对食品成分进行分析，就足以证明新问世的转基因食物与同类的非转基因食物实质上是一样的……何况最近几年，在投放市场以前，生物公司用转基因产品（玉米、大豆、马铃薯）在几种不同的动物身上进行了为期 90 天的测试，未见不良影响。[11]

其言内之意和弦外之音显而易见。

在塞氏的结果公布之前，由于美国政府的偏袒，再加上孟山都等转基因企业的强力游说，世界上没有监管机构强制对用作食物的转基因作物进行长期动物实验。仅有的研究就是这些转基因公司所做的，用的大鼠数量少，实验时间不超过 90 天。显然，在这些公司看来，在食品安全这样重要的领域，评估时遵守利益回避的原则无足轻重。

对于反对转基因的声音，欧盟还发表过如下声明：

> 批评转基因的人士称，实验表明已获准入市的转基因作物对健康有不良影响，这些说法未经同行评审，缺乏科学评估。如果他们的指责可信，科学研究早就指出可能的健康危险，转基因产品就不会得到批准。[12]

这就是欧盟的官方立场，直到塞氏的研究当头棒喝。

指鹿为马

经业内同行评估后，塞氏的研究于2012年发表在声誉颇高的国际科学期刊上。欧盟委员会和欧盟食品安全局对此又会作何反应呢？

2012年11月28日，塞氏的研究结果发表才仅仅几周，欧盟食品安全局就发表了声明，其结论是："塞拉利尼等人的研究，设计和方法存在严重缺陷，未能达到基本科学标准，因此没有必要重新评估NK603玉米的安全性。"欧盟食品安全局负责该项评估工作的拜赫·伯格曼称："欧盟食品安全局的分析表明，塞拉利尼等人的结论科学证据不足，不足以对食品安全进行风险评估，我们的评价足以让事情一清二楚。"[13]

谎言，天大的谎言。

就最基本的常识而言，如果发现人类健康可能受到重大伤害，遵照防患于未然的原则，欧盟委员会和欧盟食品安全局都应立即要求对塞氏的结论进行深入、独立、长期的研究，以验证其结果是否属实。不论塞氏的研究是否存在不足，而断然拒绝重新评估孟山都转基因玉米的安全许可，表明欧盟食品安全局至少是想为转基因的所作所为粉饰太平。

批评人士一直强调，欧盟食品安全局的转基因评审团与本应监管的转基因行业有明显的利益瓜葛。该局此次的声明模棱两可，让批评人士更加坚定了自己的判断。欧洲企业瞭望是一个独立的监督组织，它认为："欧盟食品安全局的上述行为，表明其未能遵守利益回避的原则，没有公开透明地指定合适的科学家；而且在研究制定转基因威胁的评估原则时，该局竟然与欧洲最大的生物技术企业的游说小组坐而论道，这无疑是对自身信誉的极大损害。”[14]

欧盟食品安全局为孟山都粉饰太平的策略实在卑劣，更严重的是，事实表明其转基因评审团的多数科学家都与生物技术企业有藕断丝连的利益关系。正因为他们在2009年对孟山都转基因玉米给予了积极评价，才直接促使该品种在欧盟得到了推广。[15]

欧洲企业瞭望的报告指出，该评审团中支持转基因的科学家违背了利益回避原则，接受转基因行业的研究资助，加入支持转基因技术的相关协会或成为其合作者，为它们撰写或评审文章，部分评审团成员甚至直接参与转基因作物的研发过程，其中包括携带抗生素抗性基因（即卡那霉素抗性基因）的马铃薯。[16]

欧盟食品安全局转基因评审团内没有医学专家，但涉及人类药品中使用抗生素的问题时，它却断定新霉素和卡那霉素这两种抗生素对“治疗没有影响或影响很小”，而世界卫生组织2005年却认为二者“需要引起高度重视”。

作为转基因评审团的主席，荷兰科学家哈里·凯珀与转基因行业关系密切，在提供上述颇受争议的建议时发挥了关键作用。

凯珀本人公开主张，欧盟应减少对转基因的管理。自他2003年担任转基因评审团主席以来，欧盟食品安全局批准的用作人类食物的转基因作物达38种，此前一种也没有。欧盟食品安全局批准转基因作物的标准就是凯珀在2001—2003年间一手操办的，为虎作伥的是孟山都、转基因行业以及孟山都支持的名为国际生命科学学会（ILSI）的伪科学组织。该学会总部位于华盛顿，听起来冠冕堂皇，其2011年的董事会由孟山都、阿丹米（世界上最大转基因大豆和玉米加工企业之一）、可口可乐、卡夫食品（转基因食品的主要支持者）、雀巢（生产转基因食品的大户）的高管组成。[17]

欧盟食品安全局本应对监管的企业进行客观评估，但二者却明目张胆地勾结在一起，对利益回避原则置若罔闻。有人指出："当时，哈里·凯珀和吉杰斯·克莱特都是转基因评审团成员，但他们却为了国际生命科学学会鞍前马后，以专家和作者的身份发布了不少报告。凯珀自2003年以来一直担任转基因评审团主席，尽管非政府组织对该机构的批评铺天盖地，欧盟委员会和欧盟成员国也纷纷指责，但他的地位却纹丝不动，这本身就是一个丑闻。"[18]

黛安娜·巴纳蒂教授是欧盟食品安全局管理委员会主席，兼任国际生命科学学会董事，她任董事期间利用在欧盟食品安全局的人脉，帮助孟山都等企业在全球影响了不少国家的政策制定。2010年，巴纳蒂被迫辞去国际生命科学学会董事一职，当时公众利益团体就要求她从欧盟食品安全局辞职，却无济于事。[19]

总而言之，孟山都和转基因行业的游说变本加厉，欧盟食品安全局对利益回避原则的蔑视无以复加。欧盟一些监管机构原本被赋予监督功能，对转基因行业进行独立评估，二者却沆瀣一气，相互勾结形成了臭名昭著的"旋转门"。对那些熟悉"旋转门"内幕的人而言，欧盟食品安全局对塞氏的研究结果大肆批评不足为奇。转基因评审团对转基因行业的袒护是赤裸裸的，最能说明问题的莫过于该评审团对塞氏研究的公开声明："塞拉利尼等人的研究，设计和方法存在严重缺陷，未能达到基本科学标准，因此没有必要重新评估NK603玉米的安全性。"[20]

在布鲁塞尔，肆无忌惮地支持转基因的不止欧盟食品安全局一家。在塞氏发表研究几周前，即2012年7月24日，欧盟首席科学顾问安妮·格洛弗在采访中说道："目前尚无事实表明转基因作物对人类和动物的健康以及对生态环境有任何不良影响，这本身就是活生生的证据。我敢非常自信地说，食用转基因食品不存在危险，和非转基因食品一样。"她还说，防患于未然的原则"不再适用"，也就是说，欧盟不会因为没有事先预警而受到指责。归根结底一句话：管他这个那个，转基因全速前进！尽管民调显示，60%—80%的欧盟民众反对转基因[21]，但也无济于事。

欧盟食品安全局的腐败世人皆知，如果它和欧盟首席科学顾问办公室有些许敬业精神的话，就应该立即呼吁对塞氏的结果展开多项独立的长期验证实验。显然，它不想这样做，孟山都的游说势力更不会同意，所以它能做的只有对塞氏研究一味恶意诽谤，但又苦于拿不出丝毫的证据，只能寄希望于国际媒体的唯马首是瞻，按它的意愿报道，以便让这个尴尬的局面尽早收场。

转基因种子的发迹史就是这样，其孪生恶魔“农达”的“成功”之路也不外如此。总之，孟山都和其华盛顿的密友在转基因方面的优势巨大，离实现控制全球粮食和种子的目标越来越近。

这个目标阴险恶毒而且遍布爪牙的转基因帝国对此不遗余力。

注 释

总序

［1］美国国防部（US Department of Defense）. 2022 年国防战略简报（Fact Sheet: 2022 National Defense Strategy）. 2022-03-28, https://media.defense.gov/2022/Mar/28/2002964702/-1/-1/1/NDS-FACT-SHEET.PDF。

［2］哈尔福德·麦金德爵士（Sir Halford J. Mackinder）. 民主的理想与现实（Democratic Ideals and Reality）. New York: Henry Holt & Co., 1919.150。

［3］哈尔福德·麦金德爵士（Sir Halford J. Mackinder）. 圆形世界与赢得和平（The Round World and the Winning of the Peace）. Foreign Affairs, Vol. 21, No. 4, 1943. 601。

［4］维多利亚·纽兰（Victoria Nuland）. 美国-乌克兰基金会（US-Ukraine Foundation）. 2013-12-13, https://www.youtube.com/watch?v=rPVs5VuI8XI。

［5］兹比格涅夫·布热津斯基（Zbigniew Brzezinski）. 大棋局：美国至高及其地缘战略要务（The Grand Chessboard: American Primacy and Its Geostrategic Imperatives）. New York: Basic Books, 1997。

［6］西摩·赫什（Seymour Hersh）. 美国如何摧毁北溪管道（How America Took Out The Nord Stream Pipeline）. 2023-02-08, https://seymourhersh.substack.com/p/how-america-took-out-the-nord-stream.《纽约时报》称其为“谜团”，美国实施的秘密海上行动一直掩人耳目，现在终于真相大白了。

［7］同注［5］。

［8］克劳斯·施瓦布（Klaus Schwab）（世界经济论坛创始人兼执行主席）. 可持续发展：现

在是实施“大重置”的最佳时机（Sustainable Development: Now Is the Time for a “Great Reset”）. 2020-06-03, https://www.weforum.org/agenda/2020/06/now-is-the-time-for-a-great-reset/。

第一章 官商勾结：华盛顿发动“转基因革命”

[1] 库尔特·艾兴瓦尔德等（Kurt Eichenwald, et al.）. 生物技术改良食品：从实验室到泛滥成灾（Biotechnology Food: From the Lab to a Debacle）. The New York Times, 2001-01-25。

[2] 同上。

[3] 亨利·米勒（Henry Miller），引自同注［1］。米勒博士于 1979-1994 年在美国食品药品管理局负责生物技术问题。他告诉《纽约时报》记者：“在这一领域，美国政府各机构完全按照农业综合企业巨头的要求来办事。”

[4] 同注［1］。

[5] 克莱尔·霍普·卡明斯（Claire Hope Cummings）. 转基因生物是否受到管制？（Are GMOs Being Regulated or Not？）. 2003-06-11, http://www.cropchoice.com/leadstry66f7.html? recid ＝ 1736. 卡明斯当时是美国农业部高级官员。

[6] 杰弗里·史密斯（Jeffrey Smith）. 内含激素：颇受争议的奶牛用药屡禁不止（Got Hormones: The Controversial Milk Drug that Refuses to Die）.2004-12, http://www.responsibletechnology.org。

[7] 罗伯特·希尼等（Robert P. Heaney, et al.）. 改变饮食有效提高了老年人的骨重建（Dietary Changes Favorably Affect Bone Remodeling in Older Adults）. Journal of the American Dietetic Association, vol.99, no. 10, 1999-10.1228-1233. 佚名（Anon.）. 牛奶、怀孕、癌症之间或许有关联（Milk, Pregnancy, Cancer May Be Tied）. Reuters, 2002-09-10。

[8] 罗伯特·科利尔（Robert Collier），引自简·阿克勒、史蒂夫·威尔逊（Jane Akre, Steve Wilson）. 牛奶中的秘密（The Mystery in Your Milk）. 福克斯电视台被禁纪录片脚本，http://www.mercola.com/200l/may/26/mystery_milk.html。

[9] 詹妮弗·费拉拉（Jennifer Ferrara）. 旋转门：孟山都与它的监管者（Revolving Doors: Monsanto and the Regulators）. The Ecologist, 1998-09/10。

[10] 迈克尔·泰勒（Michael R.Taylor）. 简历（Biography）. 指导委员会食品安全研究学会，http://www.rff.org/fsrc/bios.html。

[11] 罗伯特·科恩（Robert Cohen）. 美国食品药品管理局用以提高重组牛生长激素的监管标准导致更多病菌产生抗药性（FDA Regulation Meant to Promote rBGH Milk Resulted in

Antibiotic Resistance）.2000-05-05, http://www.psrast.org/bghsalmonella.html。

[12] 詹姆斯·马里扬斯基（James Maryansky），引自朱利安·博格（Julian Borger）. 为什么美国人乐意咽下仍在实验阶段的转基因食物（Why Americans are Happy to Swallow the GM Food Experiment）. The Guardian, 1999-02-20。

[13] 史蒂文·德鲁克（Steven M.Druker）. 生物技术欺骗：美国食品药品管理局是如何曲解基因工程食品风险的（Bio Deception: How the Food and Drug Administration is Misrepresenting the Facts about Risks of Genetically Engineered Foods）.http://www.psrast.org/fdalawstmore.html。德鲁克在 1998 年 5 月起草了一份诉讼书，要求美国食品药品管理局对转基因食品进行强制检验和加注标签，但是这两项要求到 2007 年仍然没有在美国落实。

[14] 牛奶：致命的毒药（Milk：the Deadly Poison）.Inglewood Cliffs, NJ: Argus Press, 1997.67-96。本书中，罗伯特·科恩（Robert Cohen）描述了他如何得到这项美国食品药品管理局没有公开的研究成果。科恩通过《信息自由法案》要求得到该研究资料被拒绝了；他对美国食品药品管理局提出上诉但失败了；后来他在联邦法院提出上诉又失败了。美国食品药品管理局和法院达成一致不向社会公开实验结果，因为那样会对孟山都公司造成“不可弥补的伤害”。基于发表出来的那些实验老鼠在 90 天内体重增加的不充分的信息，科恩相信很多老鼠甚至所有老鼠都患了癌症。

[15] 1994 年 11 月，加拿大广播公司的节目《第五等级》(The Fifth Estate）中播放了一部关于孟山都公司试图贿赂加拿大卫生部（相当于美国的食品药品管理局）的一个小时的纪录片。纪录片中显示，如果加拿大不要求孟山都公司提供进一步的研究或实验结果并同意在加拿大市场出售重组牛生长激素（rBGH），孟山都公司愿意支付 200 万美元。据制作该纪录片的记者称，孟山都公司的律师曾声称加拿大广播公司恶意操纵了采访，试图把这个节目给毙掉，但是加拿大广播公司捍卫了自己的权利，执意播放这个节目。

[16] 佚名（Anon.）. 联合国裁决孟山都的转基因牛奶不安全（Monsanto’s Genetically Modified Milk Ruled Unsafe by the United Nations）. PRNewswire, Chicago, 1999-08-18；约翰·卢奥马（John R.Luoma）. 潘多拉的食品柜（Pandora’s Pantry）. Mother Jones, 2000-01/02。

[17] 同注 [11]。

[18] 同上。

[19] 重组牛生长激素公告：牛奶中潜在的危险？陪审团的裁决在法律技术性上被推翻（rBGH Bulletin, Hidden Danger in Your Milk?: Jury Verdict Overturned on Legal Technicality）. 2000, http://www.foxrBGHsuit.com。

[20] 佚名（Anon.）. 卡夫“奶酪”：掺假的食品？—美国食品药品管理局：我不说，你也别问!（Kraft “Cheese?” : Adulterated Food?—FDA: Don’t Ask! Don’t Tell!）. The Agribusiness Examiner, 2001-05-07, http://www.mindfully.org/Food/Kraft_Cheese Adulterated.html。

[21] 戈登·康韦（Gordon Conway）. 洛克菲勒基金会与植物生物技术（The Rockefeller Foundation and Plant Biotechnology）.A speech to Directors of Monsanto. 1999-06-24, http;//www.biotechinfo.net/gordon_conway.html。

[22] 佚名（Anon.）. “终结者”种子绝育技术被放弃（‘Terminator’ Seed Sterility Technology Dropped）. Rockefeller Foundation,Press Release,1999-10-04, http://www.rockfound.org /。

[23] 同上。

[24] 约翰·维达尔（John Vidal）. 孟山都是如何改变主意的?（How Monsanto’s Mind was Changed）. The Guardian, 1999-10-09。

第二章　奴颜婢膝：科学沦为政治的仆人

[1] 笔者与阿帕德·普斯陶伊博士（Dr.Arpad Pusztai）的谈话，2007-06-23。

[2] 同上。

[3] 准确的说法是：“经过 110 天的喂养后，老鼠发生了轻微的成长阻碍现象。淋巴细胞对促细胞分裂刺激的反应只有控制组的一半。”第二份新闻稿于 1998 年 8 月 10 日由研究所监管部门的主席发布，与英国独立电视台（ITV）在《行动中的世界》节目中采访阿帕德·普斯陶伊的日期相同，要求欧盟委员会确保对“所有的转基因生物都进行充分检验，以检测它们在被人和动物吸收后可能引起的任何影响”。另外，“为了避免不可预知的灾难发生，转基因产品的检验必须完全在动物身上进行”。引自艾伦·瑞安等（Alan Ryan, et al.）. 转基因作物：伦理与社会问题（Genetically Modified Crops: the Ethical and Social Issues）. Nuffield Council on Bioethics. 140-141。

[4] 英国皇家学会（The Royal Society）. 对转基因马铃薯可能毒性的数据评估（Review of Data on Possible Toxicity of GM Potatoes）.Ref: 11/99,1999-06.1, http://www.royalsoc.ac.uk。

[5] 英国皇家学会得到了许多工业生物技术企业的广泛资助，包括安万特基金会、英国石油公司、威康基金会、阿斯利康、埃索英国公司、盖茨比慈善基金会、安德鲁·梅隆基金会，引自马丁·沃克（Martin J. Walker）. 零风险的美丽新世界：英国科技政策中的秘密战略（Brave New World of Zero Risk: Covert Strategy in British Science Policy）. London: Slingshot Publications, 2005.173-193。

[6] 英国内阁办公室官员杰克·卡宁安（Jack Cunningham, Minister for the Cabinet Office）. 对众议院的声明（Statement to House of Commons）.1999-05-21, http://www.publications.parliament.uk/pa/cm199899/cmhansrd/vo990521/debtext/90521-07.html。

[7] 托尼·布莱尔（Tony Blair）. 新闻评论：在与英国首相托尼·布莱尔会谈前的讲话及在冲

绳与记者的交流（Remarks Prior to Discussions With Prime Minister Tony Blair of the United Kingdom and an Exchange With Reporters in Okinawa）. 新闻文字稿：总统文件每周汇编，Weekly Compilation of Presidential Documents, 2000-07-31. 布莱尔与克林顿会见时评论说："……这个生物技术——我是说，当然在这方面我也不是专家，但是有人给我讲了生物技术的未来，生物技术在 21 世纪前五十年的地位应该就像信息技术在 20 世纪后五十年的地位一样，这个人的意见我十分重视。因此，生物技术是非常重要的，特别是对英国这样生物技术科学领跑者而言……"。

[8] 罗伯特·奥斯科夫（Robert Orskov）. 引自安德鲁·罗厄尔（Andrew Rowell）. 解雇世界顶尖转基因专家的险恶用心以及通往托尼·布莱尔和白宫之路（The Sinister Sacking of the World's Leading GM Expert—and the Trail that Leads to Tony Blair and the White House）. The Daily Mail, 2003-07-07。

[9] 安德鲁·罗厄尔（Andrew Rowell）. 不必担心，食用安全：转基因食物、疯牛病和口蹄疫的真相（Don't Worry, it's Safe to Eat: The True Story of GM Food, BSE and Foot and Mouth）. London, 2003; 安德鲁·罗厄尔（Andrew Rowell）. 解雇世界顶尖转基因专家的险恶用心以及通往托尼·布莱尔和白宫之路，以及阿帕德·普斯陶伊（Arpad Pusztai）给英国皇家学会的信（Letter from Arpad Pusztai to the Royal Society, 1999-05-12）. 该文件提供了从个人角度对这一科学事件的描述，http://www, freenetpages.co.uk/hp/A.Pusztai/RoyalSoc/Pusztai...htm。阿帕德·普斯陶伊事件的罗伊特研究所（Rowett Institute）官方版本，见 http://www.rowett.ac.uk/gmoarchive。同一网站复制了阿帕德·普斯陶伊 1998 年对转基因马铃薯与老鼠的实验的分析报告，即农业、环境及渔业部苏格兰局弹性资助项目 RO 818《项目协调人对罗伊特研究所实验数据的报告》，1998-10-22. 见阿帕德·普斯陶伊（Arpad Pusztai）. 为什么我无法保持沉默（Why I Cannot Remain Silent）. GM-FREE,1999-08/09. 被解雇之后，他把研究调查书寄给了不同国家的 24 名独立科学家。他们推翻了评论委员会的结论，认为普斯陶伊的研究是高质量的，并赞同他的结论。他们发现普斯陶伊并没有搞混实验结果，但是媒体和政府却无视他们的报告。

[10] 劳里·弗林、迈克尔·肖恩（Laurie Flynn, Michael Sean）. 支持转基因的科学家威胁编辑（Pro-GM Scientist "Threatened Editor"）. The Guardian, 1999-11-01。

[11] 斯坦利·尤恩、阿帕德·普斯陶伊（Stanley Ewen, Arpad Pusztai）. 含雪花莲凝集素的转基因马铃薯饮食对大鼠小肠的影响（Effect of Diets Containing Genetically Modified Potatoes Expressing Galanthus Nivalis Lectin on Rat Small Intestine）. The Lancet, 1999-10-16. 普斯陶伊的前同事博格 - 汉森（T. C. Bog-Hansen）为他的工作做了详尽的科学辩护。他后来前往哥本哈根大学担任资深副教授，详见 http://plab.ku.dk/tcbh/Pusztai，杰弗里·里恩（Geoffrey Lean）. 警示转基因危险的专家被证明无辜（Expert on GM Danger Vindicat-

ed）.The Independent, 1999-10-03。关于对普斯陶伊的政治迫害详情，见乔治·蒙比奥特（George Monbiot）. 沉默的科学（Silent Science），载《被俘虏控制的国家：公司接管英国》（Captive State:The Corporate Takeover of Britain）.London:Pan Books, 2000。

[12] 安东尼·巴尼特（Anthony Barnett）. 真相曝光：转基因公司的虚假实验数据（Revealed: GM Firm Faked Test Figures）. The Observer, 2000-04-16。

[13] 阿纳斯塔西娅·斯蒂芬斯（Anastasia Stephens）. 戳穿转基因的神话（Puncturing the GM Myths）. The Evening Standard, 2004-04-08。尽管受到压力，侯美婉博士还是坚持讲出转基因植物的危险性，她是少数这样的科学家之一。

[14] 佚名（Anon.）. 科学家遭到与产业大有关系的公共资助机构在转基因食品方面的禁言（Scientists Gagged on GM Foods by Public Funding Body with Big Links to Industry）. Press release, Norfolk Genetic Information Network,1999, http://www.ngin.tripod.com/scigag.html。

[15] 布莱恩·约翰（Brian John）. 谈转基因科学的腐败（On the Corruption of GM Science）. Submission to GM Science Review, 2003-03-20。奇怪的是，英国政府 2004 年取缔了这家杂志社。这本杂志创刊于 2002 年，深入讨论转基因植物的问题。

[16] 同上。

第三章　望尘莫及：尼克松和狡猾的洛克菲勒兄弟

[1] 要了解 1945 年后美国建立全球霸权主义的依据，可参考下列文献：亨利·卢斯（Henry Luce）. 美国世纪（The American Century）.Life, 1941-02-17; 纽约外交关系协会（New York Council on Foreign Relations）. 战争与和平研究（The War & Peace Studies）.http://www.cf.org; 尼尔·史密斯（Neil Smith）. 美帝国：罗斯福的地理学家和全球化的序幕（American Empire:Roosevelt's Geographer and the Prelude to Globalization）.Berkeley:University of California Press, 2003; 安德烈·冈德·弗兰克（André Gunder Frank）. 世界经济危机（Crisis:In the World Economy）.London:Heinemann, 1980.

[2] 弗朗西斯·加文（Francis J.Gavin）.20 世纪 60 年代美国国际货币政策的理念、权力和政治（Ideas, Power and the Politics of America's International Monetary Policy during the 1960's）. http: //www.utexas.edu/lbj/faculty/gavin; 有关戴高乐黄金问题的讨论，见笔者的《石油战争：石油政治决定世界新秩序》（A Century of War: Anglo-American Oil Politics and the New World Order）.London:Pluto Press Ltd, 2004。另见中央情报局情报处（Central Intelligence Agency, Directorate of Intelligence）. 法国的行动和最近的黄金危机（French Actions

and the Recent Gold Crisis）.Washington, D.C., 1968-03-20。

［3］塞缪尔·亨廷顿（Samuel Huntington, et al.）. 民主的危机：给三边委员会的关于民主可管理性的报告（The Crisis of Democracy: Report on the Govern ability of Democracies to the Trilateral Commission）. New York: New York University Press, 1975。

［4］同上。

［5］同上。兹比格涅夫·布热津斯基（Zbigniew Brzezinski）. 两个时代之间：美国在电子技术时代中的角色（Between Two Ages:America's Role in the Technotronic Era）. New York:Harper Publishing House, 1970。

［6］克利夫顿·勒特雷尔（Clifton B.Luttrell）. 俄罗斯的小麦交易：事后认识与先见之明（The Russian Wheat Deal-Hindsight vs.Foresight）. Federal Reserve Bank of St.Louis, 1972-10.2。

［7］威廉·恩道尔（F.William Engdahl）. 石油战争：石油政治决定世界新秩序（A Century of War: Anglo-American Oil Politics and the New World Order）. London, Pluto Press Ltd., 2004. 130-138。

［8］佚名（Anon.）. 该做什么：代价不菲的选择（What to Do:Costly Choices）. Time, 1974-11-11.6。

［9］美国农业部（US Department of Agriculture）. 世界粮食消费和储量：1960-2003 年（World Grain Consumption and Stocks,1960-2003）. Washington, D.C., Production, Supply & Distribution, Electronic Database, updated 2004-04-09。

［10］乔治·麦戈文（George McGovern），引自劳伦斯·西蒙（Laurence Simon）. 分类伦理：世界粮食会议透视》（The Ethics of Triage: A Perspective on the World Food Conference）. The Christian Century,1975-1-1。

［11］劳伦斯·西蒙（Laurence Simon）. 同注［10］。

［12］同上。要更完整地了解基辛格在 1973 年油价冲击时所扮演的角色，见注［7］。

［13］沃尔特·桑德斯（Walter B.Saunders），引自 A.V. 克雷布斯（A.V. Krebs），ed. 商业化农业审查员（The Agribusiness Examiner），Issue # 31, 1999-04-26。

［14］A.V. 克雷布斯（A.V.Krebs）. 同注［13］。

［15］J.W. 史密斯（J.W.Smith）. 世界上被浪费的财富 2（The Word's Wasted Wealth 2）. Institute for Economic Democracy, 1994.63-64。

［16］A.V. 克雷布斯（A.V.Krebs）. 嘉吉公司的自由贸易相对优势（Cargill & Co.'s Comparative Advantage in Free Trade）. The Agribusiness Examiner, #31, 1999-04-26。

［17］要了解基辛格通过《480 号公共法案》的所作所为，见迈克尔·赫德森（Michael Hudson）. 超级帝国主义：美国主导世界的起源和根本（第 2 版）（Super Imperialism:The Origins and Fundamentals of US World Dominance）.2nd edition. London, Pluto Press Ltd.,

2003. 229-235）。在美国参议院就《480号公共法案》举行的听证会上，参议员米尔顿·扬格（Milton R.Young）说美国的农业盈余可以用作外交政策的工具："在我看来，我们的盈余是一种幸运而不是诅咒。当世界上很多国家都在挨饿的时候，我们的国家拥有农业盈余。我们拥有盈余，我们就拥有农产品逆价格……这个法案首次提出了一个可行的和完整的方法，以尝试把我国的农业盈余提供给其他更需要的国家。"（引自Congressional Research Service, 1979.2）。

[18] 诺厄·泽布（Noah Zerbe）. 增加饥饿？美国的粮食援助和南部非洲的转基因辩论（Feeding the Famine? American Food Aid and the GMO Debate in Southern Africa）.Catholic University of Louvain, Belgium: 9-10, http://www.geocities.com/nzerbe/pubs/famine.pdf。

[19] 北美拉丁美洲代表大会（NACLA）. 美国粮仓：第2章 粮食武器：比导弹还厉害（US Grain Arsenal: Chapter 2 The Food Weapon: Mightier than Missiles）. Latin America and Empire Report, 1975-10, http://www.eco.utexas.edu/facstaff/Cleaver/357Lsum s4 NACLA_Ch2.html。

[20] 同上。

[21] 乔治·凯南（George F.Kennan）. PPS/23：对美国当前外交政策的评估（PPS/23:Review of Current Trends in U.S. Foreign Policy）. Foreign Relations of the United States, 1948, Vol. I.509-529. Policy Planning Staff Files, Memorandum by the Director of the Policy Planning Staff（Kennan）2 to the Secretary of State and the Under Secretary of State（Lovett）. TOP SECRET. PPS/23.[Washington]24 February 1948. 凯南是美国制定"冷战"政策最有影响力的人物之一，是发表在美国外交关系协会刊物《外交》（Foreign Affairs）上的一篇非常有名的文章的作者。这篇文章名为《苏联行为的根源》，发表于1947年7月。该文的署名是X，实际作者是凯南。1946年他在莫斯科任哈里曼大使的副手。这篇文章提出了遏制苏联的策略，即后来的冷战。

第四章　居心叵测：基辛格的秘密《国家安全研究备忘录第200号》

[1] 亨利·基辛格（Henry Kissinger）. 国家安全研究备忘录第200号：世界人口增长对美国安全及海外利益的含义（NSSM200: Implications of Worldwide Population Growth for US Security and Overseas Interests, Initiating Memo.），1974-04-24。全文见斯蒂芬·马尔福德（Stephen Mumford）. 国家安全研究备忘录第200号的指示及所需研究（The NSSM200 Directive and the Study Requested）. 1996, http://www.populationsecurity.org/11-CH3.html。

[2] 同上。据《天主教世界记者报》（Catholic World Reporter）称："了解美国过去二十年世界

人口政策的关键文件……在 1980 年解密，但是直到 1990 年 6 月才对公众开放。该文件标注的日期是 1974 年 12 月 10 日，内容是美国安全委员会一项名为《国家安全研究备忘录第 200 号：世界人口增长对美国安全和海外利益的含义》的研究。”这个文件把不发达国家的人口增长不仅视为对美国战略利益的威胁，而且认为这是第三世界国家政治不稳定的主要原因，威胁到了美国的海外投资。

［3］同上。世界粮食供应充足（Adequacy of World Food Supplies）. Executive Summary, Para.6。

［4］同上。Executive Summary, Para.9-10。

［5］同上。第 2 部分：政策建议 Ⅱ：创造减少生育率条件的行动，第 3 节：美国人口救助的模式和内容（Part Ⅱ :Policy Recommendations, Ⅱ . Action to Create Conditions for Fertility Decline § 3. Mode and Content of U.S. Population Assistance）。

［6］同上。第 2 部分：政策建议：C. 有关和平项目和人口的粮食问题及相关讨论（Part Ⅱ . Policy Recommendations:C. Food for Peace Program and Population, Discussion）。

［7］同上。第 2 部分：政策建议：I. 引言：A. 美国的全球人口战略 ;B. 美国和多边人口救助行动中的重点国家（Part Ⅱ :Policy Recommendations: I. Introduction - A. U.S.Global Population Strategy; B. Key Country Priorities in U.S. and Multilateral Population Assistance）。

［8］同上。第 2 部分：政策建议：Ⅰ. 引言：A. 美国的全球人口战略 ; F. 全球关于稳定人口和与此相关的改进个体生活质量所做的政治和大众承诺（Part II: Policy Recommendations, I. Introduction - A. U.S. Global Population Strategy; F. Development of World-Wide Political and Popular Commitment to Population Stabilization and Its Associated Improvement of Individual Quality of Life）。

［9］安德烈·卡埃塔诺（Andre Caetano）. 巴西东北部地区妇女的生育及绝育变化：药品和政治的作用（Fertility Transition and the Transition of Female Sterilization in Northeastern Brazil: The Roles of Medicine and Politics）. 19, http://www.iussp.org/Brazil2001/s10/S1902Caetona.pdf.19 巴西国会的调查情况详见佚名（Anon.）. 巴西对美国在人口问题上采取的措施进行调查（Brazil Launches Inquiry into US Population Activities）. Baobab Press, Vol.1, No. 12, Washington, D.C. http://india.indymedia.org/en/2003/05/4869.html 或 http://thepragmaticprogressive.blogspot.com/2003/05/thisarticle-printed-in-its-entirety.html。

［10］联合国人口基金关于世界发展中国家人口项目的清单（United Nations Population Fund Inventory of Population Projects in Developing Countries Around the World），引自 Baobab Press 同注［9］。

［11］Baobab Press. 同注［9］。

［12］亨利·基辛格（Henry Kissinger）. 国家安全研究备忘录第 200 号第 1 部分：分析，第

1 章：世界人口大趋势：拉丁美洲（Part One: Analytical section, Chapter I - Highlight of World Demographic Trends: Latin America）。

[13] 詹姆森・泰勒（Jameson Taylor）. 抢劫摇篮：洛克菲勒家族支持计划生育（Robbing the Cradle: The Rockefellers' Support of Planned Parenthood）.http://www.lifeissues. net/writers/tay/tay_04robthecrad.html。

[14] 卡罗尔・奎格利（Carroll Quigley）. 悲剧和希望：世界当代史（Tragedy and Hope:A History of the World in Our Time）.New York: The Macmillan Co., 1966. 842。奎格利详细叙述了第二次世界大战后军队的运营管理技术如何向波多黎各工业发展公司的靴襻行动转化，该行动由总督穆尼奥斯通过美国五角大楼的里特管理顾问公司进行。劳伦斯・洛克菲勒使用靴襻政府基金在多拉多海滩建立了一个豪华酒店和高尔夫俱乐部，The Rockefeller Archive Center, http://archive.rockefeller.edu/bio/laurance.php#lsr6。

[15] 关于洛克菲勒的大通银行和纳尔逊・洛克菲勒的国际经济合作银行在靴襻行动中的作用的详细信息，见《从波多黎各到纽约：利益穿梭》(Puerto Rico to New York: the Profit Shuttle). 1976-04, 北美拉丁美洲代表大会电子档案（NACLA Digital Archive）。

[16]"1950 年和 1951 年，洛克菲勒基金会主席杜勒斯带着约翰三世做了一系列的环球旅行，目的在于了解阻止非白人人口膨胀的必要性。1952 年 11 月，杜勒斯和洛克菲勒利用洛克菲勒家族上千万美元的资金成立了人口理事会"。引自：优生学简史（Eugenics: A Brief History）.http://www.tribalmessenger.org/t-secret-gov/eugenics.html。

[17] 瓦斯克斯・卡尔扎达（J.L.Vasquez Calzada）的研究，引自邦尼・马斯（Bonnie Mass）. 波多黎各：人口控制的案例研究（Puerto Rico: A Case Study of Population Control）. Latin American Perspectives, Vol. 4, No.4, Fall 1977. 66-81。

[18] 查尔斯・沃伦等（Charles W. Warren,et al.）. 波多黎各的避孕绝育（Contraceptive Sterilization in Puerto Rico）. Demography, 1986-08, Vol. 23, No.3. 351-352。

[19] 苏姗・莱德勒（Susan E. Lederer）. 波尔托黎各切特：关于 20 世纪 30 年代细菌、癌症和种族灭绝的笑话（"Porto Ricochet", Joking about Germs, Cancer, and Race Extermination in the 1930s）. Oxford: Oxford University Press, 2002. 732。另见波尔托黎各切特（"Porto Ricochet"）. Time, 1932-02-15, http://www.time.com/time/maga-zine/article/0,9171,743163,00.html for the quote by Rhoads。

[20] 时代（Time）. 同注［19］。另见道格拉斯・斯塔尔（Douglas Starr）. 反思 20 世纪 30 年代的丑闻：美国癌症研究学会重新命名奖项（Revisiting a 1930s Scandal: AACR to Rename a Prize）. Science, 2003-04, Vol. 300, No. 5619, 25.573-574。

[21] 同上。罗兹癌症试验的 ACHE 报告，见 http://www.seas.gwu.edu/nsarchive/radiation/；另见 J.M. 斯泰科斯（J.M.Styecos）. 波多黎各妇女的绝育（Female Sterilization in Puerto

Rico）. Eugenics Quarterly, 1954, No.1。

[22] 约翰·洛克菲勒三世（John D. Rockefeller Ⅲ）. 人口、粮食和人类的福祉（People, Food and the Well Being of Mankind）.Second McDougall Lecture, Food and Agriculture Organization of the United Nations, 1961.9, 16-18。

[23] 约翰·洛克菲勒三世（John D.Rockefeller III）. 人口增长和美国未来委员会的报告（ Report of the Commission on Population Growth and the American Future）. Washington, D.C., 1972-03-27。

第五章 运筹帷幄：左右未来的战争与和平研究

[1] 彼得·格罗斯（Peter Grose）. 继续质询：1921-1996 年的外交关系协会（Continuing the Inquiry:The Council on Foreign Relations from 1921 to 1996）.Council on Foreign Relations Press, 1996. 23-26。这份外交关系协会战争与和平研究组的官方报告称："在日本空袭珍珠港的两年前，外交关系协会的研究人员就预想到了一项在若干艰难年份后会主导该机构命运的冒险行动。他们清晰地记得'调查'之事，构建了该协会在制定美国国家政策中的角色。1939 年 9 月 12 日正当纳粹德国入侵波兰之时，外交关系协会的汉密尔顿·菲什·阿姆斯特朗和马洛里乘火车前往华盛顿会见美国助理国务卿乔治·梅塞史密斯。当时国务院可以支配的用于研究、政策制定和提议的资源很少；在这些问题上，第二次世界大战前夕外交官的职业前途并不比美国参加'一战'时期他们的前辈们好。委员会成员们提出了一个令人想起'调查'的谨慎的冒险计划：通过独立的分析和研究，指导美国在接下来战争年代以及其后出现的充满挑战的新世界里的对外政策。这个项目后来称为'战争与和平研究'。艾赛亚·鲍曼写道：'这个项目是完全保密的，因为一旦外界得知国务院与外界组织合作进行研究，这个项目就必须'停止'。洛克菲勒基金会同意资助这个项目，一开始他们有些犹豫，后来由于他们相信该项目与他们有关，于是投入了 35 万美元。接下来的 5 年里，有将近 100 个人参与了战争与和平研究，他们被分配到 4 个不同的课题小组之中，分别是经济与金融、安全与军备、领土和政治。这些不同的小组聚会 250 多次，主要都在纽约，从吃晚饭开始一直到深夜。他们为国务院撰写了 682 份备忘录，这些备忘录被国务院列为机密并在不同的政府部门之间传阅。"

[2] 同上 . 10,15。

[3] 美国最高法院（U.S. Supreme Court）. 美国政府诉美国钢铁公司（US V. US Steel Corporation）.US V. US Steel Corporation, U.S. 417, 1920. 251。

[4] 亨利·卢斯（Henry Luce）. 美国世纪（The American Century）. Life, 1941-02-17。

[5] 对外关系协会手册：对美国在战争及和平时期利益的研究（Handbook, The New York Council on Foreign Relations, Studies of American Interests in the War and the Peace）. New York, 1939-1942，引自尼尔·史密斯（Neil Smith）. 美帝国：罗斯福的地理学家和全球化的序幕（American Empire:Roosevelt's Geographer and the Prelude to Globalization）.University of California Press, 2003.325-328。

[6] 尼尔·史密斯（Neil Smith）. 美帝国：罗斯福的地理学家和全球化的序幕（American Empire:Roosevelt's Geographer and the Prelude to Globalization）. University of California Press, 2003.325-328。

[7] 小约瑟夫·奈（Josephs.Nye Jr）. 宣传不是应有的方式：谈软实力（Propaganda Isn't the Way: Soft Power）. The International Herald Tribune, 2003-01-10。奈给他自己生造出来的"软实力"下了定义："这是一种吸引和说服他人选定你目标的能力，而不是强压人低头或用钱收买，以达到自身所欲之目的。它与硬实力不同，后者运用经济和军事的'胡萝卜'加'大棒'的能力可能会使其他国家顺从你的意志。硬实力和软实力都很重要……但是吸引要比强迫付出的成本更少，是人们所需要培育的资产。"

[8] 保罗·克雷默（Paul Kramer）. 纳尔逊·洛克菲勒和英国的安全协调（Nelson Rockefeller and British Security Coordination）. Contemporary History, 1981,Vol. 16.77-81。

[9] 查尔斯·海厄姆（Charles Higham）. 与敌人交易：1933-1947 年美国纳粹党人货币密谋曝光（Trading with the Enemy:An Exposé of the Nazi American Money Plot, 1933-1947）.New York: Delacorte, 1983. 53-54。

[10] 同上 . 56。

[11] 同上 . 67-69。

[12] 威廉·史蒂芬森（William Stevenson）. 一个叫无畏的人（A Man Called Intrepid）.New York: Ballantine Books, 1976. 308-311。

[13] 杰勒德·科尔比、夏洛特·丹尼特（Gerard Colby,Charlotte Dennett）. 愿你的旨意行进：征服亚马孙——石油时代的纳尔逊·洛克菲勒和福音传道（Thy Will Be Done:The Conquest of the Amazon-Nelson Rockefeller and Evangelism in the Age of Oil）. New York: Harper Collins, 1995. 115-116。

[14] 托马斯·奥布赖恩（Thomas O'Brien）. 造就南北美洲：从大革命时代到全球化时代中的美国商人和拉丁美洲人（Making the Americas: U.S. Business People and Latin Americans from the Age of Revolutions to the Era of Globalization）. History Compass 2, 2004, LA 067.14-15。

[15] 佚名（Anon.）.75 年后的墨西哥：今天的萨帕塔民族解放军仍在与洛克菲勒的遗产作斗争（Mexico 75 Years Later, Today's Zapatistas Still Fight the Rockefeller Legacy）. Los An-

geles Times, 1995-05-14。

[16] 同注 [12] . 309。

[17] 约翰 · 洛夫特斯、马克 · 艾伦斯（John Loftus, Mark Aarons）. 对犹太人的秘密战争：西方间谍是如何出卖犹太人的（The Secret War Against the Jews:How Western Espionage Betrayed the Jewish People）.New York: St.Martin's,1994.165-171, 1994. 165-171。

[18] 玛格丽特 · 卡罗尔 · 博德曼（Margaret Carroll Boardman）. 播下"绿色革命"的种子：墨西哥和国际非营利组织在推动生物技术成为 21 世纪重要外交政策问题上所发挥的关键作用（Sowing the Seeds of the Green Revolution: The Pivotal Role Mexico and International Non- Profit Organizations Play in Making Biotechnology an Important Foreign Policy Issue for the Twenty-first Century）. http://www.isop.ucla.edw/profmex/ volume4/3summer99/ Green Finalm.html。

[19] 同注 [13] .116,168。

[20] 同上 .166。

[21] 同上 .169。

[22] 1974 年美国第 93 届国会第 2 次会议参议院规则和行政委员会召开的听证会（Committee on Rules and Administration, U.S. Senate, 93rd Congress, 2nd Session, Hearings）. 关于提名纽约的纳尔逊 · 洛克菲勒为美国副总统（The Nomination of Nelson A. Rockefeller of New York to be Vice President of the United States）(Washington D.C., Government Printing Office, 1974)，引自 [13]。除了知名的美孚石油公司外，洛克菲勒还投资于麦道飞机公司、克莱斯勒汽车公司、波音飞机公司、陶氏化学公司、赫克力士集团公司、本迪克斯公司、摩托罗拉公司以及其他国防承包商。

[23] 约翰 · 弗赖瓦尔兹（John Freivalds）. 巴西农业：在激烈的农场竞争中获胜（Brazil Agriculture:Winning the Great Farms Race）. 2005-03-03, http://www.brazilmax.com/news.cfm/tborigem/fe business/id/5。

[24] 莱斯特 · 布朗（Lester Brown）. 变革的种子 第 1 章 新型种子和机械化（Seeds of Change Chapter 1:New Seeds and Mechanization）. New York: Praeger, 1969。

[25] 同注 [13] . 212-214。

第六章 大张旗鼓：发动全球"农业革命"

[1] 联合国粮农组织（UN Food and Agriculture Organization）. 动员科学以确保全球粮食安全：对国际玉米小麦改良中心的第四次对外评估（Mobilizing Science for Global Food Security,

Fourth External Review of CIMMYT）. Consultative Group on International Agricultural Research-CGIAR, Rome-SDR/TAC:IAR/97/9; 另见《国际农业研究咨询小组的起源》(The Origins of the CGIAR），http://www.cgiar.org/who/history/origins.html。该文介绍了洛克菲勒基金会在成立国际玉米小麦改良中心和后来的国际农业研究咨询小组中的作用，这两个较大的全球农业研究机构帮助洛克菲勒基金会推进了它的商业化农业进程。另见罗伯特·安德森（Robert Anderson）. 美国基金会、"绿色革命"和国际农业研究咨询小组：意图、执行和应急措施（American Foundations,the Green Revolution and the CGlAR: Intentions, Implementation and Contingencies）. Simon Fraser University, 2003-11, http://les.man.ac.uk/government/publications/working_papers_docs/Clobalisation/Foudations%20papers%20Anderson.pdf。对洛克菲勒的"绿色革命"最详尽的批判来自哈里·克利弗（Harry Cleaver）."绿色革命"自相矛盾（The Contradictions of the Green Revolution）. http://www.eco.utexas.edw/facstaff/Cleaver/cleavercontradictions.pdf。

［2］哈里·克利弗（Harry Cleaver）. 同注［1］. 3。

［3］国际农业研究咨询小组（CGIAR）. 国际农业研究咨询小组的起源（The Origins of the CGIAR）. http://www.cgiar.org/who/history/origins.html。

［4］同上。关于洛克菲勒颇具影响力的好友莫里斯·斯特朗（Maurice Strong）的背景，见伊莱恩·迪尤尔（Elaine Dewar）. 绿色外衣（Cloak of Green）.Toronto: Lorimar & Co., 1995. 254; 亨利·拉姆（Henry Lamb）. 莫里斯·斯特朗：你未来生活里的一个新伙伴！（Maurice Strong: The New Guy in Your Future！）. 1997-01, http://www.sovereignty.net/p/sd/strong.html#3。

［5］哈里·克利弗（Harry Cleaver）. 同注［1］.5; 另见 A.T. 莫舍（A.T.Mosher）. 推动农业起步（Getting Agriculture Moving）. New York: ADC,1966.34。

［6］同上 .11; 另见佚名（Anon.）. 是谁支持滴滴涕？（Who's for DDT?）. Time, 1971-11-22。

［7］A. 帕森斯（A.Parsons）. 菲律宾：叛逆的小兄弟（Philippines: Rebellious Little Brother）. Pacific Research and World Empire Telegram, 1971-01。

［8］耶罗默·范维克（Jeroen van Wijk）. 杂交育种：是要高产还是要控制？（Hybrids Bred for Superior Yields or for Control?）. Biotechnology and Development Monitor, 1994, No.19.3-5。

［9］哈里·克利弗（Harry Cleaver）. 同注［1］.9。

［10］同上 . 9。

［11］政治经济研究中心（Research Unit for Political Economy, R.U.P.E.）. 世界社会论坛之经济学和政治学，附录 I：福特基金会——国外出资目的的案例研究：印度经济面面观（Economics and Politics of the World Social Forum, Appendix I: Ford Foundation—A Case Study of the Aims of Foreign Funding: Aspects of India's Economy）. 2003-09。20 世纪 50-60 年

代福特基金会和中央情报局紧密关系的背景知识，见詹姆斯·彼得拉斯（James Petras）. 福特基金会和中央情报局：慈善机构与秘密警察合作的案例（The Ford Foundation and the CIA: A Documented Case of Philanthropic Collaboration with the Secret Police）. Rebellion, 2001-12-15, http://www.rebelion.org/petras/english/ford010102.html。

[12] 德巴希斯·曼达尔、S.K. 高希（Debashis Mandal , S.K.Ghosh）. 精准农业——现在和未来农业逐渐兴起的概念（Precision Farming—the Emerging Concept of Agriculture for Today and Tomorrow）. Current Science, 2000-12-25。该文作者是印度农业权威人士，他们总结了"绿色革命"对印度的影响："绿色革命虽然增加了农业产量，但是造成了土地损耗、肥力下降、土地盐碱化、水土流失、环境恶化、健康危害、农业土地可持续发展能力下降、生物多样性减少等很多生态环境问题。滥用杀虫剂、灌溉措施和土壤肥力失衡已经威胁到了可持续发展性。"

[13] 约翰·戴维斯（John H.Davis）, Harvard Business Review, 1956, 引自杰弗里·劳伦斯（Geoffrey Lawrence）."商业化农业"：资本主义与农村（"Agribusiness"：Capitalism and the Countryside）.Sydney: Pluto Press, 1987; 另见哈佛商学院（Harvard Business School）. 一个行业的变革和一场研讨会：商业化农业研讨会（The Evolution of an Industry and a Seminar: Agribusiness Seminar）. http://www.exed.hbs.edu/programs/agb/seminar.html。

[14] 马丁·科利（Martin Kohli）. 列昂惕夫和美国劳工统计局（1941-1954 年）：为统计研发一种框架（Leontief and the U.S. Bureau of Labor Statistics, 1941-54: Developing a Framework for Measurement）. 政治经济学历史（History of Political Economy）.2001,Vol.33,Annual Supplement, 2001.190-191。

[15] 约翰·洛克菲勒三世（John D.Rockefeller Ⅲ）. 第二次美国革命（The Second American Revolution）. New York: Harper & Row, 1973.108。

[16] 当代传记（Current Biography）, 1967; 列昂惕夫、雷·戈德堡（W. Leontief, Ray Goldberg）. 商业化农业的演变（The Evolution of Agribusiness）. Harvard Business School Executive Education Faculty Interviews, http://www.exed hbs.edw/faculty/rgoldberg.html。另见列昂惕夫（W.Leontief）. 美国经济结构研究（Studies in the Structure of the American Economy）(White Plains, New York: International Science Press Inc., 1953）；福特基金会 1956 年年度报告中提到了如下的资助项目：哈佛经济研究项目。除了这些项目外，福特基金会还在 6 年里拨款 24 万美元支持哈佛经济研究项目的活动。在列昂惕夫教授的指导下，这个中心开展了一系列的关于美国经济结构的定量研究，主要关注行业间关系和行业与其他部门的关系。洛克菲勒基金会也为这些项目投入了相同数量的资金（引自：福特基金会年度报告（Ford Foundation,Annual Report），1956, New York）。有一份十分吸引人的、充满争议的报告介绍了列昂惕夫的哈佛经济研究项目对美国经济结构研究的实

施情况，这份报告名为《寂静战争的无声武器》(Silent Weapons for Quiet Wars)。关于这本书的著作权是很有争议的，一般认为作者是范·戴克（Van Dyke）和威廉·库珀（William Cooper），不知是真还是假。这份报告中介绍了列昂惕夫的研究、洛克菲勒的资助以及该项目与雷·戈德堡和约翰·戴维斯创立企业商业化农业模型的工作之间的关系的不同方面，这份报告的观点十分犀利，我们不能束之高阁，仅凭这个原因它就值得拜读，http://www.universalway.org/Foreign/silentweapons.html。

[17] 罗伯特·阿杜戴尔、路易斯·凯恩（Robert M. Aduddell, Louis P. Cain）. 针对世界最大托拉斯的公共政策（Public Policy Toward The Greatest Trust in the World）. Business History Review, Summer 1981, Harvard College, Cambridge.217。

[18] 同上 .218。

[19] 詹姆斯·麦克唐纳等（James MacDonald, et al）. 耕种面积的增加和给农民费用的分配（Growing Farm Size and the Distribution of Farm Payments）. United States Department of Agriculture, Economic Research Service, Economic Brief No. 6, Washington, D.C., 2006-03.2。

[20] 人道农业协会（The Humane Farming Association）. 工厂化农业：真实的代价（Factory Farming: The True Costs）.San Rafael California, 2005-07-31, http://www.hfa.org http://www.hfa.org。

[21] 同上 . 218。

[22] 汤姆·哈金（Tom Harkin）. 粮农领域的经济集中和结构改变（Economic Concentration and Structural Change in the Food and Agriculture Sector）.The Democratic Staff of the Committee on Agriculture, Nutrition, and Forestry United States Senate, 2004-10-29. 6。

[23] 同上 .5-6; 另见马克·斯皮策（Mark Spitzer）. 工业化农业和公司强权（Industrial Agriculture and Corporate Power）. Global Pesticide Campaigner, 2003-08, http://www.panna.org/iacp。

[24] 同注［19］.1-4。

[25] 同注［20］, http://www.hfa.org。

[26] 佚名（Anon.）. 不断增加的痛苦（Growing Pains）. The Economist, US Edition, 2000-03-25。

[27] 白宫行政管理和预算办公室观察（OMB Watch）. 白宫行政管理和预算办公室降低对工厂化农业径流的管制标准（OMB Waters Down Standards on Factory-Farm Runoff）. 2003-05-28, http://www.ombwatch.org/article/articleview/1540；另见自然资源保护委员会（Natural Resources Defense Council,NRDC）. 畜牧业污染的事实（Facts about Pollution from Livestock Farms）.Washington, D.C., 2005-07-15。

[28] 同上。

[29] 自然资源保护委员会（Natural Resources Defense Council,NRDC）. 同注 [27]。

[30] 同上。

[31] 同上。

[32] 白宫行政管理和预算办公室观察（OMBWatch）. 同注 [27]。

[33] 人道农业协会（The Humane Farming Association）. 同注 [20]。

[34] 自然资源保护委员会（Natural Resources Defense Council,NRDC）. 同注 [27]。

[35] 人道农业协会（The Humane Farming Association）. 同注 [20]；另见布赖恩·德沃尔（Brian DeVore）. 通过贿赂为工厂化生产培根肉、公司化养猪运营打通渠道以及污泥处理池威胁到家庭农场的财政状况和身体健康（Greasing the Way for Factory Bacon, Corporate Hog Operations - and Their Lagoons - Threaten the Financial and Physical Health of Family Farms）. Sustainable Farming Connection, http://www.ibiblio.org/farming_connection。

[36] 同注 [22] .6-7。

[37] 雷·戈德堡（Ray Goldberg）. 基因革命：改变了现有行业的机制及功能（The Genetic Revolution: Transforming our Industry, Its Institutions, and Its Functions）. Address to The International Food and Agribusiness Management Association（IAMA）, Chicago, 2000-06-26.1-2。戈德堡创建并领导了国际粮食和商业化农业管理协会（IAMA）的工作，并同时在阿丹米（ADM）、史密斯菲尔德食品公司、杜邦先锋良种公司等农业综合企业巨头的董事会任职。他大力推行他所鼓吹的理论。

[38] 埃迪·科尔曼（Eddie Coleman）. 关于美国军队和商业化农业集团的论文（US Army, Agribusiness Group Paper）. National Defense University, 2003, http://www.ndu.edu/ica/industry/IS2003/papers/2003%20Agribusiness.htm#。

[39] 同注 [22]。

[40] 美国农业部监察主任办公室关于东北地区的粮食检查、包装厂和牲畜围场管理及包装厂和围场项目监督（U.S. Department of Agriculture, Office of Inspector General, Northeast Region, Grain Inspection, Packers and Stockyards Administration's Management and Oversight of the Packers and Stockyards Programs）.Report No. 30601-01-Hy, Washington D.C., 2006-01: 3。

[41] 利奥波德可持续农业发展中心（Leopold Center for Sustainable Agriculture）. 全球粮农政策（Toward a Global Food and Agriculture Policy）. Iowa State University, 2005-01, http://www.leopold.iastate.edu/pubs/staff/policy/globalag.pdf。

[42] 同注 [37] .1。

[43] 同上 .2; 另见美通社（PR Newswire）. 农基保健品：我们这个时代最重要的经济事件——

哈佛教授雷·戈德堡博士如是说（Agriceuticals:The Most Important Economic Event in our Lifetime,Says Harvard Professor Dr.Ray Goldberg）.1999-12-08。
［44］同上 .2。

第七章 技术霸权：粮食就是权力……

［1］加里·托涅森（Gary H. Toenniessen）. 维生素 A 缺乏和黄金水稻：洛克菲勒基金会的角色（Vitamin A Deficieney and Golden Rice: The Role of the Rockefeller Foundation）.2000-11-14, http://www.rockfound.org/library/111400gh.pdf。托涅森是洛克菲勒基金会粮食安全项目的主管，他是这样描述自己的工作的："20 世纪 80 年代初，植物分子生物学的发展为农作物基因方面的改进带来了希望，而这些改进是通过传统繁殖方式所无法达到的。然而，在发展中国家，这种生物技术还没有在稻米和粮食作物等最重要的农作物中加以应用。为了确保这项技术可以惠及贫苦农民和消费者，洛克菲勒基金会从 1985 年开始将其大约一半的农业资助投入一个国际性的稻米生物技术项目。这个项目的主要目标是使亚洲获得稻米生物技术的能力，其中很重要的一个方面就是资助在西方实验室里对亚洲科学家进行培训，这些科学家掌握了稻米基因改良方面的技能和知识后可以把所学到的知识和技能带回他们的国家。"
［2］J.C. 奥图尔、加里·托涅森等（J.C.O'Toole,G.H.Toenniessen, et al.）. 洛克菲勒基金会在全球的转基因稻米项目（The Rockefeller Foundation's International Program on Rice Biotechnology）. Rockefeller Foundation archives, http://www.rockfound.org/library/0lrice = bio.pdf。
［3］菲利普·雷加尔（Philip J.Regal）. 生物技术风险简史：生物学工程的理想（A Brief History of Biotechnology Risk: The Engineering Ideal in Biology）. Edmonds Institute, 1999-07-18, http://www.cbs.umn.edu ~ pregal/GEhistory.html。
［4］普宁娜·阿比尔 - 阿姆（Pnina Abir-Am）. 20 世纪 30 年代的生物理论综合、跨学科权威及分子生物学创建之初的合法化：科学历史社会学的新视角（The Biotheoretical Gathering, Transdisciplinary Authority and the Incipient Legitimation of Molecular Biology in the 1930s: New Perspectives on the Historical Sociology of Science）. His.Sci, 1987, 25.1-70;1987.18-22, 33。
［5］引自罗伯特·布鲁斯·贝尔德（Robert Bruce Baird）. 我们可以改变世界（We Can Change the World）. http://www.govern-ment.articlesarchive.net/we-can-change-the-world.html。
［6］乔舒亚·莱德伯格（Joshua Lederberg）. 基因重组基础研究的影响：个人解释（The Impact of Basic Research in Genetic Recombination: A Personal Account）. Part I, Annual Review of

Genetics,Vol. 21, 1987.186。

[7] 同上 , Part II.196。

[8] 菲利普・雷加尔（Philip J.Regal）. 同注［3］; 另见理查德・米尔顿（Richard Milton）. 破除达尔文主义的迷思（Shattering the Myths of Darwinism）. http://www.alternativescience.com/shattering_the_myths_of_darwinism.htm。

[9] 理查德・米尔顿（Richard Milton）. 同注［8］, http://www.alternativescience.com/shattering_the_myths_of_darwinism.html。

[10] 戴维・金（David King）. 对布莱恩・古德温教授的采访（An Interview with Professor Brian Goodwin）.GenEthics News, 1996-03/04.6-8。古德温在采访中解释了他对基因或生物简化论的忧虑："我们正在经历一场健康、环境和社区方面的危机，我想这几方面是相互联系的……如果生物学不能为我们提供对生命、整体、生态系统及生物圈等充分的概念性解释，它就很可能导致上述危机的发生，这些都是基因简化论造成的……让我来描述一下基因简化论的一些结果。当我们把生物体分解为基因的时候，生物体就失去了原有的内在属性。现在，在我们的进化论中，物种是有它们自身的自然属性的，如果愿意这样理解，这就好比元素一样。这里我不是指字面上的意思，但是这两者在概念状态上确实存在很多相同之处，黄金也有一种自然属性。举例来说，我们认为一种特别的海胆也有自然属性。人类也有自然的属性。现在，在达尔文主义中，它们都是没有自然属性的，因为它们都是历史性的个体，是偶然性的结果。它们所做的只是通过了生存检验。达尔文的理论使得把基因从一个物种转移到另一个物种身上合理合法：既然物种是没有'自然属性'的，那么我们就可以用任何一种方式来操纵它们，创造出一种在我们的文化中可以生存的新生物体。因此，这就是你为什么会发现有的人在说发明转基因生物——跨物种转移基因同通过物种内部的性组合方式来创造新的基因组合是没有本质区别的。他们认为这同进化中所发生的一切没什么差别……一旦你把某个东西增加到一定的水平，你就进入了一个完全不同的场景。现在，我认为跨基因中也会出现同样的问题，原因就是把基因从一个物种转移到另一个物种身上会带来完全不可预知的结果。基因受到环境的规定。基因不是一种稳定的信息制约物而可以被四处传播，独立于环境而表现它们自己。每一个基因都取决于它所存在的环境。如果你改变了环境，你就改变了基因的活动……我并不是反对生物技术，我只是认为它是我们必须非常谨慎地应用的事物。我们需要建立严格的安全协议。"

[11] 菲利普・雷加尔（Philip J.Regal）. 同注［3］, 1999-07-18, http://www.cbs.umn.edu/ ~ prega/GEhistory.html。

[12] 菲利普・雷加尔（Philip J.Regal）. 基因工程中的形而上学，第 2 章第 2 节：乌托邦主义（Metaphysics in Genetic Engineering: 2.2 Utopianism）. Paper prepared for International

Center for Human and Public Affairs, Buenos Aires, 1996, http://www.psrast.org/pjrbiosafety.html. 菲利普・雷加尔补充说："从一个简化理论者的角度来看，社会问题可以简化为简单的生物学问题，通过对土壤、大脑和基因的化学处理加以解决，这是合乎逻辑的。因此，洛克菲勒基金会全力以赴，运用它的人脉关系和资源推广这种优生哲学。洛克菲勒基金会运用它的基金和大量社会、政治和经济关系来宣传这样的思想，即社会大众应该耐心等待科学发明来解决社会问题，没有必要直接干预经济和政治制度。耐心地对简化论研究进行更大的投入可以无任何麻烦地解决社会和经济问题。梅森和韦弗协助建立了一个将来被称为分子生物学家所组成的网络，这个网络摒弃了活体生物体和生物群落的传统知识。它分享了对简化论和决定论共同信念，拥有乌托邦式的理想，学会了使用乐观的话语进行交流，这给它带来了科研经费和地位。这跟培根在《新大西岛》以及启蒙运动提出的愿景不谋而合：通过掌握大自然的规律和科学技术的进步来建立一个没有麻烦的社会（例如，Eamon 1994, Mcknight 1992）。"

[13] 同注 [3]。

[14] 罗伯特・曼（Robert Mann）. 自私的商业基因（The Selfish Commercial Gene）,http://www.psrast.org/selfshgen.htm 及 http://www.psrast.org/selfshgen.htm。曼明确地警告说："基因工程的危害堪比核战争。生物学要比技术要复杂得多，我们不应该假装我们能够想象出各种可怕的后果，但是我们怀疑一些人为的基因改造可能会扰乱生物圈，其时段长于任何人类文明所能生存的时间。只要基因工程支持者提出评估建议我们就不会考虑这样的方案。"

[15] 同注 [3]。

[16] 阿比盖尔・萨利尔斯（Abigail Salyers），引自罗伯特・曼. 同注 [14], http://www.psrast.org/selfshgen.htm 和 http://www.psrast.org/selfshgen.htm。

[17] 戴维・赫克尔等（David G. Heckel,et. al.）. 采用双相连锁分析绘制小菜蛾中耐苏云金芽孢杆菌毒素的基因图谱（Genetic Mapping of Resistance to Bacillus Thuringiensis Toxins in Diamondback Moth Using Biphasic Linkage Analysis）. Proceedings of the National Academy of Sciences, USA. Agricultural Sciences,1999-07。

[18] 侯美婉（Mae Wan Ho）. 关于基因工程的常见问题（FAQ on Genetic Engineering）. Institute of Science in Society, http://www.isis.org.uk/FAQ.php。

[19] 侯美婉（Mae Wan Ho）. 戳穿转基因的迷思（Puncturing the GM Myths）. 2004-08-04, http://www.unobeserver.com。

[20] 同注 [3]。

[21] 丹尼斯・诺迈尔（Dennis Normile）. 洛克菲勒结束成功运行了 15 年的网络（Rockefeller to End Network After 15 Years of Success）. Science, 1999-11-19.1468-1469, reprinted in

ww.gene.ch/genet/2000/Feb/msg00005.html。

[22] 加里·托涅森（Gary H.Toenniessen）. 维生素 A 缺乏和黄金水稻：洛克菲勒基金会的角色（Vitamin A Deficiency and Golden Rice: The Role of the Rockefeller Foundation）. The Rockefeller Foundation, 2000-11-14, http://www.rockfound.org/library/111400ght.pdf。

[23] M.T 杰克逊（M.T Jackson）. 保护稻米多样性遗产（Protecting the Heritage of Rice Biodiversity）. GeoJournal, 1995-03.267-274. 引自 K.S. 费希尔（K.S.Fisher）, ed. 关爱热带稻米生态系统的多样性（Caring for the Biodiversity of Tropical Rice Ecosystems）. IRRI, 1996.267-274。另见安娜－罗莎·马丁内斯·普拉特（Anna-Rosa Martinez I.Prat）. 基因技术掠夺水稻田（Genentech Preys on the Paddy Field）. GRAIN,1998-06。

[24] 国际农业研究咨询小组是由以洛克菲勒为中心的一些具有相同想法的人所组成的网络，洛克菲勒是其中心人物。在 1998 年的报告《构建国际农业研究咨询小组的未来》（Shaping CGIAR's Future,1998-10.26-30, http://www.worldbank.org/html/cgiar/publications/icw98/icw98sop.pdf）. 中，来自世界银行的作者称："世界银行主席詹姆斯·沃尔芬森正式宣布（国际农业研究咨询小组）1998 年国际中心周开幕……沃尔芬森赞扬了国际农业研究咨询小组的'非凡成就'，回忆了他在发展经济学上学到的第一课就是来自国际农业研究咨询小组的同事。他在 30 年前作为洛克菲勒基金会董事会的成员访问了墨西哥的国际玉米小麦改良中心，并行走在当地农民耕种的田间。这些美好的回忆使沃尔芬森先生对国际农业研究咨询小组表达了他'非常非常强烈的和非常深厚的感情'。"莫里斯·斯特朗自 1947 年起与戴维·洛克菲勒及其家族一起工作，并成为洛克菲勒基金会理事，1972 年为联合国的斯德哥尔摩地球峰会提供了资助，并在其后催生了以罗马俱乐部的"增长的极限"报告为中心的一系列国际运动，见亨利·拉姆（Henry Lamb）. 莫里斯·斯特朗：你未来的一个新伙伴！（Maurice Strong:The New Guy in Your Future！）, 1997-01, http://www.sovereignty.net/p/sd/strong.html）。

[25] 坩埚 II 组，种子解决方案，第 1 卷：基因资源的政策选择、当前政策环境中政策的主要改变（The Crucible II Group, Seeding Solutions: Volume 1: Policy Options for Genetic Resources, Policy Primer Major Changes in the Policy Environment）,http://www.idrc.ca/en/ev-64406-201-1-DO_TOPIC.html。

[26] 德夫林·库耶克（Devlin Kuyek）. 国际农业生物技术应用服务组织在亚洲：以贫困者的名义追求企业利润（ISAAA in Asia:Promoting Corporate Profits in the Name of the Poor）.2000-10, http://www.grain.org/publications/reports/isaaa.html。

[27] 同上。

[28] 同上。

[29] 同上。

[30] 范达娜·希瓦（Vandana Shiva）. 含维生素 A 的转基因大米：盲目预防中的盲目措施（Genetically Engineered Vitamin "A" Rice: A Blind Approach to Blindness Prevention），2000-02-14, http://www.biotech-info.net/blind_rice.html。

[31] 同上。

[32] 拉扎克·拉吉斯（Razak Lajis）. 维生素 A 的毒性（Vitamin A Toxicity）. http://www.prn2.usm.my/mainsite/bulletin/sun/1996/sun43.html。所引原始报告见《澳大利亚药品不良反应公告》(Australian Adverse Drug Reactions Bulletin）.1996-11,Vol. 15, No.4。其中记载："澳大利亚药物不良反应咨询委员会最近审查了一份关于新生儿先天性畸形小头和肌张力障碍的报告，他的妈妈在怀孕第 4-5 周时曾无意间大量服用了维生素 A。该新生儿随后死亡。尽管在这个案例中我们没有充分证据证明维生素 A 就是导致新生儿畸形的原因，但是大量的维生素 A 很可能导致新生儿畸形，并且与维生素 A 在临床上具有等同效用的药物已经证明可以导致新生儿畸形。" 另见玛丽昂·内斯特莱（Marion Nestle）. 转基因的黄金水稻不可能解决维生素 A 缺乏的问题（Genetically Engineered Golden Rice is Unlikely to Overcome Vitamin A Deficiency）.Letter to the Editor,Journal of the American Ditetic Association, 2001-03:289-290。

[33] 贝内迪克特·黑林（Benedikt Haerlin）. 关于黄金水稻的看法（Opinion Piece about Golden Rice）. http://archive.greenpeace.org/geneng/highlights/food/benny.htm。另见亚西西基金会（Assisi Foundation）、泰国生物多样性和可持续农业及食物主权运动组织（BIOTHAI）(Assisi Foundation, BIOTHAI, et al.）. 生物剽窃、与贸易有关的知识产权协议以及亚洲饭碗的申请专利（Biopiracy,TRIPS and the Patenting of Asia's Rice Bowl）.1998-05, http ://www.poptel.org.uk/panap/archives/larice.htm。

[34] 戈登·康韦的话引自保罗·布朗（Paul Brown）. 推动转基因大米的人做得太过（GM Rice Promoters Have Gone too Far）. The Guardian, 2001-02-10。

[35] 比尔·克林顿的话引自保罗·布朗，同上。

[36] 保罗·布朗，同上。

[37] 理查德·霍顿（Richard Horton）引自亚历克斯·柯尔比（Alex Kirby）. 转基因黄金般的许诺是"海市蜃楼"("Mirage" of GM's Golden Promise）. BBC News Online, 2003-09-24。

[38] 亚历克斯·柯尔比（Alex Kirby）. 同上。

第八章　煽风点火：策动世界"粮食生产革命"

[1] 皮尤倡议论美国粮食、生物技术和转基因粮食作物（Pew Initiative on Food and Biotechnol-

ogy, Genetically Modified Food Crops in the United States）. 2004-08, http://www.pewagbiotech.org。

[2] 见威廉·恩道尔（William Engdahl）. 石油战争：石油政治决定世界新秩序（A Century of War: Anglo-American Oil Politics and the New World Order）. London: Pluto Books Ltd., 2004, Chapters 10-11; 另见约翰·珀金斯（John Perkins）. 一个经济杀手的自白（The Confessions of an Economic Hit Man）. San Francisco: Berrett Koehler Publishers, 2004。

[3] 美国大使馆（U.S. Embassy）. 国务院部分解密文件（Declassified US State Department Documents）（Document #1976 Buenos06130, 1976-09-20）。辛西娅·阿恩森（Cynthia J. Arnson）主编. 阿根廷和美国的双边关系（Argentina-United States Bilateral Relations）. Woodrow Wilson Center for Scholars, 2003.39-40。基辛格与古泽蒂（Guzzetti）在圣地亚哥的谈话，最先由马丁·埃德温·安德森（Martin Edwin Andersen）报道，见马丁·安德森. 基辛格与肮脏的战争（Kissinger and the Dirty War）.The Nation, 1987-10-31。安德森的文章根据负责人权的助理国务卿帕特里夏·德里安（Patricia Derian）的一份备忘录撰写而成，德里安在 1977 年 3 月访问阿根廷期间从希尔（Hill）那里得知此事，见：希尔有关人权的行动方案：布宜诺斯艾利斯 3462（Hill's Proposed Demarche on Human Rights:Buenos Aires 3462）.1976-05-25, Request for Instructions, State 129048。

[4] 弗朗西斯科·鲁格·穆尔西亚（Fransico J.Ruge-Murcia）. 阿根廷、巴西、以色列制止通货膨胀的非常规做法（Heterodox Inflation Stabilization in Argentina, Brazil and Israel）. Centre de recherche et développement en économique（C.R.D.E.）and Département de sciences économiques, Université de Montréal, 1997-05。

[5] 阿萨德·伊斯米（Asad Ismi）. 为阿根廷哭泣（Cry for Argentina）. Briarpatch, 2000-09。

[6] 戴维·洛克菲勒（David Rockefeller）. 我心目中的马丁内斯·德奥斯（Lo que pienso de Martínez de Hoz）. Revista Gente, 1978-04-06。

[7] 阿根廷教育部（Government of Argentina Ministry of Education）. 1976 年 3 月 24 日 -1983 年 12 月 10 日的阿根廷军事独裁时期（La Dictadura Militar en Argentina: 24 de marzo de 1976-10 de diciembre de 1983）. 2001, http://www.me.gov.ar/efeme/24demarzo/dictadura.html。卡瓦洛在 2006 年受到了阿根廷政府的起诉，理由是在 2001 年的一起债务掉期交易中蓄意与美国银行家马尔福德密谋，这次掉期交易被宣布为“欺诈”，让阿根廷向马尔福德的银行和其他债权银行多偿付了数百亿美元。那次掉期交易导致了阿根廷于 2001 年年底拖欠债务。有关细节，见南大西洋新闻社（MercoPress）. 阿根廷前领导人被指控在 2001 年进行债券置换（Former Argentine Leader Indicted for a 2001 Bond Swap）. http://www.mercopress.com; 在以下资料中对其细节也有详细描述：胡莱斯·埃文斯（Jules Evans）. 银行家被指控在阿根廷玩手段（Bankers Accused of Dirty Tricks in Argenti-

na）.2002-01-28, http://www.euromoney.com。

[8] 胡莱斯 · 埃文斯（Jules Evans）. 银行家被指控在阿根廷玩手段（Bankers Accused of Dirty Tricks in Argentina）.2002-01-28, http://www.euromoney.com/public/markets/banking/news/30jan02-1.html。

[9] 加拿大外交与国际贸易部市场研究中心（Canadian Market Research Centre Market Support Division Department of Foreign Affairs and International Trade）. 关于阿根廷生物技术市场的调研报告：政府支持生物技术（Market Brief: The Biotechnology Market in Argentina: Government Support for Biotechnology）. 2003-05, http://www.ats.agr.gc.ca/latin/3720_e.htm。

[10] 美国化学学会（American Chemical Society）. 转基因污染的证据越来越多（Growing Evidence of Widespread GMO Contamination）. Environmental Science & Technology: Environmental News, 1999-12-01,Vol. 33, No. 23.484 A-485 A。

[11] 朱迪 · 卡曼（Judy Carman）. 抗"农达"转基因大豆的安全问题（The Problem with the Safety of Roundup Ready Soybeans）. Flinders University, Southern Australia, 1999-08, http://www.biotech-info.net。

[12] 英国土壤管理倡议（UK Soil Management Initiative）. 常见问题：最低限度耕作的优势及其不足（Frequently Ashed Questions:Advantages and Disadvantages of Minimum Tillage）. http://www.smi.org.uk。

[13] 同上。

[14] 休 · 布兰福德（Sue Branford）. 阿根廷苦涩的收获（Argentina's Bitter Harvest）. New Scientist. 2004-04-17.40-43. 另见有机消费者协会（Organic Consumers Association）. 新的研究发现孟山都的"农达"与病症有关联（New Study Links Monsanto's Roundup to Cancer）. Little Marais, MN, 1999-06-22。

[15] 莉莲 · 乔恩森、斯特拉 · 塞米诺（Lillian Joensen, Stella Semino）. 阿根廷与大豆的热恋（Argentina's Torrid Love Affair with the Soybean）. Seedling, 2004-10.3; 该文是对外债危机、国际货币基金组织的私有化政策和用转基因种子改造阿根廷农业这三者之间相互作用的极好综述。作者属于阿根廷的乡村反思团体（Rural Reflection Group）。

[16] 同上 .4。

[17] 同上 .3。

[18] 同上 .3。

[19] 佚名（Anon.）. 孟山都在阿根廷抢夺特许权使用费（Monsanto's Royalty Grab in Argentina）. GRAIN, 2004-10, http://www.grain.org。

[20] 休 · 布兰福德（Sue Branford）. 为什么阿根廷不能养活自己（Why Argentina Can't Feed Itself）. The Ecologist, 2002-10; H. 保罗、R. 施泰因布雷歇尔等（H.Paul, R. Steinbrecher,et

al.）. 阿根廷和转基因大豆：屈从美国压力的代价（Argentina and GM Soybean: The Cost of Complying with US Pressure）. EcoNexusBriefing, 2003, http://www.econexus.info; 戴维·琼斯（David Jones）. 阿根廷和转基因大豆：成功的代价有多大?（Argentina and GM Soy - Success at What Cost?）. Saturday Star, South Africa, 2004-06-19。

［21］同注［15］.5。

［22］伦纳特·哈德尔、迈克尔·埃里克松（Lennart Hardell, Miikael Eriksson）. 对非霍奇金淋巴瘤及杀虫剂接触的个案研究（A Case-Control Study of Non-Hodgkin Lymphoma and Exposure to Pesticides）. Cancer, 1999-03-15。美国人与新西兰人组成的一个独立的联合研究组织"大豆在线服务"称，与广泛宣传的给饮食和健康带来的益处相反，"大豆食品含有胰蛋白酶抑制剂，抑制了蛋白的消化，影响了胰的功能。在动物实验中，胰蛋白酶抑制剂含量高的饮食导致身高发育受阻和胰腺紊乱。大豆食品增加了身体对维生素 D 的需要，因为这样才能维持强壮的骨骼和正常生长。大豆食品中的植物酸会导致可从生物利用度中铁和锌的减少，而这些铁和锌对健康以及大脑和神经系统的发育是必需的。大豆还缺乏对大脑和神经系统的发育同样至关重要的胆固醇。大豆食物配方中高含量的植物性雌激素，已经与当前女孩性发育越来越早熟、男孩性发育推迟和延误的大趋势有牵连……大豆异黄酮是植物性内分泌干扰物。在饮食层面上，它会阻止排卵和刺激癌细胞生长。每天食用量即使仅为 30 克（约 4 汤勺），也会导致甲状腺机能减退，出现懒散、便秘、体重增加和疲劳等症状"，见：大豆食品的迷思和真相（Myths & Truths About Soy Foods）, SoyOnlineService.co.nz。

［23］引自新西兰皇家学会（Royal Society of New Zealand）. 基因工程概况 第 4 章：基因工程的环境（Genetic Engineering-an Overview,4. Environmental Aspects of Genetic Engineering）. http://www.rsnz.org/topics/boil/gmover/4.php。

［24］新的研究发现孟山都的"农达"与癌症有关联（New Study Links Monsanto's Roundup to Cancer）. Genetic Concern, 1999-06, http://www.biotech-info.net/glyphosate_cancer.html。

［25］道德积分表（Ethics Scoreboard）. 科菲·安南与联合国的腐败文化（Kofi Annan and the U.N.'s Culture of Corruption）. 2005-03-05, http://www.ethicsscoreboard.com/list/annan.html。

［26］同上。

［27］农民之路（La Via Campesina）. 全球小农谴责盖茨基金会购买孟山都 50 万股股票（Global Small Farmers Denounce Gates Foundation Purchase of 500,000 Monsanto Stock Shares）. 2010-09-13, http://www.organicconsumers.org/articles/article_21606.cfm。

［28］同上。

［29］威廉·恩道尔（F.William Engdahl）. 秘密好人俱乐部在纽约召开首次会议（Secret Good

Club Holds First Meeting in New York）.2009-06-02。

[30] 美国公共广播公司（PBS）. 比尔·莫耶斯对比尔·盖茨的采访记录（Transcript Bill Moyers Interviews Bill Gates）. 2003-05-09, http://www.pbs.org/now/transcript/transcriptgates.html。

[31] 威廉·恩道尔（F.William Engdahl）. 比尔·盖茨谈"利用疫苗减少人口"（Bill Gates Talks About "Vaccines to Reduce Population"）. 2010-03-04, http://oilgeopolitics.net/Swine_Flu/Gates_Vaccines/gates_vaccines.html。

[32] 斯蒂芬·巴特利特（Stephen Bartlett）. 维基解密文件：政府与转基因种子垄断企业沆瀣一气（Wikileaks Documents Gov Complicity with GM0 Seed Monopolies）.2011-01, http://www.agriculturalmissions.org/netline_2011_002.html。

[33] 马修·纽瑟姆（Matthew Newsome）. 非洲农业的未来在私人部门手中?（Does the Future of Farming in Africa Lie in the Private Sector ?）. 2012-11-23, http://www.guardian.co.uk/global- development/poverty - matters/2012/nov/23/future - farming africa - private - sector。

第九章 落井下石：美国在伊拉克播撒"民主"的种子

[1] 联盟驻伊拉克临时管理当局（Coalition Provisional Authority）. 临时管理当局官方文件：命令（CPA Official Documents, Orders）. http://www.cpa-iraq.org/regulations/#Orders。

[2] 内奥米·克莱因（Naomi Klein）. 巴格达元年（Baghdad Year Zero）. Harpers' Magazine, 2004-09。

[3] 同注 [1]。在"导言"中，这份文件宣称："命令是对伊拉克人具有约束力的指示和指令，具有惩罚性后果，或对管制伊拉克人的方式（包括伊拉克法律的变更）具有直接关系。"

[4] 联盟驻伊拉克临时管理当局（Coalition Provisional Authority）. 临时管理当局官方文件，第 81 号命令：专利、工业设计、秘密信息、集成电路及植物品种法（CPA Official Documents, Order 81: Patent, Industrial Design, Undisclosed Information, Integrated Circuits and Plant Variety Law）. http://www.iraqcoalition.org/regulations/index.html#Regulations; 另见聚焦全球南方、谷物（Focus on the Global South, GRAIN）. 伊拉克的新专利法：对农民的宣战 》（lraq's New Patent Law:A Declaration of War Against Farmers）. http://www.grain.org; 范达娜·希瓦（Vandana Shiva）. 生物盗窃：对自然和知识的掠夺（Biopiracy:The Plunder of Nature and Knowledge）. Devon: Green Books, 1998。

[5] 威廉·厄斯金（William Erskine）. 伊拉克农业体系遭到破坏：粮食自给自足遥不可及……（Agriculture System in Iraq Destroyed: Self Sufficiency in Food Production Years Away…）.

Press Release,2003-06-30, http://www.icarda.org/News/2003News/30June03.html。
[6] 霍普·尚德（Hope Shand）给予地球专利权（Patenting the Planet）. Multinational Monitor, 1994-06:13。
[7] 聚焦全球南方、谷物（Focus on the Global South, GRAIN）. 伊拉克的新专利法：对农民的宣战（Iraq's New Patent Law: A Declaration of War Against Farmers）. GRAIN Press Release, 2004-10, http://www.grain.org/article/? id = 6。
[8] 同上。
[9] 杰里米·史密斯（Jeremy Smith）. 伊拉克：第 81 号命令（Iraq: Order 81）. The Ecologist. 2005-02。
[10] 门户网站：伊拉克（Portal Iraq）. 伊拉克农业未来的种子（Seeds for the Future of lraqi Agriculture）.2004-09-27,http://www.portaliraq.com/news/Seeds+for+the+future+of+Iraqi+agriculture __529.html。
[11] 丹尼尔·斯托尔特（Daniel Stolte）. 在战壕里（In the Trenches）. The Business Journal of Phoenix, 2005-06-10。
[12] 同上。
[13] 克里斯托弗·库克（Christopher D.Cook）. 农业综合企业盯上了伊拉克的新兴市场（Agribusiness Eyes Iraq's Fledgling Markets）. In These Times, 2005-03-15, http://www.mindfully.org/GE/2005/Iraq-US-Agribusiness-Profit15mar05.html。
[14] 同上。
[15] 佚名（Anon.）伊拉克：采访农业部部长（IRAQ:Interview with Minister of Agriculture）. IRIN News, 2004-12-16, http://www.irin-news.org。
[16] 安·维尼曼（Ann M.Veneman）. 农业部部长安·维尼曼在全国农业广播者协会年度会议上的讲话（Remarks by Agriculture Secretary Ann M. Veneman to the National Association of Farm Broadcasters Annual Convention）. 2003-11-14, US Department of Agriculture, Washington D.C., Release No. 0384.03。
[17] 美国国会档案（US Congressional Record）. 众议院亨利·冈萨雷斯议员的声明（Statement by Representative Henry B. Gonzalez）. 1992-04-28, US House of Representatives: H2694。
[18] 约翰·金（John King）, 引自克里斯托弗·库克（Christopher D. Cook）. 同注 [13]。
[19] 同上。
[20] 同上。
[21] 巴黎俱乐部（Paris Club）. 伊拉克（Iraq）. 2004-11-21, http://www.clubdeparis.org。
[22] 国际货币基金组织（International Monetary Fund）. 伊拉克：意向书、经济和金融政策备

忘录、技术谅解备忘录（Iraq - Letter of Intent, Memorandum of Economic and Financial Policies, and Technical Memorandum of Understanding）. Baghdad, 2004-09-24。

［23］沙巴比（Shababi），引自布兰·多米尼克（Bran Dominick）. 美国豁免伊拉克债务以便为国际货币基金组织的改革铺平道路（US Forgives Iraq Debt To Clear Way for IMF Reforms），New Standard, 2004-12-19。

［24］同上。

第十章　沆瀣一气：毁灭的种子播下"人间乐园"

［1］美国农业部副部长丹尼尔·阿姆斯特茨的信（Letter from Daniel G. Amstutz, Undersecretary for International Affairs and Commodity Programs, U.S. Department of Agriculture）. Choices, Fourth Quarter, 1986: 38。

［2］农业综合企业名人录（Who is who in Corporate Agribusiness）,1997-04-03, http://www.electricarrow.com/CARP/tiller/archives/backlog.html。

［3］尤金·普莱乌克（Eugene W.Plawiuk）. 跨国农业综合企业巨头嘉吉公司的背景（Background on Cargill Inc., the Transnational Agribusiness Giant）. Corporate Watch: GE Briefings, 1998-11, http://www.archive.corporatewatch.org。

［4］同上。

［5］洛里·沃利奇、米歇尔·斯福尔萨（Lori Wallach, Michelle Sforza）. 世贸组织：五年的理由表明要抵制公司全球化（The WTO: Five Years of Reasons to Resist Corporate Globalization）.New York: Seven Stories Press, 1999: 45。

［6］爱德华·埃文斯（Edward A. Evans）. 解读世贸组织卫生与植物检疫协定（Understanding the WTO Sanitary and Phytosanitary Agreement）. EDIS document FE492, Department of Food and Resource Economics, Florida Cooperative Extension Service, UF/IFAS, University of Florida, Gainesville, FL., 2004-08, http://edis.ifas.ufl.edu; 埃文斯注意到："美国担心，随着使用量和这些支持措施力度的减少，一些进口国可能会转向技术贸易壁垒（尤其是《实施卫生与植物检疫协定》措施），作为允许它们继续向它们的农业社区提供支持的手段。因此，这种协定的意图，就是确保使用《实施卫生与植物检疫协定》的时候，这些措施只能使用到为确保食品安全和动植物健康所必要的程度，而不是不适当地限制其他国家的市场准入。"而"必要程度"则由世贸组织裁定。

［7］世界发展运动（World Development Movement）. 转基因和世贸组织：剥夺了说"不"的权力（GMOs and the WTO: Overruling the Right to Say No）. London, 1999-11, http://www.

wdm.org.uk; See also Edward A.Evans,op.cit。另见爱德华·埃文斯（Edward A.Evans）. 同注［6］。

［8］世界发展运动（World Development Movement）. 同注［7］。

［9］阿努普·沙阿（Anup Shah）. 粮食专利：窃取原产地的知识?（Food Patents - Stealing Indigenous Knowledge ?）. 2002-09-26, http://www.global_issues.org。

［10］谷物（GRAIN）. 基因技术劫掠稻田（Genetech Preys on the Paddy Field）.1998-06, http://www.grain.org/seedling/ ? id = 33。另见《泰国香米与美国生物技术产业带来的威胁》（Thai Jasmine Rice and the Threat of the US Biotech Industry）. News Release, http://www.biotech-info.net/wescott_thai_rice.pdf。

［11］谷物（GRAIN）. 同注［10］。这份报告指出："尽管国际水稻研究所的政策是既不对从农民那里收集到的种质申请专利，也不对其普通培育工作的产品申请专利，但它不能阻止那些能够获得其采集种质的人这样做。这种放任政策已经被转化成私营部门对农民部分水稻种质的盗用。例如，美国的一家育种公司——得克萨斯农场（Farms of Texas）对国际水稻研究所的 IR8 进行了某种微小的更改，便申请到了专利并在美国进行排他性销售。1998 年初，这家如今更名为"稻米技术"（RiceTech）的公司因获得印度和巴基斯坦巴斯马蒂水稻的专利而激起公愤。"

［12］美国最高法院关于 AG 公司诉先锋良种案的材料（United States Supreme Court, J.E.M. Ag Supply V. Pioneer Hi-Bred, 122 S.Ct. 593, 2001）。有关背景材料，可参见联邦巡回上诉法院关于先锋良种诉 AG 公司案决定（CAFC Decision in Pioneer Hi-Bred International, Inc. vs. J.E.M. Ag Supply, Inc. et. al.）的《生物技术法律报告》(Biotechnology Law Report)(2000-04: 281-289)。这个问题，最高法院作出了裁定，支持先锋良种公司对转基因植物专利权的要求。这一裁定被美国上诉法院采纳为判据，因而维持了一个低一级法院对先锋基因工程玉米种子专利的裁定。这家法院的结论是,《美国法典》第 101 篇（"专利法"部分）第 35 章"包含了种子和用种子种植的植物"。这一章规定，"发明或发现任何新的或有用的流程、机械、制造方法或物质构成的，或做出任何有关新的有用的改进的人"，都可以获得保护其成果的专利。最高法院裁决支持先锋公司，实际上维持了种子公司通过获得除 PVPA (《植物品种保护法案》) 证明之外的普通功用专利而对其生物工程产品实现难以打破的保护。另外，埃德蒙·西塞在以下论文中也对这个过程提供了极好的法学评论见：埃德蒙·希瑟（Edmund J.Sease）. 从诉讼人的角度看农业生物技术专利法的前世今生（History and Trends in Agricultural Biotechnology Patent Law from a Litigator's Perspective）(Seeds of Change Symposium Banquet, University of Illinois, Chicago, 2004-04-09, http://www.ipagcon.uiuc.edu。

［13］罗伯特·夏皮罗（Robert B. Shapiro）. 引自理查德·梅尔彻等（Richard A.Melcher, et.al.）. 基因的田地（Fields of Genes）. Business Week, 1999-04-12。

［14］梅里尔·纳斯（Meryl Nass）. 孟山都的橘剂：越战阴魂不散（Monsanto's Agent Orange: The Persistent Ghost from the Vietnam War），http://www.organicconsumers.org/monsanto/agentorange032102.cfm。另外，值得注意的是，已经解密的海军上将小埃尔莫·朱姆沃尔特（Elmo R. Zumwalt, Jr.）给退伍军人事务部部长的关于接触橘剂与不良健康效应之间联系的报告（Report to Secretary of the Department of Veteran Affairs on the Association Between Adverse Health Effects and Exposure to Agent Orange）. 1990-05-05, http://www: hatfieldgroup.com/files/Zumwalt.pdf。

［15］约翰·维达尔（John Vidal）. 孟山都在英国倾倒有毒废物（Monsanto Dumped Toxic Waste in UK）. The Guardian, 2007-02-12。

［16］梅里尔·纳斯（Meryl Nass）. 同注［14］。

［17］佚名（Anon.）. 杜邦和先锋良种国际有限公司合并完成（DuPont and Pioneer Hi-Bred International, Inc., Merger Completed）. Press Release, Delaware, 1999-10-01。

［18］陶氏化学公司（Dow Chemical Company）. 季报（Quarterly Report）. http://www.dow.com/financial/reports/07q1earn.html。

［19］密歇根州环境质量局（Michigan Department of Environmental Quality）. 关于土地运动的报告（Soil Movement Advisory）. Environmental Assessment Initiative,Information Bulletin #3, 2003-06。

［20］同上。

［21］陶氏化学公司米德兰市（Dow Midland）的雇员有关二噁英影响的证词，见 http://www.studentsforbhopal.org。有关道康宁（Dow Corning）公司的硅胶乳房植入物缺陷（这家公司为此不得不向数千名受害者支付 35 亿美元的损害赔偿）的文献，见《为接触过有毒物质的老兵移植植入物》（Implant Veterans of Toxic Exposure）（http://yukonmom47.tripod.com/index.html）。

［22］引自阿伦德海蒂·罗伊（Arundhati Roy）. 乔姆斯基的孤独（The Loneliness of Noam Chomsky）. The Hindu,2003-08-24。关于凝固汽油的开发，一位美国越战老兵据说说了以下反常但确实描述了当时情况的话："我们当然对陶氏化学公司从事秘密研究工作的伙计们感到满意。最初的产品不是那么火辣——如果那些亚洲佬（越南人）很敏捷，他们可以刮掉。所以那些伙计们着手添加了聚苯乙烯，于是，它像掉在毯子上的粪便一样有黏性。但是，如果那些亚洲佬跳到水里，就不燃烧了。所以，他们又添加'威利·彼得'（白磷），这样会烧得更好，在水下也会燃烧了，而且只要一滴就足够了。它将一直烧下去，烧到骨头，所以磷中毒后，不管怎么样他们都得死。"另见：抗议使用凝固汽油（Protesting Napalm）（Time,1968-01-05）。高涨的反战抗议使林登·约翰逊总统付出丢失

总统宝座的代价，陶氏化学公司成了美国战争机器残忍性的象征。这家公司拒绝停止生产凝固汽油，尽管它只占公司营业额的 0.5%。

[23] 陶农科公司（Dow Agrosciences Llc）. 原告 - 被上诉人诉丹尼斯・贝茨等人案（Plaintiff-Appellee Versus Dennis Bates, et al.）. United States Court of Appeals, Fifth Circuit, 2003-06-11。

[24] 德国《明镜》(Der Spiegel), 2004-02-08。

[25] 戈特弗里德・格洛克纳（Gottfried Glöckner）受访于克劳斯・法伊斯纳（Klaus Faissner）. 转基因玉米与牛的大量死亡（Der Genmais und das grosse Rindersterben）.Neue Bauernkoordination Schweiz, http://www.nbks.ch/abstim/gentechmais_rindersterben.html#。

[26] 戈特弗里德・格洛克纳（Gottfried Glöckner）写给笔者的一封信，转基因玉米（Gentechnik Mais）, 2007-02-03。

[27] 克劳斯・费斯纳（Klaus Faissner）. 基因技术还是农民?（Gentechnik oder Bauern ?）. http://www.arge-ja.at/gentechnik _landwirtschaft_faissner.html。

[28] 科技监视者集团公报（ETC Group Communique）. 先正达——基因组领域的巨人?（Syngenta -The Genome Giant ?）. 2005-01/02, http://www.etc-group.org。

[29] 调查（Investigate), New Zealand, 2001-01/02。

[30] 小埃尔莫・朱姆沃尔特（Elmo R. Zumwalt,Jr.），引自梅里尔・纳斯（Meryl Nass）. 孟山都的橘剂：越战阴魂不散（Monsanto's Agent Orange: The Persistent Ghost from the Vietnam War）, http://www.organicconsumers.org/monsanto/agentorange032102.cfm#what。

[31] 卡特・詹金斯（Cate Jenkins）. 对孟山都公司的犯罪调查：隐瞒产品中含二噁英污染以及在涉及二噁英卫生研究中弄虚作假（Criminal Investigation of Monsanto Corporation—Cover-up of Dioxin Contamination in Products - Falsification of Dioxin Health Studies）. USEPA Regulatory Development Branch,1990-11。另见：橘剂的遗产（The Legacy of Agent Orange）.BBC News, World Edition, 2005-04-29, transcript in home.clara.net/heureka/gaia/orange.html。

[32] 橘剂的遗产（The Legacy of Agent Orange）. BBC News, World Edition, 2005-04-29, transcript in home.clara.net/heureka/gaia/orange.html。

[33] 同上。

[34] 卡特・詹金斯（Cate Jenkins），引自：基因战场：与生物技术食品的战斗（Fields of Genes: The Battle over Biotech Foods）. This Morning, CBC Radio,1999-05-03 to 07. 基因战场：第 4 部分（Fields of Genes :Part 4）. 1999-05-06, http://www.nyenvirolaw.org/PDF/CBC-05-06-1999-FieldOfGenes-TheBattleOverBiotechFoods.PDF。

[35] 孟山都公司被指责在将抗农达转基因大豆（Roundup Ready GMO soybea）运给欧洲的大

豆加工商时，没有听取负责营销大豆团体的意见；《自然生物技术》(Nature Biotechnology)(1996, No.14:1627)、《自然》(Nature)(1996, No. 384:203, 301) 及其他杂志说：“在美国与欧洲之间几乎要开始一场贸易战。代表 20 个国家零售商的欧洲商会 (Eurocommerce) 秘书长汉斯·克罗纳 (Hans Kroner) 最近呼吁将抗农达的大豆与其他大豆分开。早在 1996 年，欧洲零售和批发团体就要求将抗农达的大豆分流处理。法国、德国、荷兰、英国的零售商想要隔离处理，这样他们可以给产品贴上适当的标志。德国、奥地利、芬兰和瑞典零售商想分流处理，这样他们可以在‘可预见的将来’或‘在消费者满意之前’将转基因食品排除在外。”引自：包括转基因食物在内的食品安全 (Food Safety Including CM Foods) . http://www.eubios.info/NBB/NBBFS.html。

[36] 克莱夫·詹姆斯 (Clive James) . 商业化的生物技术 / 转基因作物的全球地位：2004 年 (Global Status of Commercialized Biotech/GM Crops: 2004) .ISAAA, 2004, No. 32。

[37] 同上。

[38] 萨莉·法龙、玛丽·伊妮格 (Sally Falon, Mary Enig) . 了不起的芥花籽油 (The Great Con-ola)(Nexus, 2002-08/09, http://www.nexusmagazine.com)。这两位作者得出结论说：“芥花籽油肯定不利于心血管系统的健康。像它的前身葡萄籽油一样，芥花籽油与心脏纤维损伤有关。它还造成维生素 E 缺乏，引起血小板发生不希望见到的变化，当它是老鼠饮食中的唯一油料时，会缩短易中风的老鼠的寿命，而且它似乎会使成长延迟。这就是为什么美国食品药品管理局不允许在婴幼儿配方食品中使用芥花籽油的原因。”(http://www.nexusmagazine.com/articles/canola.html)。

[39] 皮尤慈善信托基金 (The Pew Charitable Trusts) . 转基因作物在美国 (Genetically Modified Crops in the United States) . 2004-08, http://www.pewagbiotech.org。

[40] 侯美婉等 (Mae-Wan Ho, Lim Li Ching) . 无转基因的可持续发展世界：案例 (The Case for A GM-Free Sustainable World) . Independent Science Panel, 2003-06-15: 23, http://www.food-first.org/progs/global/ge/isp/ispreport.pdf。

[41] 同上。

[42] 同上。

[43] 同上。

[44] 安德鲁·金布雷尔 (Andrew Kimbrell) . 孟山都诉美国农民 (Monsanto vs. US Farmers) . The Center for Food Safety, Washington,D.C., 2005:19-21, http://www.centerforfoodsafety.org/Monsantovsusfarmersreport.cfm。

[45] 同上：7-11。

[46] 菲尔·安吉尔 (Phil Angell) , 引自：在花园中扮演上帝 (Playing God in the Garden) . New York Times Magazine,1998-10-25。这与美国政府官方发表的政策至少是矛盾的：“最

终，是由食品生产商来负责保证安全性。”参见食品药品管理局（Food and Drug Administration）的政策声明：自然植物变体所生产的食物（关于转基因生物的政策）(Statement of Policy: Foods Derived from New Plant Varieties（GMO Policy）. Federal Register, Vol. 57, No. 104, 1992: 229。

[47] 戈登·康韦（Gordon Conway）. 洛克菲勒基金会与植物生物学（The Rockefeller Foundation and Plant Biology）.1999-06-24, http://www.biotech-info.net/gordon_conway.html。

[48] 佚名（Anon.）. 转基因作物在澳大利亚会高产吗?（Will GM Crops Yield More in Australia ?）. Network of Concerned Farmers, 2004-11-28, http://www.non_gm_farmers.com。

[49] 冈杜拉·梅济安尼、休·沃里克（Gundula Meziani, Hugh Warwick）. 令人狐疑的种子（The Seeds of Doubt）. The Soil Association, 2002-09-17, http://www.soilassociation.org。有关支持和反对转基因生物的一个很综合性的、科学的、独立的评论，见侯美婉等（Mae-Wan Ho and Lim Li Ching）. 同注 [40]。

[50] 贡杜拉·梅济安尼、休·沃里克（Gundula Meziani, Hugh Warwick）. 同注 [49]。

[51] 安东尼奥·安德廖利（Antonio Andrioli）. 南里奥格兰德州西北地区大学（Universidade Regional do Noroeste do Estado do Rio Grande do Sul, Brazil）. Private e-mail Correspondence, 2007-01-27，资料应请求由弗里德尔·卡佩斯（Friedel Kappes）提供。

[52] 查尔斯·本布鲁克（Charles M.Benbrook）. 生物技术作物无法养活非洲饥民（Biotech Crops Won't Feed Africa's Hungry）. The New York Times, 2003-07-11。

[53] 同上。

[54] 贡杜拉·梅济安尼、休·沃里克（Gundula Meziani, Hugh Warwick）. 同注 [49]：19-20。

[55] 同上：19。

[56] 同上：20。

[57] 美国农业部农业信息公报（USDA,Agriculture Information Bulletin）.USDA,2001。

[58] 贡杜拉·梅济安尼、休·沃里克（Gundula Meziani, Hugh Warwick）. 同注 [49]：19。

[59] 同上：19-20。

[60] 杰弗里·比恩（Geoffrey Bean）. 胎儿可能会受到转基因生物的伤害（Unborn Babies Could be Harmed by GMOs）.The lndependent, 2006-01-08。

[61] 同上。

[62] 同上。

[63] 贡杜拉·梅济安尼、休·沃里克（Gundula Meziani, Hugh Warwick）. 同注 [49]。

[64] 林恩·库克（Lynn J.Cook）. 数百万人得到服务（Millions Served）. Forbes, 2002-12-23。

[65] 同上。另见：转基因观察（GM Watch）. 旺布古又在说谎：转基因红薯是响遏行云的成功?（Wambugu Wambuzling Again: Says GM Sweet Potato a Resounding Success?）.http://

www.mindfully.org/GE/2004/Wambugu-Wambuzling-Again17mar04.html, 2004-0-17）。又见：孟山都在非洲的样板项目失败了（Monsanto's Showcase Project in Africa Fails）（New Scientist, 2004-02-07）。这篇文章注意到："根据肯尼亚农业研究所的说法，3年的田间试验已经显示，为了抵抗病毒而经过改造的转基因甘薯比普通品类更脆弱，有时候产量更低。令人窘迫的是，在乌干达，经过常规培育方法就能更快速、更廉价地培育出高产品种。这个转基因项目在过去10年里估计已经花费了孟山都、世界银行和美国政府约600万美元。它已经在全世界被树立为一个样板，显示转基因作物如何帮助非洲实现农业方式的革命。项目成员之一、肯尼亚科学家弗洛伦丝·旺布古周游世界，推动这项工作。"（New Scientist, 2000-05-27:40）。

[66] 转基因观察（GM Watch）. 同注 [65]

第十一章　步步紧逼："终结者"、"背叛者"与避孕玉米

[1] 梅尔文·约翰·奥利弗等（Melvin John Oliver, et al.）. 美国专利：植物基因表达的限制（United States Patent, Control of Plant Gene Expression）. Patent No. 5723765, 1998-03。有关该发明的详细描述，见 http://patftl.uspto.gov。

[2] 杰里·圭代蒂（Geri Guidetti）."终结者"种子及其大合并威胁食品和自由（Seed Terminator and Mega-Merger Threaten Food and Freedom）. Food Supply Update, The Ark Institute, 1998-06-05, http://www.arkinstitute.com/98/up0606.html。

[3] 梅尔文·奥利弗等（Melvin John Oliver, et. al.）. 同注 [1]。

[4] 休·沃里克（Hugh Warwick）. 先正达公司：夺走了农民的权利?（Syngenta: Switching off Farmers'Rights?）. Genetics Forum, Bern, 2000-10, http://www.mindfully.org/GE/Syngenta-Switching-Off-Rights.htm#execHugh。

[5] 同上。

[6] 佚名（Anon.）."终结者"种子专利获得许可（Patent on Terminator Seeds Granted）. Cooperative Research, 1998-03-03, http://www.cooperativeresearch.org/entity.jsp?entity=us_department_of_ agriculture。

[7] 扎克·汉利、基兰·埃尔伯拉夫（Zac Hanley, Kieran Elborough）. 生物技术再现：修复"终结者"种子（Re-emerging Biotechnologies: Rehabilitating the Terminator）. ISB News Report, 2002-06.1。

[8] 美国农业部农业研究局（United States Department of Agriculture Agricultural Research Service）. 前揭文。

[9] 玛莎·克劳奇（Martha L.Crouch）. “终结者”种子是如何“终结”的（How the Terminator Terminates）.Indiana University, Bloomington, Indiana, 1998，http://www.lists.ibiblio.org/piper-mail/permaculture/1999-January/005941.htmlMartha L. Crouch。

[10] 美国专利技术办公室（US Patent and Technology Office）. 美国专利技术办公室数据库（USPTO Patent Database）. 1998-03-03。

[11] 佚名（Anon.）. 对生物技术公司发出警告的种子（The Seeds of Warning for Biotech Companies）. USA Today, 10D, 1999-06-29。

[12] 罗伯特·夏皮罗（Robert B.Shapiro）. 孟山都首席执行官夏皮罗致洛克菲勒基金会主席康韦等人的公开信（Open Letter From Monsanto CEO Robert B.Shapiro To Rockefeller Foundation President Gordon Conway and Others）. 1999-10-04, http://www.mon-santo.co.uk/news/ukshowlib.phtml?uid=9949, 4 October 1999。

[13] 同上。

[14] 同上。

[15] 对美国农业部发言人威拉德·费尔普斯（Willard Phelps）接受国际农村进步基金会（RAFI）（现在的技术监督集团）的采访，1998-03-10, http://www.cropchoice.com/leadstry-7f4c.html? recid = 694。

[16] 梅尔文·奥利弗（Melvin J.Oliver）. 美国农业部分子生物学家和相关技术发明人（USDA Molecular Biologist and Primary Inventor of the Technology）, 引自国际农村进步基金会公告（RAFI Communique）,1998-03。

[17] 谷物（GRAIN）. 直面污染：5 条理由拒绝阿根廷的污染和让巴西为孟山都买单（Confronting Contamination: 5 Reasons to Reject Co-existence, Contamination in Argentina and Brazil Pays off for Monsanto）.Seedling, 2004-04-04, http://www.grain.org/seedling。

[18] 国际农村进步基金会（RAFI）. 引自扬·苏库拉（Jaan Suurküla）. 转基因食物档案：国际农村进步基金会称“终结者”种子步入快车道（Problems with Genetically Engineered Food Archive: RAFI Says Terminator Seeds on Fast Track）. 2000-02-25, http://www.psrast.org/probobstarch.html。

[19] 美国农业部农业研究局（United States Department of Agriculture Agricultural Research Service）. 前揭文，2004 年 3 月 29 日。

[20] 同上。

[21] 阿肖克·夏尔马（Ashok B.Sharma）. 国际开发署要求美国援助机构报告反对转基因的国家（US Aid Agencies Instructed to Report Anti-GM Nations to USAID）. The Financial Express（India）, 2003-01-14, http://www.mindfully.org/GE/ 2003/USAID-Report-AntiGM-14jan03.html。

[22] 欧盟委员会（European Commission）. 世贸组织与农业：欧盟委员会建议推动市场开放、减少贸易壁垒，这对发展中国家绝对是好事（WTO and Agriculture: European Commission Proposes More Market Opening, Less Trade Distorting Support and a Radically Better Deal for Developing Countries）. Press release, 2002-12-16。

[23] 同注 [21]。

[24] 约翰·维达尔（John Vidal）. 美国向非洲倾销卖不出去的转基因食品（US Dumping Unsold GMO Food on Africa）. The Guardian, 2002-10-07。

[25] 同上。

[26] 同上。

[27] 查尔斯·本布鲁克（Charles Benbrook）. 引自美国顶尖农业经济学家称：南部非洲的粮食援助危机只是无耻地为了“政治加分”（Southern Africa's Food Aid Crisis Shamelessly Engineered to Score 'Political Points', Says Leading US Agronomist）. Norfolk Genetic Information Network, 2002-09-27, http://www.ngin.tripod.com/270902.html。

[28] 马克·汤森（Mark Townsend）. 布莱尔敦促对第三世界国家的投机行为进行打击（Blair Urges Crackdown on Third World Profiteering）. The Observer, 2002-09-01。

[29] 佚名（Anon.）. 布什：非洲成为转基因恐惧的人质（Bush:Africa Hostage to GM Fears）. BBC News, 2003-05-22, http://news.bbc.co.uk/2/hi/americas/3050855.stm。

[30] 乔纳森·伯查尔（Jonathan Birchall）. 印度尼西亚：孟山都为了推广农作物贿赂 150 万美元（Indonesia: Monsanto Agrees to US $1.5 Million Over Crop Bribe）. Financial Times, 2005-01-07。

[31] 安德鲁·海（Andrew Hay）. 环保主义者担心巴西给转基因解禁（Environmentalists Fear Brazil's Lifting of GMO Ban）. Reuters, 2005-03-07。

[32] 罗宾·麦凯（Robin McKie）. 转基因玉米让男性精子失去活力（GMO Corn Set to Stop Man Spreading His Seed）.The Observer, 2001-09-09。麦凯写道：“避孕作物是圣地亚哥的生物公司艾培赛特公司的拿手好戏。在那里，研究者发现了一种罕见的攻击精子的人类抗体。通过将控制制造这种抗体的基因分离出来并将它们植入玉米的体内，该公司就建立了各个生产避孕药的小小园艺工厂……避孕玉米是基于对一种很罕见的免疫性不孕的研究，患有这种缺陷的妇女会产生攻击精子的抗体……它们主要被吸引到精子的表面受体，不断缠绕住精子，使其变得过分沉重，以至于无法移动向前。它不停地晃动，就像在跳伦巴达舞。”

[33] 同上。

[34] 佚名（Anon.）. 陶氏、艾培赛特公司签署研究和专利协议（Dow, Epicyte Enter Research, Licensing Agreement）. PRNewswire,2000-09-05。

[35] 艾培赛特公司：本月之星（Epicyte:Company of the Month）.The San Diego Biotech Journal,2001-06, http://www.biotechjournal.com/Journal/Jun2001/juneartA2001.pdf。

[36] 怀亚特·安德鲁斯（Wyatt Andrews）. 通过种植生产农药而种植的玉米即将收获（In Coming Harvests, Farm-aceutical Corn）. CBS News, 2002-10-08, http://www.muhammad-farms.com/News-Oct6-12-2002.html。

[37] 圣地亚哥生物技术杂志（The San Diego Biotech Journal）. 前揭文, 2001-06,http://www.biotechjoumal.com/Joumal/Jun2001/juneartA2001.pdf。另见美国商业资讯网（Business Wire）. 艾培赛特公司接受小企业创新研究计划的资助研发人乳头状瘤病毒抗体（Epicyte Receives SBIR Grant to Fund HPV Antibody Development）和艾培赛特公司拿到第五笔资助来研发性保健产品（Marks Fifth Grant for Epicyte to Develop Sexual Health Products）,2001-06-05。

[38] 拜奥莱克斯公司收购圣地亚哥的艾培赛特公司（Biolex Acquires San Diego Based Epicyte Pharmaceutical）. Company Press Release, 2004-05-06, http://www.biolex.com and http://www.epicyte.com。

[39] 德桑蒂斯（S'ra DeSantis）. 墨西哥：转基因生物威胁本土玉米（Mexico: Genetically Modified Organisms Threaten Indigenous Corn）. Z Magazine, 2002-07/08。

[40] 佚名（Anon.）. 世界卫生组织进行一种控制生育的疫苗临床试验（Clinical Trials of a WHO Birth Control Vaccine）. The Lancet, 1988-06-11。

[41] 詹姆斯·米勒（James A.Miller）. 新疫苗是否加入控制生育的药物?（Are New Vaccines Laced With Birth-Control Drugs?）. HLI Reports,Human Life International, Gaithersburg, Maryland, 1995-06/07。

[42] 同上。

[43] 同上。

[44] 同上。作者引述了世界卫生组织关于生育控制的疫苗的各个正式论文细节，包括《控制生育的疫苗》(Vaccines for Fertility Regulation)(Chap. 11: 177-198)、《人类生育研究》(Research in Human Reproduction)(Biennial Report,1986-1987）和《世界卫生组织专项研究课题：人类生育研发培训》(WHO Special Programme of Research, Development and Research Training in Human Reproduction)(WHO, Geneva, 1998)。

[45] 同注 [41]。

[46] W.R. 琼斯等（W.R Jones, et al.）. 世界卫生组织控制生育的疫苗进行第一阶段临床试验（Phase 1 Clinical Trials of a World Health Organization Birth Control Vaccine）.The Lancet, 1998-06-11:1295-1298。这些作者写道："生育控制疫苗包括了一种反映了人绒毛膜促性腺激素（hCG beta）的氨基酸序列的合成肽抗原，这种疫苗开始进入第一阶段的临床试

验。30 名通过手术进行绝育的女性志愿者被分成 5 个相等的小组，每个小组注射不同剂量的疫苗，在 6 周内分别接受了两次肌肉注射。经过 6 个月的跟踪观察……针对 hCG 的抗体的潜在避孕水平在所有被测者身上全部上升。在服用最高剂量疫苗的小组中，能维持避孕水平达到 6 个月的时间。”另见 G.P. 塔尔瓦等（G.P. Talwar, et al.）. 抗人绒毛膜促性腺激素疫苗可能引发抗体的高度相似性……（Prospects of an Anti-hCG Vaccine Inducing Antibodies of High Affinity…）. Reproductive Technology,1989; Amsterdam, New York: Elsevier Science Publishers, 1990.231。

[47] 同注 [41]；另见世界卫生组织（World Health Organization）. 生殖健康研究面临的挑战（Challenges in Reproductive Health Research）.Biennial Report, 1992-1993. Geneva, 1994.186。

[48] 温斯顿 · 邱吉尔（Winston Churchill），引自罗伯特 · 哈里斯、杰里米 · 帕克斯曼（Robert Harris and Jeremy Paxman）. 更高级的谋杀形式（A Higher Form of Killing）. New York: Noonday Press,1982。另见乔治 · 罗西（George Rosie）. 邱吉尔的炭疽炸弹：英国曾计划用炭疽消灭德国（Churchill' Anthrax Bombs: UK Planned to Wipe out Germany with Anthrax）. Sunday Herald, 2001-10-14。

[49] 罗伯特 · 卡德莱茨（Robert P. Kadlec）. 发动经济战和 21 世纪细菌战的生物武器（Biological Weapons for Waging Economic Warfare and Twenty-First Century Germ Warfare）.http://www.airpower.maxwell.af.mil/airchronicles/battle/chp10.html, and …chp9.html。

[50] 同上。

[51] 生物武器和基因工程阳光项目（Sunshine: Biological Weapons and Genetical Engineering）. 基因工程经常被用来生产致命的细菌（Genetic Engineering is Regularly Used to Produce Lethal Bacteria）. http://www.sunshine-project.org/bwintro/gebw.html。

[52] 同上。

[53] 海伦 · 纽金特（Helen Nugent）. 医生说，要不了几年基因战就会爆发（Gene Wars Only a Few Years Away, Say Doctors）. London Times, 2004-10-26。

[54] 史蒂文 · 布洛克（Steven Block），引自马克 · 施瓦茨（Mark Shwartz）. 生物战将作为 21 世纪威胁而横空出世（(Biological Warfare Emerges as 2lst-Century Threat）. 2001-01-11, Stanford Report, http://www.service.stanford.edu/news/2001/january17/bioterror-117.html。

第十二章　趁火打劫：禽流感恐慌和转基因鸡

[1] 乔治 · 布什（George W. Bush）. 总统概述应对流感的准备和措施（President Outlines

Pandemic Influenza Preparations and Response）. Washington, D.C., NIH, 2005-11-01, http://www.whitehouse.gov/news/releases/2005/ 11/20051101-1.html。

[2] 佚名（Anon.）. 唐纳德·拉姆斯菲尔德任吉利德科学公司董事会主席（Donald H. Rumsfeld Named Chairman of Gilead Sciences）. Gilead Sciences, Press Release, Foster City, CA. 1997-01-03, http://www.gilead.com/wt/sec/pr_933190157/ 。

[3] 小威廉·温肯韦尔德（William Winkenwerder Jr.）. 禽流感所致流感的准备和应对指南（Guidance for Preparation and Response to an Influenza Pandemic Caused by the Bird Flu（Avian Influenza）. US Department of Defense. 2004-09-21, http://www.geis.fhp.osd.mil/GEIS/SurveillanceActivities/Influenza/DoD_Flu_Plan_040921.pdf。

[4] 威廉·恩道尔（F.Wiliam Engdahl）. 禽流感是五角大楼的另一场骗局吗?（Is Avian Flu Another Pentagon Hoax?）. Global Research, 2005-10-30, http://www.globalresearch.ca/index.php?context=viewArticle&code=%20EN20051 030&articleId=1169。

[5] 亨利·韦克斯曼（Henry A. Waxman）. 哈利伯顿公司在伊拉克的现有合同价值 100 亿美元（Halliburton's Iraq Contracts Now Worth over $10 Billion）. Committee on Government Reform, US House of Representatives, Washington, D.C., Fact Sheet, 2004-12-09, http://www.truthout.org/mm_01/5.120904A-1.pdf。

[6] 伦纳德·霍罗威茨（Leonard G.Horowitz）. 新兴病毒：艾滋病、埃博拉，是自然、偶然还是故意?（Emerging Viruses: AIDS & Ebola, Nature, Accident or Intentional?）. Standpoint, Idaho: Tetrahedron Publishing Group）, 2001. 275-288。

[7] 同上 .411。

[8] 同上 .410-411。

[9] 艾拉·沃尔弗特（Ira Wolfert）. 鸡肉：因为某种使命而变得廉价（Chickens: Cheaper by the Mission）. The Reader's Digest, 1968-02。

[10] WATT 美国家禽（WATT Poultry USA）. WATT 美国家禽排名（WATT Poultry USA's Rankings）. WATT, 2006-10。

[11] 万岁！美国（Viva！USA）. 鸡肉 / 肉鸡行业媒体公告（Chicken/Broiler Industry Media Briefing）, 2005, http://www.vivausa.org/campaigns/chickens/media.html。

[12] 美国政府问责办公室（United States Government Accountability Office）. 肉禽行业的安全应该得到进一步加强（Safety in the Meat and Poultry Industry, While Improving, Could Be Further Strengthened）.Washington, D.C., GAO-05-96, 2005-01。

[13] 同注 [11]。

[14] 美国农业部（USDA）. 动物福利问题 143 篇讨论文章简编（Animal Welfare Issues Compendium, A Collection of 143 Discussion Papers）.1997-09, http://warp.nal.usda.gov/awic/

pubs/97issues.html. Accessed on 2005-09-30。

[15] 美国泰森食品公司（Tyson Foods, Inc.）. 年度报告（Annual Report）. 2006, http://www.tyson.com/Corporate/。

[16] 佚名（Anon.）. 禽戏：家禽行业在禽流感危机中的核心作用（Fowl Play: The Poultry Industry's Central Role in the Bird Flu Crisis）. GRAIN, 2006-02, http://www.grain.org/go/birdflu。

[17] 同上。

[18] 超越工厂化农业联盟：禽流感情况说明（Beyond Factory Farming Coalition, Fact Sheet: Avian Flu）. http://www.beyond-factoryfarming.org/documents/Avian_Flu_Fact_Sheet.pdf。引自禽戏：家禽行业在禽流感危机中的核心作用（Fowl Play: The Poultry Industry's Central Role in the Bird Flu Crisis）. GRAIN,2006-02, http://www.grain.org/go/birdflu。另见世界卫生组织（World Health Organization）. 鸟粪是禽流感产生的主要原因（Bird Droppings Prime Origin of Bird Flu）.Geneva,2004-01-17。

[19] 沃尔特·桑塔格（Walter Sontag）. 鸟儿带来的灾难（Der Fluch der Vögel）. Wiener Zeitung,2005-11-05。

[20] 正大集团的详细信息，见该公司网站 http://www.cpgroup.cn 以及佚名（Anon.）. 执掌亚洲的家族（The Families that Own Asia）. Time Asia, http://www.time.com/time/asia/covers/501040223/chearavanont.html。

[21] 三边委员会（Trilateral Commission）. 三边委员会 2005 年成员名单（The 2005 Trilateral Commission Membership List）.New York, 2005-05。

[22] 罗斯林研究所（Roslin Institute）. 研究评估：切实改善环境以提高家禽福利（Research Reviews: Practical Environmental Enrichment to Improve Poultry Welfare）.55-60, http://www.roslin.ac.uk/research/hostResponse.php。

[23] 马克·亨德森（Mark Henderson）. 科学家准备用转基因鸡击败禽流感（Scientists Aim to Beat Flu with Genetically Modified Chickens）. The Times, 2005-10-29。

[24] 维若金（Viragen）, http://www.viragen.com/aviantransgenicbio.html.。

第十三章　登峰造极：末日的种子与猪专利

[1] 孟山都公司（Monsanto Corporation）. 孟山都以 15 亿美元现金收购德尔塔派因兰（Monsanto Company to Acquire Delta and Pine Land Company for $1.5 Billion in Cash）. Press Release, 2006-08-15, http://monsanto.mediaroom.com/index.php?s=43&item=211。

[2] 安德鲁·波拉克（Andrew Pollack）. 孟山都收购美国顶级棉花种子提供商——德尔塔派因兰（Monsanto Buys Delta and Pine Land, Top Supplier of Cotton Seeds in US）. The New York Times, 2006-08-16。
[3] 玛莎·克劳奇（Martha L. Crouch）.“终结者”种子是如何“终结”的（How the Terminator Terminates）. Indiana University, Bloomington, Indiana, http://www,ibiblio.org/pipermail/permaculture/1999 January/005941.html.。
[4] 彼得·科斯蒂格里奥（Peter Costiglio），给笔者的未写主题的电子邮件，2007-02-09/12。
[5] 罗伯特·夏皮罗（Robert B. Shapiro）. 孟山都首席执行官夏皮罗致洛克菲勒基金会主席康韦等人的公开信（Open Letter From Monsanto CEO Robert B. Shapiro To Rockefeller Foundation President Gordorn Conway and Others）.1999-10-04, http://www.monsanto.co.uk/news/ukshowlib.phtml? uid = 9949。
[6] 引自卢西·沙拉特（Lucy Sharatt）. 2006 年公众之眼奖：德尔塔派因兰公司（The Public Eye Awards 2006: Delta & Pine Land）. Ban Terminator Campaign, http://www.evb.ch/cm_data/NOM-DELTAPINE.pdfDELTAPINE.pdf。
[7] 联合国开发计划署（United Nations Development Program）. 生物多样性公约（The Convention on Biological Diversity）. Fourth meeting, Granada, 2006-01-23 to 27）；基因使用限制技术对本土、本地社区潜在的社会经济影响（ Potential Socio-economic Impacts of Genetic Use Restriction Technologies（Gurts）on Indigenous and Local Communities）；秘鲁库斯科本土居民和当地社区的意见书（Submissions from Indigenous and Local Communities, Peoples of Cusco, Peru）, http://www.biodiv.org。
[8] 同上。
[9] 威廉·恩道尔（F.William Engdahl）. 孟山都收购拥有“终结者”种子的公司（Monsanto Buys ‘Terminator’ Seeds Company）. Financial Sense Online,2006-08-28, http://www.financialsense.com/editorials/eng-dahl/2006/0828.html。
[10] 小伍德罗·威尔金斯（Woodrow Wilkins Jr.）. 德尔塔派因兰公司风暴损失高达 100 万美元（D&PL Storm Losses Top $1 Million）. Delta Democrat Times, 2005-08-30。
[11] 马休·狄龙（Matthew Dillon）. 我们有种子：孟山都收购了世界最大的蔬菜种子公司（And We Have the Seeds: Monsanto Purchases World’s Largest Vegetable Seed Company）. The Seed Alliance, 2005-01-24, http://www.seedalliance.org/index.php?page=SeminisMonsanto。
[12] 同上。
[13] 凯里·吉勒姆（Carey Gillam）. 作物大王孟山都寻求在猪育种领域扩大影响（Crop King Monsanto Seeks Pig-Breeding Patent Clout）. Reuters, 2005-08-10。

[14] 杰夫・肖（Jeff Shaw）. 孟山都指望申请猪育种方法专利（Monsanto Looks to Patent Pigs Breeding Methods）. New Standard, 2005-08-18, http://newstandardnews.net.。

[15] 同上。

[16] 同注【13】。

[17] 佚名（Anon.）. 动物的转基因技术（Techniques for the Genetic Modification of Animals）. Gene Watch UK, http://www.genewatch.org。

[18] 马克斯・罗斯柴尔德（Max F.Rothschild）. 动物育种基因改造和遗传学申请专利（Patenting of Genetic Innovations in Animal Breeding and Genetics）. Center for Integrated Animal Genomics, Iowa State University, Ames, Iowa, http://www.poultryscience.org/pba/1952-2003/2003/2003%20Rothschild.pdf。

[19] 美国专利商标局（US Patent and Trademark Office）. 借助基因型信息来优化动物生产的体系和办法（Systems and Methods for Optimizing Animal Production Using Genotype Information）.US Patent Application Publication, Pub. No. US 2007/0026493 A1, Washington, D.C.,No.US 2007/0026493A1,2007-02-01。

[20] 嘉吉公司（Cargill Corporation）, http://www.cargill.com/about/organization/renessen.html。

第十四章　骇人听闻：转基因玉米与大鼠的肿瘤

[1] 参见吉尔 - 埃里克・塞拉利尼（Gilles-Eric Séralini）及其团队的实验。

[2] 同上。

[3] 同上。

[4] 同上。

[5] 吉尔 - 埃里克・塞拉利尼（Gilles-Eric Séralini）及其团队 . 转基因作物的安全性评估：当前的局限及改进的余地 . Environmental Sciences Europe, 2011, http://www.enveurope.com/content/23/1/10。

[6] 同上。

[7] 阿里斯・勒布朗（Aris A. Leblanc）. 加拿大魁北克东部城镇母婴与转基因作物相关的杀虫剂的影响 . Reproductive Toxicology, 2011-05.528-533。

[8] 欧洲食品安全局（EFSA）. 转基因评估团对推广 NK603 抗草甘膦转基因玉米的科学意见以及对 NK603 安全许可的更新 . The EFSA, 2009-01, No. 1137.1-50。

[9] 同上。

[10] 同上。

[11] 转基因生物 - 康帕斯（GMO-Kompass）. 食品安全评估——评估安全性是一件大事（Food Safety Evaluation-Evaluating Safety: A Major Undertaking）. 2006-02-15, http://www.gmo-compass.org/eng/safety/human_health/41.evaluation_safety_gm_food_ major_undertaking.html。

[12] 同上。

[13] 欧洲食品安全局（EFSA）. 欧盟危险评估部门认为：吉尔 - 埃里克・塞拉利尼及其团队的研究结果缺乏数据支持 . 欧洲食品安全局新闻发布稿 ,2012-11-28, http://www.efsa.europa.eu/en/press/news/121128.html。

[14] 见欧洲企业了望（Corporate Europe Observatory）的论述。

[15] 同上。

[16] 欧洲企业了望 . 批准转基因马铃薯：利益冲突、有缺陷的科学和激烈的游说（Approving the GM Potato: Conflicts of Interest, Flawed Science and Fierce Lobbying）. 2011-11-07, http://corporateeurope.org/publications/approving-gm-potato- conflicts-in。

[17] 国际生命科学学会（ILSI）. 2011 年年度报告中所列董事名单（2011 Annual Report,Board of Trustees）. http://www.ilsi.org/Documents/ILSI,AR2011_rFinal.pdf。

[18] 托瑞・克鲁达（Tore B.Krudtaa）. 欧洲食品安全局转基因评审团主席哈里・凯珀：放松管制行业里的又一位监管员?（Harry Kuiper Chair of EFSA GMO Panel - Another Regulator in the Business of Deregulation ?）. http://www.monsanto.no/index.php/en/environment/gmo/gmo_news/166_harry_kuiper_chair_of_efsa_gmo_panel_another_regulator_in_the_business_of_deregulation。

[19] 欧洲食品安全局（EFSA）. 关于黛安娜・巴纳蒂（Diana Banati）辞去欧洲食品安全局管理委员会主席的资料 . http://www.efsa.europa.eu/en/faqs/faqresignationdianabanati.html。

[20] 欧洲食品安全局（EFSA）. 欧盟风险评估联盟认为：吉尔 - 埃里克・塞拉利尼及其团队的研究结果缺乏数据支持（Séralini et al. Study Conclusions not Supported by Data,Says EU Risk Assessment Community）. 欧洲食品安全局新闻稿 , 2012-11-28, http://www.efsa.eu/ropa.euen/press/news/121128.html。

[21] 佚名（Anon.）. 转基因生物："安妮・格洛弗 , 你错了"（GMOs: "Anne Glover, You are Wrong"）. 2012-07-27, http://www.euractiv.com/cap/gmos_anne_glover_wrong_analysis_514185。

术语表

Agent Orange 橘剂

越南战争（1961—1975 年）期间美军在其“除草战争”计划中使用的落叶剂。橘剂因其在装运时使用的容量为 208 升的橘色包装桶而得名。

橘剂由孟山都、陶氏化学和杜邦化学公司等美国化学公司为五角大楼生产，并在 1961—1971 年间使用。在生产橘剂的两种成分之一的 2,4,5- 三氯苯氧乙酸时，会产生一种名为 2,3,7,8- 四氯二苯并 -p- 二噁英的副产品，即二噁英，这种物质在任何使用 2,4,5- 三氯苯氧乙酸的除草剂中都能找到。美国国家毒理学规划处将二噁英归为人类致癌物，常引发软组织肉瘤、非霍奇金淋巴瘤、霍奇金淋巴瘤及慢性淋巴细胞白血病。2,4,5- 三氯苯氧乙酸也因此在美国及其他许多国家被禁用。

Bacillus thuringiensis（Bt）苏云金芽孢杆菌

土壤微生物，含有产生杀虫毒素的基因，其不同形态已被植入转基因作物中。含有苏云金芽孢杆菌毒素的转基因作物对环境的负面影响已经在科技文献中有充分的资料，其负面影响包括害虫耐药性的进化和对非靶向生物的误杀。为了进行抗性管理，在种植含有苏云金芽孢杆菌毒素的转基因作物时，还要种植一定比例的不含苏云金芽孢杆菌毒素的作物。作物的基因图谱显示具有较低多样性的苏云金芽孢杆菌在病虫害控制及培育抗性方面是无效的。与非转基因生物物种的杂交授粉能产生苏云金芽孢杆菌种子，苏云金芽孢杆菌植物成为“志愿者”，因为这些作物即使未经耕作也可以按季成长。活跃的苏云金芽孢杆菌毒素不能被生物分解，可经由植物的根部渗入土壤中并不断沉积。这种沉积对土壤的健康产生重要影响，并影响生态系统中所有其他营养级。有关经改造的基因在蜜蜂幼虫的肠内由转基因花粉转变为微生物的报告强调指出一个事实，即苏云金芽孢杆菌毒素基因也会像所有其他经改造的基因一样会不受控制地传播。[参见 Losey.J.et al，（1999）*Nature* 399，214]

Biodiversity 生物多样性

在一定区域内各种有机体的多样性。

Biotechnology 生物技术

生物过程的工业化应用，通常作为一个有争议的术语，即“基因操纵”的委婉说法。

Dioxin 二噁英

二噁英是在环境中高度稳定的一类化学物质的简称。这种毒性强烈的化学物质来源于制造、成型或燃烧含氯有机化学品和塑料制品时的副产品。其中毒性最大的化合物为 2,3,7,8- 四氯二苯并 -p- 二噁英，或称 TCDD。它是人造有机化学物中毒性最为剧烈的，在所有毒素中其所含毒性仅次于放射性废物位列第二。尼亚加拉瀑布的拉夫运河及密苏里州时代滩镇的居民因二噁英污染而被迫放弃他们的家园。在生产 PVC 塑料或氯化杀虫剂和除草剂的工厂附近，以及大量使用氯化杀虫剂和除草剂的地方，二噁英是一种已知的威胁。对越南战争中橘剂的抵制使得二噁英在越南战争中及战后声名狼藉。

诸如癌症、脊椎裂、儿童孤独症、肝脏疾病、子宫内膜异位症、免疫力下降、其他神经疾病及血症健康影响被报道与接触二噁英有关。2001 年 1 月，美国国家毒理学规划处将 2,3,7,8-TCDD 的警戒级别由“有理由相信为致癌物质”提升为“认定为致癌物质”。

DNA 脱氧核糖核酸

脱氧核糖核酸的缩写，含有细胞中所有基因信息的双螺旋分子。

Eugenics 优生学

对人类遗传组成物质的蓄意操纵，传统上通过选择性出生控制、杀婴、大屠杀或种族灭绝等方法实现。优生学家运用基因检查、体外受精、植入前筛查及胚系基因修饰等基因工程学方法开展工作。现代优生学思想可以追溯到英国的弗朗西斯·高尔顿爵士，一位业余科学工作者，也是查尔斯·达尔文的表弟，他在 1883 年创立了优生学一词。他在其著作《遗传的天才》一书中指出，对名人的研究显示他们更有可能繁衍聪明的和有才能的后代。他断言通过有选择的繁育步骤有可能创造出“一个优秀人种”，这种方法后来被他称为正优生学（positive eugenics）。令人气馁的“不受欢迎的人”的繁衍随后被定义为负优生学（negative eugenics）。优生学之后与纳粹德国的种族净化政策联系在一起。1945 年后，美国优生学家决定使用一个具有较少情感色彩的词汇，以“遗传学”一词对他们的技术重新进行了命名，以推进同样的研究。

Expression（Gene Expression）基因表达

DNA 通过转录过程转录为一条信息（即核糖核酸，RNA），再通过翻译过程转变为一个多肽或蛋白质以使细胞获得结构和功能特征。

Gene 基因

基本遗传单位，DNA 分子片段，提供制造一个多肽或蛋白质的必要遗传信息。

Genetic determinism 基因决定论

认为所有行为、选择和事件等后果都不可避免地由之前的充足理由、遗传组成或某人基因总和而引起的学说。

Genetic engineering 基因工程

在实验室内进行的遗传物质操纵，包括分离基因和繁殖复制，基因或不同种类 DNA 的组合，以及一个物种到另一个物种的基因转移。

Genetic map 基因图谱

基因在染色体上的相关定位信息集合。人类基因组工程的大部分工作都集中在绘制染色体图谱上。

Genetic modification 基因修饰

将独立基因复制和转移至另一活体中以改变其基因组成，以此使该有机体产生特异性或去除该有机体的特异性的技术。这一技术也被称为基因工程、基因操纵或基因技术。

Genome 基因组

有机体内基因的总和。

GMO 转基因生物

经过基因改良的生物。指经由基因工程改变的所有生物，亦称“转基因的”。

Growth hormone 人生长激素

由垂体腺分泌的促进人体生长的蛋白质。

Herbicide 除草剂

用于除草的化学化合物。

Hybrid 杂交

不同遗传类型或物种的父体与母体杂交的结果。

Molecular biology 分子生物学

其研究对象为蛋白质和核酸这样的细胞子系统，包括对其结构、与生物化学活性关系、基因信息的存储物质和信息传递的研究。这一研究领域在很大程度上由洛克菲勒基金会于20世纪30年代资助并开创，该组织同时还积极资助纳粹的优生学研究。

Patent 专利

通过授予申请人在一个固定期限内（例如十七至二十年）对其发明创造享有独占的专有权以实现对知识产权的保护，为了对其进行保护，必须完全披露发明的全部信息。

Recombinant DNA（rDNA）technology 重组 DNA 技术

通过截断和拼接 DNA 以制造新的基因混合体的方法。

Recombinant Bovine Growth Hormone（rBGH）or rBST（recombinant bovine somatotropin）重组牛生长素（或重组牛生长激素）

一种经基因改造的人造牛生长激素，母牛注射后可增加产奶量。牛生长激素是牛垂体腺自然分泌的蛋白质荷尔蒙，可控制奶牛的产奶量。

为提高牛奶产量，美国食品药品管理局于 1995 年批准将注射了孟山都公司生产的经基因改造的牛生长激素的奶牛产出的牛奶用于商业销售，这种激素的商标为 POSILAC®。在化学、营养、药理及免疫等方面，这种 rBGH 牛奶与天然产出的牛奶存在差异。这是因为生物技术荷尔蒙诱发了牛乳腺炎，而牛乳腺炎又产生了脓汁及抗生素，它们污染了这种非天然牛奶。更为关键的是，rBGH 牛奶含有超量的巨大效力的类胰岛素样生长因子——IGF-1，其含量为天然牛奶含量的 10 倍，效力则比 10 倍要大得多。IGF-1 可经受巴氏灭菌工艺和胃酶的消化，并可通过肠壁为人体完全吸收。血液中的高 IGF-1 含量是大家熟知的导致前列腺癌的最危险因素。

孟山都公司的实验表明，给大鼠喂食低剂量的 IGF-1，两周后对成鼠器官产生的生长刺激效用便明显可见。据此，饮用重组牛生长激素牛奶有可能增加血液中 IGF-1 的含量，增加罹患前列腺癌的风险并助长癌细胞扩散。多重证据显示，除前列腺癌外，IGF-1 还可引发乳腺癌、结肠癌和儿童癌症。鉴于这些已经证明的重大风险，重组牛生长激素牛奶在大多数欧盟国家以及加拿大遭到禁止。

Reductionism 简化论

一种认为可以通过理解一个事物的基本组成部分来完全了解该复杂系统的学说。例如，通过一个基因便可以彻底了解一个有机体，通过个人便可以了解社会等。分子生物学的基础就是简化论。

SPS Agreement（Agreement on the Application of Sanitary and Phytosanitary Measures）《实施卫生与植物卫生检疫措施协议》

关税及贸易总协定乌拉圭回合多边谈判时达成的 WTO 公约，自 1995 年初 WTO 成立起施行。

根据《实施卫生与植物卫生检疫措施协议》，WTO对各成员国在食品安全（细菌污染物、杀虫剂、检验及标注）、动物及植物健康（植物检疫）有关的政策作出限制。在《实施卫生与植物卫生检疫措施协议》下，国家的检疫壁垒可以被WTO定义为将外国竞争者拒之门外的“贸易技术壁垒”。

《实施卫生与植物卫生检疫措施协议》允许WTO剥夺一国使用预先防范原则的权利，这一原则允许在评估对人类健康不利和对环境存在潜在威胁的状况时，即使科学证据不充分也可以采取行动。尽管科学家都同意因昆虫或病虫植物引起的各种破坏是无法预知的，但《实施卫生与植物卫生检疫措施协议》却要求政府在采取管制措施前通过科学证据证明某事是有害的。

Substantially Equivalent 实质上相同

一个非科学术语，说明生物技术产生的新的、经基因改造的作物在外观上与天然玉米、稻米和棉花等实质上相同。有关实质上相同的概念从未被恰当定义过。立法者和其他人从未定义过，究竟达到了怎样的程度，天然粮食与对应的转基因粮食的“实质”才不“相同”。这种含糊不清的概念对于转基因商业化农业大有裨益。

在孟山都公司的建议下，老布什总统于1992年发布了总统行政命令，这一基本理由就此为未通过详细的政府或独立检验的转基因种子敞开了商业化的大门。

Terminator technology 终结者技术

一个“技术保护体系”，使得首次播种后获得的第一代种子不育。终结者种子技术，由美国农业部和Delta & Pine Land公司（该公司自2006年秋天起成为孟山都公司的完全控股子公司）联合申请并获得专利，在技术上称为基因利用限制技术（GURT）。

终结者技术或基因利用限制技术有两种基本形式：

品种水平上的基因利用限制技术使收获的种子为不可用于播种的不育种子。该技术得名于其对作物品种水平的限制。

特性水平上的基因利用限制技术指将某种基因插入作物中，该基因直至作物被施用一种由生物技术公司销售的化学物质才会发挥作用。农场主们不向种子专利持有者购买化学诱变剂，就不能够使作物被增强的特性发生效用。该技术因其对作物特性水平的限制而得名。

Transgenic 转基因

指一个有机体在实验室中进行基因改造而获得外来 DNA。同义词有 transgene, transgenesis。

Trade Related Intellectual Property Rights Agreement（TRIPS）《与贸易有关的知识产权协议》

《与贸易有关的知识产权协议》由 WTO 监督执行，规定了许多形式的知识产权的最低保护标准。《与贸易有关的知识产权协议》是以 1994 年关税及贸易总协定乌拉圭回合多边谈判结束时签署的《马拉喀什议定书》为基础制定的最后文件。

《与贸易有关的知识产权协议》要求各国必须遵守著作权法，包括专利和新（转基因）物种发明者的专有权。《与贸易有关的知识产权协议》就实施程序、赔偿、争端及解决程序进行了详细说明。在知识产权方面，《与贸易有关的知识产权协议》是目前最全面的国际协议。

后　记

在我撰写这篇后记时，迄今为止对转基因生物全球扩散持最强烈反对意见的欧盟正在退缩。2006 年 9 月，WTO 部分公开了就 2003 年美国总统布什诉欧盟在批准转基因生物时存在事实上的暂停一案作出的裁决。WTO 的法官指出，鉴于欧盟委员会在应诉期间改变了将一系列不同的转基因品种进行商业应用的审批程序，所谓的暂停或官方禁止因而也就不存在了。遗憾的是，这正是事实。

在这个案件中，初步裁决由设立在瑞士日内瓦的 WTO 三人特别法庭发布。WTO 的这一决定预示着将强令世界上最重要的农业产区欧盟引进转基因作物和粮食产品。

这起 WTO 案件是由美国、加拿大和阿根廷这三个世界上转基因生物污染最严重的国家联名提起诉讼的。

由瑞士农业部官员克里斯琴·哈伯利主持的 WTO 三人特别法庭，初步裁定欧盟自 1999 年 6 月至 2003 年间，在审批转基因生物产品时存在“事实上”的暂停，这与欧盟声称不存在这种暂停相矛盾。WTO 的法官们认为，欧盟没有履行欧盟自己的规定，导致其在履行 WTO 的义务方面发生了“过分的延误”，因而“有罪”。

根据泄露出来的文件，这个秘密的 WTO 特别法庭还裁决，提交给布鲁塞尔欧盟委员会由欧盟政府进行种植特定转基因植物正式审批的 27 个特定转基因产品中有 24 个被过分延误了。

WTO 特别法庭还建议由 WTO 争端解决机构（DSB，世界贸易警察）呼吁欧盟采取实际行动，“以依照其根据（WTO 的）《实施卫生与植物卫生检疫措施协议》规定应履行的义务行事”。这个协议在逃避动植物卫生检疫方面声名狼藉，允许农业综合企业运用 WTO 至高无上的贸易强权践踏关注国民健康和安全的国家主权。欧盟如拒绝按照 WTO 的要求行事，其后果可能是支付每年数亿美元的罚金。

欧盟委员会，这个设立在布鲁塞尔并掌控着 25 个成员国约 4.7 亿公民日常生活的强大的、但在很大程度上又不怎么靠谱的官僚机构，在转基因生物问题上意见不一。来自丹麦的农业委员是转基因食品的坚定支持者，而来自法律严禁转基因生物的希腊的欧盟环境部长则坚决反对转基因生物。整个欧盟的农民自发组织了“非转基因生物”区域，并对政治家施加压力，要他们不向 WTO 的要求低头。民意调查一再显示，当问及转基因生物时，超过 60% 的欧盟公民对此表示强烈反对。

“冒充上帝”的遗传学家

在 2006 年 4 月 14 日的耶稣受难日祷告中，罗马天主教的最高权威，生于德国的教皇本笃十六世，作出了一个既明确又大胆的声明。教皇谴责遗传学家在“冒充上帝”。

针对基因生物工程领域的最新科学进展，教皇抨击遗传学家的“疯狂的、充满风险和危险的勾当是在企图取代上帝的位置而又不承担这份责任”。他严厉警告遗传学家不要“违背上帝的计划和意愿改变生命的法则”。教皇本笃十六世对现代社会“撒旦般的”习俗给予了强烈谴责，指出这些习俗有毁灭人类的危险；他又谈及现代版的“反《创世纪》”，称其为一种“旨在消灭家庭的阴险的傲慢”。

这是迄今教会对动植物生命形式的基因工程实践的最强烈和最明确的谴责。这次谴责强化了教会近几十年来一直反对日益增多的由人类复制造成的冲击的基本原则，这些人类复制行为得到了洛克菲勒基金会之流的资助和推动，其中包括约翰·D. 洛克菲勒三世的人口理事会、亨利·基辛格的《国家安全研究备忘录第 200 号》，以及用经过特殊处理的破伤风疫苗注射施行的秘密人体疫苗接种行为。然而，除了为数不多的几次媒体简短引述之外，教皇这番评论的意义被国际主流媒体忽略了。

在写作本书时，转基因生物这部重型战车是否能在全球范围内被叫停还没有明确结果。保守的德国总理安格拉·默克尔决意要缓和与小布什的华盛顿之间的冷淡关系。2007 年 2 月，她的内阁召开会议讨论扭转政府审慎的转基因生物政策，将转基因生物作为"未来科技"进行推广。保守的农业部长霍斯特·泽霍费尔鼓吹从根本上削弱前政府的《基因植物法》。格哈德·施罗德政府曾经通过法律规定：如果转基因种子污染了邻近的农田，种植转基因种子的农民或企业对非转基因生物地区的破坏负有赔偿责任。这一与美国和加拿大关于转基因生物的法律责任相对立的规定，已经成为阻止在德国和欧盟大部分地区进行大面积转基因生物种植的主要障碍。多个规模数千人的农民团体迅速组织起来对此表示反对。这种类似的抵制活动正在波兰、克罗地亚、奥地利、匈牙利、英国、法国以及整个欧盟范围内蔓延。

很少有人意识到这帮转基因生物的"黑手党"在批评面前是多么脆弱。显然，主流媒体之外的新形式的媒体和私人通信已经在网上出现，并被农民们（如德国的格洛克纳和加拿大的施迈泽）用来交流经验教训。科学家们（如苏格兰科学家阿帕德·普斯陶伊）更是不惜牺牲一切将转基因生物计划的风险告诉全世界。

美国和英国政府在鼓励转基因植物的专利申请和扩散过程中可能实施的政治霸权和人类霸权，单就这一点来说，就足以让我们有充分的理由组织起来，在全世界对转基因植物实行抵制和取缔，永远禁止对任何活体植物和动物授予专利。对转基因生物高产量和低农药使用量的夸大其词的宣传完全是彻头彻尾的谎言，只能引发对转基因生物日益高涨的反对。

减少人口和基因工程作物同属一个大战略，即有目的地大幅度减少世界人口——实行种族灭绝——有计划有步骤地消灭世界上诸多民族，这是在“解决世界饥饿问题”的旗号下蓄意推行的政策的结果。

让我们来回顾一下亨利·基辛格以前说过的话：“如果你控制了石油，你就控制了所有国家；如果你控制了粮食，你就控制了所有的人……”截至2006年，华盛顿的布什政府在控制全球石油和粮食的道路上看似一帆风顺。我们仍不清楚的是，数亿精神健全、热爱健康的人民是否会把这些性命攸关的大事交给这伙人来处理。

威廉·恩道尔

2007年7月

于德国威斯巴登